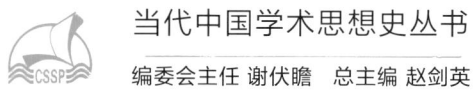

当代中国学术思想史丛书

编委会主任 谢伏瞻　总主编 赵剑英

当代中国历史地理学研究

Research on Historical Geography
in Contemporary China

（1949-2019）

成一农 著

中国社会科学出版社

图书在版编目(CIP)数据

当代中国历史地理学研究：1949—2019／成一农著．—北京：中国社会科学出版社，2019.11（2020.11重印）
（当代中国学术思想史丛书）
ISBN 978 – 7 – 5203 – 4768 – 6

Ⅰ.①当… Ⅱ.①成… Ⅲ.①历史地理学—研究—中国—现代 Ⅳ.①K928.6

中国版本图书馆 CIP 数据核字（2019）第 154420 号

出 版 人	赵剑英
责任编辑	安　芳
责任校对	张爱华
责任印制	戴　宽

出　　版	中国社会科学出版社
社　　址	北京鼓楼西大街甲 158 号
邮　　编	100720
网　　址	http://www.csspw.cn
发 行 部	010 – 84083685
门 市 部	010 – 84029450
经　　销	新华书店及其他书店

印刷装订	北京君升印刷有限公司
版　　次	2019 年 11 月第 1 版
印　　次	2020 年 11 月第 2 次印刷

开　　本	710×1000　1/16
印　　张	18.5
字　　数	309 千字
定　　价	106.00 元

凡购买中国社会科学出版社图书，如有质量问题请与本社营销中心联系调换
电话：010 – 84083683
版权所有　侵权必究

　　成一农，男，1974年4月出生于北京。2003年，毕业于北京大学历史系，获博士学位。2003年至2017年在中国社会科学院历史研究工作，研究员。2017年至今在云南大学历史与档案学院工作，研究员。主要从事历史地理、城市史以及中国传统舆图的研究，曾主持国家社科基金项目两项，目前主持国家社科基金重大项目1项。出版学术著作5部：《古代城市形态研究方法新探》《空间与形态——三至七世纪中国历史城市地理研究》《"非科学"的中国传统舆图——中国传统舆图绘制研究》《〈广舆图〉史话》和《中国古代舆地图研究》。出版译著4部，在海内外刊物和论文集中发表论文80余篇。

当代中国学术思想史丛书
编辑委员会

主　任　谢伏瞻

副主任　蔡　昉　高　翔　高培勇　姜　辉　赵　奇

编　委　（按姓氏笔画为序）

　　　　　卜宪群　马　援　王延中　王建朗　王　巍
　　　　　邢广程　刘丹青　刘跃进　李　扬　李国强
　　　　　李培林　李景源　汪朝光　张宇燕　张海鹏
　　　　　陈众议　陈星灿　陈　甦　卓新平　周　弘
　　　　　房　宁　赵　奇　赵剑英　郝时远　姜　辉
　　　　　夏春涛　高培勇　高　翔　黄群慧　彭　卫
　　　　　朝戈金　景天魁　谢伏瞻　蔡　昉　魏长宝

总主编　赵剑英

书写当代中国学术史,加快构建中国特色哲学社会科学

谢伏瞻[*]

在中华人民共和国成立70周年之际,中国社会科学出版社修订出版《当代中国学术思想史丛书》(以下简称《丛书》),对于推动我国当代学术史研究,加快构建中国特色哲学社会科学学科体系、学术体系、话语体系具有重要的意义。

党的十八大以来,以习近平同志为核心的党中央高度重视哲学社会科学。2016年5月17日,习近平总书记主持召开哲学社会科学工作座谈会并发表重要讲话,明确提出加快构建中国特色哲学社会科学学科体系、学术体系、话语体系的重大论断和战略任务。这是一个极为重要的战略考量,关系我国哲学社会科学的长远发展,关系中国特色社会主义事业发展全局,是重大的学术任务,更是重大的政治任务。广大哲学社会科学工作者要以高度的政治自觉和学术自觉,以强烈的责任感、紧迫感和担当精神,在加快构建中国特色哲学社会科学"三大体系"上有过硬的举

---

[*] 谢伏瞻:中国社会科学院院长、党组书记。

措、实质性进展和更大作为。《丛书》即为加快构建中国特色哲学社会科学"三大体系"的具体措施之一。

研究学术思想史是我国的优良传统之一。学术思想历来被视为探寻思想变革、社会走向的风向标。正如梁启超在《论中国学术思想变迁之大势》中所言,"学术思想与历史上之大势,其关系常密切。""学术思想之在一国,犹人之有精神也;而政事、法律、风俗,及历史上种种之现象,则其形质也。故欲觇其国文野强弱之程度如何,必于学术思想焉求之。"我国古代研究学术思想史注重"融合""会通",对学术辨识与提炼能力有特殊要求,是专家之学,在这方面有大成就者如刘向、刘歆、朱熹、黄宗羲等皆为硕学通儒。近代以来,随着"西学东渐",我国哲学社会科学各学科逐渐发展起来,学术思想史研究亦以梁启超的《中国近三百年学术史》为发轫,以章炳麟、钱穆等为代表的一批学者用现代学术视角"辨章学术、考镜源流",开始将学术思想史研究与近现代哲学社会科学发展结合起来,形成了不少有影响的名品佳作。新中国成立以后,在马克思主义指导下,我国哲学社会科学不断发展,特别是改革开放以来,哲学社会科学的地位更加凸显,在研究工作的广度和深度上不断取得新突破。但是,我国当代学术思想史研究没有跟上哲学社会科学发展的步伐,呈现出"有数量缺质量、有专家缺大师"的状况,有分量的研究成果寥若晨星,公认的学术思想史大家屈指可数。新时代,我国哲学社会科学地位更加重要、任务更加繁重,有组织、有计划地开展学术思想史研究和出版工作,系统梳理我国当代哲学社会科学各学科学术思想的发展脉络,总结各学科积累的优秀成果,既是对学术研究传统的继承和发扬,弥补当代学术思想史研究的不足,也将在中国特色哲学社会科学"三大体系"建设中发挥独特而重要的作用。

中国社会科学院是党中央直接领导的哲学社会科学研究机构,在加快构建哲学社会科学"三大体系"建设中发挥着主力军作用。早在建院之初的1978年,胡乔木同志主持的《1978—1985年全国哲学社会科学发展规划纲要(初稿)》就提出了研究"中国经济思想史""中国政治思想史""中国教育思想史""中国伦理思想史"等近10种"学术思想史"的规划。"当代中国学术思想史"丛书初版于2009年,在新中国成立70周年之际,予以修订再版,充分体现出我院作为"国家队"的担当。《丛书》以新中国成立以来学术思想史演进中的脉络梳理与关键问题分析为主要内容,集中展现在中国共产党坚强领导下,创建、发展和繁荣哲学社会科学各学科学术思想史的历程,突出反映70年来哲学社会科学各领域的成就与经验,资辅当代、存鉴后人,具有较强的学术示范意义。

学术思想史研究为哲学社会科学学科体系建设提供了有力的支撑。学科体系是加快构建中国特色哲学社会科学的根本依托。经过几十年的发展,我国哲学社会科学已拥有20多个一级学科、400多个二级学科,学科体系已基本确立,但还不健全、不系统、不完善，离习近平总书记提出的基础学科健全扎实、重点学科优势突出、新兴学科和交叉学科创新发展、冷门学科代有传承的要求还有相当大的差距。学科体系建设的前提是对各学科做出科学准确的评估，翔实的学术思想史研究天然具备这一功能。《丛书》以"反映学科最新动态，准确把握学科前沿，引领学科发展方向"为宗旨，系统总结文学、历史学、语言学、美学、宗教学、法学等学科70年的学术发展历程。其中既有对基础学科、重点学科学术思想史的系统梳理，如《当代中国美学研究》《当代中国文艺学研究》等；又有对新兴学科、交叉学科和冷门学科学术思想史的开拓性研究，如《当代中国近代思想史研究》《当代中国边疆研究》《当代中国简帛学研究》等。从学术思想史的角度，系统评价各学科的发展，对于健全学科体系、优化学科布局，加快构建中国特色哲学社会科学学科体系无疑是大有裨益的。

学术思想史研究为哲学社会科学学术创新提供了坚实的基础。学术体系是加快构建中国特色哲学社会科学的核心。主要包括两个方面：一是思想、理念、原理、观点、理论、学说、知识、学术等；二是研究方法、材料和工具等。习近平总书记指出，理论的生命力在于创新。只有不断推进知识创新、理论创新、方法创新，才能着力打造"原版""新版"的哲学社会科学。学术创新是有前提的，正如总书记所深刻指出的，理论思维的起点决定着理论创新的结果，理论创新只能从问题开始。从某种意义上说，学术创新离不开学术思想史研究，只有通过坚实的学术思想史研究，把握学术演进的脉络、传统、流变，才能够提出新问题、新思想，形成新的学术方向，这是《丛书》为哲学社会科学学术创新作出的贡献之一。学术思想史的研究内容、研究方法、材料与工具自成体系，具有构建学术体系的各项特征。《丛书》通过对学术思想史研究的创新，为哲学社会科学学术创新提供了有益的尝试。

一是观点创新。中华人民共和国成立以来，随着马克思主义在哲学社会科学领域指导地位的确立，我国思想界发生了大规模、深层次的学术变革，70年间中国学术已经形成了崭新格局。《丛书》紧扣"当代中国"这一主题，突破"当代人不写当代史"的思想束缚，独辟蹊径、勇于探索，聚焦中国特色哲学社会科学的发展道路、马克思主义指导下的中国学术发展、中国传统学术继承和外来学术思想借鉴，民族复兴在学术思想史上的反映等问题，从而产生一系列的观点创新。

二是研究范式创新。一个时代的主流思想和历史叙事，是由反映那个时代的精神的一系列概念和逻辑构成的。当代中国学术的源流、变化与当代中国政治、经济、文化、社会的变革密切相关。《丛书》把研究中国特色学术道路的起点、进程与方向作为自觉意识，贯穿于全丛书，注重学术思想史与中国学术道路的密切联系、学理化研究与中国现实问题的密切联系、个别问题研究与学术整体格局的密切联系、研究当代中国与启示中国未来的密切联系，开拓了学术诠释中国道路的新范式。

三是体例创新。《丛书》将专题形式和编年形式相互补充与融合，充分体现了学术创新的开放性，为开创学术思想史书写新范式探路。对于当代学术思想史研究，创新之路刚刚开始，随着《丛书》种类的增多，创新学术思想史研究的思路还会更多，更深入。

学术思想史研究为构建哲学社会科学话语体系提供了广阔的平台。话语体系是学术体系的反映、表达和传播方式，是有特定思想指向和价值取向的语言系统，是构成学科体系之网的纽结。习近平总书记指出，在解读中国实践、构建中国理论上，我们应该最有发言权。这就要求我们在构建话语体系时，要坚持中国立场、注重中国特色，用中国理论阐释中国实践，用中国实践升华中国理论，更加鲜明地展现中国思想，更加响亮地提出中国主张。要主动设置议题，勇于参与世界范围的"百家争鸣"。《丛书》定位于对当代中国学术思想的独家诠释，内容是原汁原味的中国学术，具有学术"走出去"、参与国际学术对话、扩大我国学术思想影响力、增强中华文化软实力的条件。《丛书》通过生动的叙述风格传播中国学术、中国文化，全面、集中、系统地反映我国当代学术的建构过程，让世界认识"学术中的中国""理论中的中国""哲学社会科学中的中国"。习近平总书记强调，把中国实践总结好，就有更强的能力为解决世界性问题提供思路和办法。《丛书》通过对当代中国学术思想史的描绘，让世界了解中国特色的学术发展之路，进而了解中国特色社会主义文化和中国特色社会主义道路。《丛书》中的《当代中国法学研究》《当代中国宗教学研究》《当代中国近代史研究》《当代中国近代社会史研究》等已经翻译成英文、德文等多种语言，分别在有关国家出版发行，为当代中国学术思想的国际化传播开拓了新路。

目前，《丛书》完成了出版计划的一部分，未来要继续作好《丛书》出版工作。关键是要坚持正确的政治方向、学术导向和价值取向。要提高政治站位，增强"四个意识"，坚定"四个自信"，做到"两个维护"，在思想上政治上行动上同以习近平同志为核心的党中央保持高度一致。要坚持马克思主义的指导地位，特别是用习近平新时代中国特色社会主义思想指导学术思想史研究和出版工作。要落实意识形态工作责任制，做到守土有责、守土负责、守土尽责。作好《丛书》出版工作必须坚持以质量为生命线。在任何时候都要坚持质量第一的方针，坚持"宁缺毋滥"的原则，多出精品力作。要把社会效益放在首位，实现社会效益和经济效益相统一。要严格遵守学术规范，秉承认真负责的治学态度，严肃对待学术研究，潜心研究，讲究学术诚信，拿出高质量的学术成果。

当今世界处于百年未有之大变局，中国特色社会主义进入新时代，这都对哲学社会科学提出了更高的要求，广大哲学社会科学工作者要积极响应习近平总书记和党中央号召，以习近平新时代中国特色社会主义思想为指导，努力提高政治站位，增强思想自觉，敢于担当，奋发有为，繁荣中国学术，发展中国理论，传播中国思想，加快构建中国特色哲学社会科学"三大体系"，为实现"两个一百年"奋斗目标，实现中华民族伟大复兴的中国梦作出应有的贡献。

是为序。

2019 年 10 月

目 录

序　言 ·· (1)

第一篇　中国历史地理的发展历程与理论的探索

第一章　中国历史地理的起源与发展 ······················ (3)
　第一节　"历史地理"一词的传入 ···························· (3)
　第二节　从沿革地理学到历史地理学 ························ (4)
　第三节　"禹贡学会"地位的塑造 ···························· (8)

第二章　历史地理学的学科属性及其在地理学和历史学中的边缘化 ··································· (12)
　第一节　对学科属性的讨论 ·································· (12)
　第二节　历史地理学在地理学和历史学中的边缘化 ································· (14)
　第三节　国内历史地理学的研究机构和刊物 ············· (18)

第二篇　历史人文地理

第三章　历史政区地理和疆域变迁 ························ (29)
　第一节　以考订为主的历史政区地理的研究 ············· (29)
　第二节　以解释为主的历史政区地理的研究 ············· (33)
　第三节　历史时期疆域的变迁 ······························· (39)
　第四节　历史地图集 ··· (42)

第四章 城市历史地理 (49)
- 第一节 中国古代"城市"的概念 (50)
- 第二节 中国古代城市的选址 (56)
- 第三节 中国古代城市形态的研究 (68)
- 第四节 区域城市历史地理与城市体系的研究 (81)
- 第五节 城市历史地理的其他问题 (84)

第五章 历史人文地理其他领域 (92)
- 第一节 历史经济地理 (92)
- 第二节 历史时期交通线的演变 (98)
- 第三节 历史军事地理 (102)
- 第四节 历史地名 (106)
- 第五节 历史区域地理 (108)
- 第六节 历史文化地理 (117)
- 第七节 中国古代的地理学思想 (120)
- 第八节 历史聚落地理 (123)
- 第九节 历史人口地理 (125)

第三篇 历史自然地理

第六章 历史时期气候的变迁 (133)
- 第一节 学术史 (133)
- 第二节 研究中存在的问题以及展望 (140)

第七章 历史时期河流、湖泊和海岸线的变迁 (146)
- 第一节 黄河 (146)
- 第二节 长江以及其他河流、水体 (150)
- 第三节 历史时期海岸线的变迁 (154)

第八章 历史自然地理其他专题 (159)
- 第一节 环境变迁 (159)
- 第二节 历史时期的自然灾害 (164)
- 第三节 历史时期的沙漠化 (168)

第四篇　历史地理文献和技术手段

第九章　历史地理文献的整理和研究 ………………………………（175）
　第一节　古代地理文献的点校、整理和研究 …………………………（175）
　第二节　地理文献的数字化以及今后的发展趋势 ……………………（191）

第十章　中国古代舆图 …………………………………………………（197）
　第一节　中国古代舆图的整理、编目与出版 …………………………（197）
　第二节　建立于错误基础之上的中国地图学史 ………………………（205）
　第三节　中国古代舆图的研究 …………………………………………（217）
　第四节　中国古代地图研究今后的发展方向 …………………………（232）

第十一章　地理信息系统在历史地理学中的应用 ……………………（238）
　第一节　综合性的地理信息系统 ………………………………………（238）
　第二节　专题历史地理信息系统 ………………………………………（240）
　第三节　历史地理信息系统在
　　　　　具体研究中的应用 ……………………………………………（244）
　第四节　对历史地理信息系统的方法探讨 ……………………………（248）
　第五节　展望 ……………………………………………………………（250）

结　语 ……………………………………………………………………（253）

参考文献 …………………………………………………………………（260）

序　言

中华人民共和国成立以来，随着历史地理学的发展，介绍历史地理学及其分支学科的进展、动态和研究现状的论著颇多，除《中国史研究动态》每年刊载的年度动态之外，还有大量的多年度的研究综述，较早的有黄盛璋、钮仲勋合撰的《近年我国历史地理研究的进展》[①]，谭其骧、葛剑雄的《回顾与展望——中国历史地理学四十年》[②] 等，较为切近的则有葛剑雄与华林甫合著的《五十年来中国历史地理学的发展》[③]《二十世纪的中国历史地理研究》[④] 等；各子学科的动态、综述也颇为丰硕，如《中国历史地理论丛》2011 年第 3 辑组织的"2001—2010 年中国历史地理研究回顾与评论"专栏。不仅如此，华林甫曾将其撰写的历史地理的年度动态与其他一些学者撰写的研究综述合编为《中国历史地理学五十年》[⑤]；华林甫于 2009 年出版的《中国历史地理学·综述》[⑥] 对清末至 2003 年间，我国历史地理学及其分支学科的发展情况和取得的成果进行了全面的、高水平的综述，且详细介绍了大量具有代表性的论文；张伟然

[①] 黄盛璋、钮仲勋：《近年我国历史地理研究的进展》，《中国史研究动态》1979 年第 3 期。

[②] 谭其骧、葛剑雄：《回顾与展望——中国历史地理学四十年》，肖黎主编：《中国历史学四十年》，书目文献出版社 1989 年版，第 552 页。

[③] 葛剑雄、华林甫：《五十年来中国历史地理学的发展》，（台湾）《汉学研究通讯》2002 年第 4 期。

[④] 葛剑雄、华林甫：《二十世纪的中国历史地理研究》，《历史研究》2002 年第 3 期。

[⑤] 华林甫主编：《中国历史地理学五十年》，学苑出版社 2001 年增订版，2005 年。

[⑥] 华林甫：《中国历史地理学·综述》，山东教育出版社 2009 年版。

于 2017 年主编出版的《历史与现代的对接——中国历史地理学最新研究进展》①更是简明扼要地介绍了历史地理学以及下属学科的发展脉络，尤其强调了我国历史地理学取得的众多具有影响力的成果，且对今后的发展进行了展望。由于这些高水平的研究综述的存在，因此如果本书仍以历史地理学及其分支学科的发展历程以及重要观点和成果的介绍为主题的话，已无太大学术价值。

我国的史学有着源远流长的历史，有着自己的传承和特点，与西方史学相比，虽然我国古代史学演进的背后也有着理论和方法的变化，但总体上缺乏对理论和方法自觉的深入探讨和分析。近代以来，在西方学术的影响下，我国史学在逐渐近代化和与世界学术研究接轨的过程中，取得了颇为丰硕的成果，但依然缺乏真正意义上对理论和方法的深入研究，尤其是缺乏对涉及整个学科根本的理论的探讨，且近年来颇有影响的一些理论、方法和学派其背后都能看到西方史学的身影，我国史学的繁荣更多地依然表现在具体成果上。

历史地理也是如此，而且与历史学的其他学科不同，历史地理学实际上应属地理学的分支学科②，其中涉及的理论和方法除了历史学的之外，更多的应当是地理学的，但由于我国历史地理学的缘起及其后来的发展道路，使得我国的历史地理学与地理学之间长期以来存在严重的隔阂，历史地理学的研究中缺乏对地理学理论和方法的了解、吸收和运用。而且从目前的研究来看，虽然大多数历史地理学者都认为在学科属性上历史地理学应当属于地理学，但在实际研究中，我国的历史地理学受到传统史学的影响要远远大于受到地理学的影响。不仅如此，可能是受到自身学术背景的影响，以往我国历史地理学中的大部分理论，缺乏真正的哲学思考，与西方那种能改变学科发展方向的理论相去甚远，大多只能算是一种认知，或者只是对常识、经验的归纳总结。由于缺乏对于理论和方法的探讨，虽然近年来历史地理学的研究队伍迅速发展、学术成果日益丰富，但无论是学

---

① 张伟然主编：《历史与现代的对接——中国历史地理学最新研究进展》，商务印书馆 2017 年版。

② 关于历史地理学的学科属性的讨论，参见本书第一篇的讨论。

科整体还是各个分支学科已经长期未能产生出具有突破性、在历史学或者地理学领域有着广泛影响力的成果，而且存在的问题也越来越多、越来越突出，甚至某些分支学科的根基都受到了动摇。与此同时，无论是在史学中还是在地理学中，历史地理学都有着被日益边缘化的趋势。

学科繁荣的背后，危机已经隐隐浮现。

基于此，本书试图在以往学术综述的基础上，梳理当代历史地理学及其各个分支学科研究方法的发展历程，指出其中存在的问题，并对今后的发展方向进行思考。此外，为了叙述和讨论的完整性，本书也会对一些有着重大影响力或者具有代表性的学术成果进行介绍和评价，同时为了弥补"广博"上的缺陷和方便历史地理学初学者的使用，在每章之后都会罗列相关领域的一些推荐书目以便查阅。

还需要说明的是，本人才疏学浅，难以对理论进行深入分析，因此主要的讨论都集中在方法层面上，以指出问题为主。而且，本人主要从事城市历史地理、古地图的研究，对政区地理稍有涉及，无法对历史地理的所有领域一一进行评述，无法做到面面俱到，因而本书的评述着重于历史人文地理的某些领域，对于历史自然地理则只能点到为止。

最后，作为具有很强主观性的学术评述，本书中必然存在很多不当之处，对于这些不当之处，笔者应承担全部责任，在此对读者和被评论者表示真诚的歉意。

第一篇

中国历史地理的发展历程与理论的探索

第 一 章

中国历史地理的起源与发展

第一节 "历史地理"一词的传入

中国古代并无"历史地理"一词,关于这一术语的来源,以往的研究者提出了一些认识,如吴宏岐在《中国历史地理学的历史、现状和发展趋势》中提出"1909 年'中国地学会'的成立,可以认为是近代中国地理学和历史地理学的开端……值得注意的是,'历史地理'一词在中国地学会成立不久即被正式提出。1913 年 1 月,史礼绶《历史地理之教授》一文在《中华教育界》第 2 卷第 1 期发表。1923 年 1 月,张其昀《历史地理学》又提出这一学科命名,此文载于《史地学报》第 2 卷第 2 期。随后(法)白菱汉与万洛原著、张宗文译的《历史地理学》发表在 1933 年 1 月出版《地学季刊》"[1]。

在各种观点中,影响力最大的观点是由侯仁之教授在《中国大百科全书·地理学》"历史地理学"条中提出的,即"历史地理学名称在世纪初由日本传入中国。但其内容仍未超越沿革地理的范围"[2]。这一观点也被很多学者所遵从,如韩光辉在《中国历史地理学发展特点及其贡献》中重复了这一说法,即"'历史地理'这一学科术语最早经日本传入中国

---

[1] 吴宏岐:《中国历史地理学的历史、现状和发展趋势》,《河北师范大学学报》(哲学社会科学版) 1999 年第 4 期。

[2] 《中国大百科全书·地理学》,中国大百科全书出版社 1990 年版,第 276—280 页。

是在20世纪初。首先是1903年（清光绪二十九年）清政府颁布的《奏定学堂章程》将历史地理列为京师大学堂文科中外地理专业（学制三年）的必修课程。当时课程讲授的内容包括历史与地理的关系，并未超出沿革地理学的范畴"①。对这一问题进行深入研究的是侯甬坚，他在《"历史地理"学科名称由日本传入中国考——附论我国沿革地理向历史地理学的转换》一文中从中日两方面的背景资料和依据入手，对侯仁之教授的观点进行了论证，认为这一名称于1901年至1904年随日本近代学制传入我国，二三十年代在国内学术界渐有介绍，1935年3月1日被《禹贡》杂志用作英文刊名，开始扎根于学术界。②

因此，基本可以认为"历史地理"是在20世纪初从日本传入我国的。

第二节　从沿革地理学到历史地理学

"历史地理"在传入我国之后，虽然对我国"历史地理学"的诞生发挥了一定作用，但目前大部分研究者都认为，其并未立刻导致作为学科的"历史地理学"的诞生，当时所谓的"历史地理学"依然还是传统的"沿革地理"，如侯仁之教授在《"中国沿革地理"课程商榷》一文中就提到"'历史地理'在我国学术界也并不是一个新名词，不过在已往大家把它一直和'沿革地理'这个名词互相混用了，以为两者之间根本没有分别"③，谭其骧和葛剑雄在《回顾与展望——中国历史地理学四十年》中进一步深化了这样的认识，即"1935年，《禹贡》开始以'中国历史地理'（The Chinese Historical Geography）作为刊物的名称，这说明禹贡学

---

① 韩光辉：《中国历史地理学发展特点及其贡献》，《江汉论坛》2004年第4期。李久昌也持有类似观点，参见李久昌《中国历史地理学由传统向近代转化的若干特点》，《陕西师范大学学报》（哲学社会科学版）2005年第4期。

② 侯甬坚：《"历史地理"学科名称由日本传入中国考——附论我国沿革地理向历史地理学的转换》，《中国科技史料》2000年第4期。

③ 侯仁之：《"中国沿革地理"课程商榷》，《新建设》1950年第2卷第11期。

会的学者们已经受到现代地理学的影响，产生了将传统的沿革地理向现代的历史地理学转化的愿望。但从此后《禹贡》的内容和学者们的研究方面、方法来看，还是侧重于沿革方面的。而且，不久爆发的抗日战争和随之进行的内战使禹贡学会的活动不得不停顿，学者们的愿望无从实现。直到新中国成立之初，当时的教育部所列出的大学历史系课程中还只有'沿革地理'"①。吴宏岐也指出"总体上看来，这一时期虽然发表了不少有关历史地理方面的论文，并产生了'历史地理'这一学科名词，但这些论文多由地理学家完成，尚未有专攻历史地理的学者群出现。当时涉及历史地理方面的论文仍以沿革地理为主，许多专著仍冠以'沿革地理'之名，如张相文的《中国地理沿革史》、刘麟生的《中国沿革地理浅说》（商务印书馆，1931年）、葛绥成的《中国边境沿革考》（中华书局，1926年）等，这说明此一时期的历史地理研究仍处在以沿革地理为主的阶段"②。侯甬坚在对《禹贡》半月刊上刊发的论文进行分析后，提出"通过对这些文章的考察，发现'历史地理'一词在半月刊中出现和使用的频率并不高"，"若与日刊《历史地理》最早的第1、2卷相比，半月刊未能开展有关历史地理研究的范畴、资料、方法、名称等问题的讨论，则是至为明显的。由此看来，在发表的文章中采用'历史地理'一词，表明论者在思想观念上可能已有所思考，即他不完全是把眼光放在沿革地理上，而可能还注意着地理事物变化的因素、过程以及同人类活动之间的关系，而形成这样的思考，其原动力一方面取决于论者个人的学识素养，另一方面则有赖于论者对现实社会学术发展的关心程度了"③。

虽然，以往的研究多强调民国时期的历史地理学依然具有很强的"沿革地理"的特征，但关于从"沿革地理"向真正的"历史地理学"转型，研究者们多强调"禹贡学会"及其学人在这一转型中所发挥的作

---

① 谭其骧、葛剑雄:《回顾与展望——中国历史地理学四十年》，华林甫主编:《中国历史地理学五十年》，学苑出版社2005年版，第122页。

② 吴宏岐:《中国历史地理学的历史、现状和发展趋势》，《河北师范大学学报》（哲学社会科学版）1999年第4期。

③ 侯甬坚:《"历史地理"学科名称由日本传入中国考——附论我国沿革地理向历史地理学的转换》，《中国科技史料》2000年第4期。

用。如史念海在《顾颉刚先生与禹贡学会》一文中指出,"可是中国历史地理这个学科名称的确定和运用,却是近五十年前的事情。推本溯源,是由禹贡学会开始的"。"三年半的经历虽甚短促,其影响实甚广远。现在中国历史地理已成显学,侧身于现代科学之列。其所以致此,颉刚先生的辛勤培植,禹贡学会与会人士的共同努力,实为转折的关键所在。"① 王育民在《中国历史地理概论》第一章"中国历史地理学的发展"中指出"禹贡学会"为后来中国历史地理学培养了大量的优秀人才。② 朱守芬在《顾颉刚与〈禹贡半月刊〉》一文中同样认为,30 年代的《禹贡半月刊》造就了一大批中国历史地理学的杰出人才,如谭其骧、张政烺、史念海、王庸、侯仁之等,他们为历史地理学奠定了基础。③ 丁超在《史地徘徊》中也写到,在 20 世纪上半期中国历史地理学学术史上的这个过渡时期,"禹贡学会"的创立及《禹贡》半月刊的出版是最具影响力的事件。④ 冯春龙先后在《试论禹贡学会对历史地理学的贡献——兼〈禹贡〉半月刊评述》⑤ 与《禹贡学会及其成就》⑥ 两篇文章中指出,"禹贡学会"虽成立不足四载,但是其对历史地理学发展产生了重要的影响,并通过分析《禹贡》半月刊曾发表的文章指出,其中不仅包括传统的沿革地理的研究,也出现了古代自然地理、人口地理以及现代经济地理、自然地理的研究。半月刊内容的广度与深度都远胜于传统的沿革地理的研究范畴,所以"禹贡学会"对于中国历史地理学有着开创之功。姚兆奎在《"禹贡学会"的历史地理研究工作》中也指出,"尽管就半月刊(即《禹贡》)的整个内容而言,还包括有大量史学作品与现代地理材料,和刊物的新译名——《中国历史地理》不尽相符,但它毕竟是历史和地理两门学科的融合场地,促使这两门学科由混合转化到合并逐步加强'地理化'而形成新的

---

① 史念海:《顾颉刚先生与禹贡学会》,《中国历史地理论丛》1993 年第 3 期。
② 王育民:《中国历史地理概论》,人民教育出版社 1987 年版。
③ 朱守芬:《顾颉刚与〈禹贡半月刊〉》,《史林》2000 年第 1 期。
④ 丁超:《史地徘徊》,商务印书馆 2016 年版,第 48 页。
⑤ 冯春龙:《试论禹贡学会对历史地理学的贡献——兼〈禹贡〉半月刊评述》,《扬州师院学报》(社会科学版)1987 年第 4 期。
⑥ 冯春龙:《禹贡学会及其成就》,《文史杂志》1987 年第 6 期。

学科是起到触媒作用的"①。最近的研究则是张伟然的《历史与现代的对接：中国历史地理学最新研究进展》一书，他认为1934年顾颉刚与谭其骧所发起成立"禹贡学会"，出版《禹贡》半月刊，提出将中国传统的沿革地理改造成现代的历史地理学，是中国第一个以研究历史地理为宗旨的学会；并认为1935年《禹贡》半月刊的英文译名由 The Evolution of Chinese Geography 订正为 ChineseHistorical Geography 是一个标志性的变化。②

而关于从"沿革地理"向真正的"历史地理学"转型，以往的研究多强调侯仁之教授在其中发挥的作用，即侯仁之教授发表的《"中国沿革地理"课程商榷》一文以及在《历史地理学刍议》中对历史地理学学科性质和定义的分析所发挥的巨大作用。如谭其骧和葛剑雄的《回顾与展望——中国历史地理学四十年》一文直接指出，"对学科发展满怀热情的学者及时指出了沿革地理的局限，其中北京大学侯仁之教授的意见最为有利"③。类似的还有历史地理研究室集体讨论、史为乐执笔的《中国历史地理研究概述（1949—1984）》④、杜瑜的《建国以来中国历史地理学的发展》⑤ 等。

吴宏岐则进一步指出，"虽然早在1913年中国地学界就提出了'历史地理'这一学科名称，1934年创办的《禹贡》半月刊也采用了'中国历史地理'这一外文译名，但受传统学术思想的影响，本世纪上半叶的历史地理研究仍以沿革地理为主，以至1950年教育部所规定的大学历史系选修课目中，还列为'中国沿革地理'。曾留学英国

---

① 姚兆奎：《"禹贡学会"的历史地理研究工作》，《历史地理》创刊号，上海人民出版社1981年版，第211页。
② 张伟然：《历史与现代的对接：中国历史地理学最新研究进展》，商务印书馆2017年版，第3页。
③ 谭其骧、葛剑雄：《回顾与展望——中国历史地理学四十年》，华林甫主编：《中国历史地理学五十年》，学苑出版社2005年版，第141页。
④ 历史地理研究室集体讨论、史为乐执笔：《中国历史地理研究概述（1949—1984）》，华林甫主编：《中国历史地理学五十年》，学苑出版社2005年版，第86页。
⑤ 杜瑜：《建国以来中国历史地理学的发展》，华林甫主编：《中国历史地理学五十年》，学苑出版社2005年版，第124页。

的北京大学教授侯仁之先生在《新建设》1950年第11期上发表了《"中国沿革地理"课程商榷》一文，率先在国内对历史地理学的基本理论进行了深入的讨论。在《"中国沿革地理"课程商榷》以及后来发表的《关于历史地理学的若干问题》和《历史地理学刍议》诸文中，侯仁之教授最早阐明了历史地理学与沿革地理学之间的本质区别……侯仁之教授的系列论文，系统阐述了中国历史地理学的学科属性、研究对象、任务、方法和现实意义，尽管在当时学术界仍有一些不同看法，但他的观点已为大多数学者所接受。这种认识上的飞跃，将中国历史地理学带进了现代发展阶段"[①]，也即认为通过侯仁之教授的努力，沿革地理才真正向历史地理学转型。

总体而言，虽然《禹贡》的半月刊英文译名改为 *Chinese Historical Geography*（中国历史地理），且标志着对沿革地理与历史地理之间差异的某些模糊认知，但这些并没有对传统的研究产生太大的影响[②]，"沿革地理"依然被等同于"历史地理"，而"沿革地理"向"历史地理"的真正转型是经由在英国受到正规历史地理学训练的侯仁之教授回国后的推动才开始的。当然，这种转型，此后依然较慢。

第三节 "禹贡学会"地位的塑造

如前文所述，在对我国"历史地理学"学科发展的传统叙述中，通常将《禹贡》半月刊置于特殊的地位。虽然这种认知从后来发展的角度来看是没有问题的，即后来导致"沿革地理"向"历史地理学"真正转型的，以及在后来历史地理学发展中发挥了举足轻重作用的学者绝大部分或来源于"禹贡学会"，或是"禹贡学会"成员的传人，但如果将"禹贡学会"以及《禹贡》杂志放置到当时的时代背景下

[①] 吴宏岐：《中国历史地理学的历史、现状和发展趋势》，《河北师范大学学报》（哲学社会科学版）1999年第4期。

[②] 这方面最新的研究可以参见丁超的《史地徘徊》（商务印书馆2016年版），其中一些论述颇有新意。

审视，那么就会对这一传统叙述提出稍有不同的解释。

从中国近代报刊发展历程来看，中国历史学学术专业期刊产生的时间大致是在20世纪20年代初，由于当时将史、地二学并列看待，因此这一时期的期刊往往"史地不分"，其中创办时间较早的有北京高等师范学校1920年创办的《史地丛刊》、东南大学史地研究会于1921年创办的《史地学报》、中国史地学会1926年创办的《史学与地学》等。到20年代末，随着史学与地学逐渐独立，这类期刊的数量才逐渐减少。不仅如此，在民国时期，开设"沿革地理""历史地理"的学校也存在一定数量，而课程的开设也代表了这些学校存在进行历史地理（沿革地理）研究的学者，甚至群体。① 需要强调的是，这些刊物和参与这些研究团体的学者发表的论文，与《禹贡》及其学人发表的论文并无本质的区别，比如以往研究中关注较多的《史地学报》和"史地学派"。彭明辉在《历史地理学与中国现代史学》一书中，提出了"史地学派"与"禹贡学派"的说法，并且分析了"史地学派"对于历史地理学，尤其是在将历史地理学思想引入和史地教育方面所做出的贡献。② 韩光辉在《张其昀及其历史地理学贡献》一文中详细介绍了"史地学派"代表人物张其昀在地理学和历史地理学领域做出的贡献，从这一介绍来看，张其昀对"历史地理学"的理解是非常深刻的，甚至这一理解在30年代超越于"禹贡学会"的普通成员之上。③ 范今朝在《"史地学派"在中国近现代历史地理学发展中的地位与影响》一文中，以张其昀为主要对象分析了"史地学派"对历史地理学发展的影响，认为在近代中国历史地理学的发展过程中，还存在一个历史地理学的"史地学派"，该派以张其昀先生为核心，在历史地理学的理论创建与学术研究方面卓有建树。④

---

① 这方面的梳理可以参见丁超《史地徘徊》。
② 彭明辉：《历史地理学与中国现代史学》，（台湾）东大图书股份有限公司1995年版。
③ 韩光辉：《张其昀及其历史地理学贡献》，《中国科技史料》1997年第1期。
④ 范今朝：《"史地学派"在中国近现代历史地理学发展中的地位与影响》，《中国历史地理论丛》2016年第1辑。

不仅如此，正如一些学者所论述的，无论是"禹贡学会"还是当时其他学术团队的成员，大部分都是将地理学（绝大部分是沿革地理）作为研究历史的工具，这点与中国古代的史学传统是一致的。在中国的传统学术中，地理属于史学，研究历史者必然要研究或者至少懂得"地理"，由此"地理"也成为传统史学的"四把钥匙"之一。众所周知，顾颉刚创办"禹贡学会"的初衷就是服务于其对上古史的研究。正是由于这一主旨，因此"禹贡学会"的大部分成员此后也并未成为历史地理学家，或者至少并不以历史地理学的研究为主要特长，而主要从事历史学的研究，他们虽然对"历史地理学"的研究可能做出过贡献，但没有对后来真正意义上的"历史地理学"的诞生发挥太大的作用。这方面的典型人物，如童书业，虽然其撰写的《中国疆域沿革史略》等论著可以归入"历史地理学"，但其主要研究方向并不是历史地理学，通常也不被作为典型的历史地理学家，且对现代意义上的历史地理学的学科发展没有做出过实质性的贡献。

因此，如果从"禹贡学会"以及《禹贡》半月刊所在的时代来看，除了其强调但并未真正理解和实现的"Historical Geography"（历史地理）之外，这一学术组织和刊物所刊载的论文在当时并无特殊之处。当然，这并不是对"禹贡学会"及其成员的苛责，因为这是由当时中国学术所处的大背景所决定的。

正如上文所述，"沿革地理"向真正意义的"历史地理学"的转型，以及一个真正意义上的"历史地理学"学科的建立发生在中华人民共和国成立后；而在这一转型和构建过程中发挥作用的基本都来源于"禹贡学会"的成员，其中起到最大作用的当属侯仁之教授、谭其骧教授和史念海教授：侯仁之教授对"历史地理学"学科属性的讨论，以及其在从"沿革地理"向"历史地理学"转型中发挥了巨大作用；谭其骧教授主编的《中国历史地图集》在历史学界、地理学界，甚至在这两者之外都产生了巨大、广泛而持续的影响；史念海教授对西北地区进行了深入、广泛的研究以及取得的丰硕成果。而这三位学者在当时从历史地理角度入手对现实问题的关怀，也产生了很大的影响力。不仅如此，此后历史地理学界的大部分研究者都出自这三位学者的门下，至今依然如此。而这三位学者之所以从事历史地理学的研究，都与早年参加"禹贡学会"的活动存在密切的联系，或者至少他们自身在此后都一再强调这一背景，因此在他们以及后来学者在追溯学术传承的时候，必然会提及"禹贡学会"。由此，在后来对学术发展的叙述中，"禹贡学会"及其刊物也就被凸显出来。

总而言之，在我国"历史地理学"的诞生及其发展的叙述中，强调"禹贡学会"及其刊物作用，从后来结果来看，这一叙述并无错误，但却忽略了"禹贡学会"及其刊物在当时时代中并不是特立独行的，之所以诞生了真正意义上的"历史地理学"，实际上与"禹贡学会"的成员侯仁之教授、谭其骧教授和史念海教授后来的际遇密不可分。如果侯仁之教授当初没有前往英国学习历史地理学、如果没有《中国历史地图集》的编纂，可能目前历史地理学的面貌会迥然不同，而对学术史也会有着完全不同的叙述方式。[①]

正是由于我国的历史地理学诞生于传统的"沿革地理"，因此无论是其研究内容还是研究者都与历史学存在密不可分的关系，由此也对中国历史地理学的发展造成了根本性的影响。

[①] 丁超在《史地徘徊》中对此有简单的讨论，参见该书第 194 页。

第 二 章

历史地理学的学科属性及其在
地理学和历史学中的边缘化

第一节 对学科属性的讨论

对于历史地理学的学科属性，曾经有过激烈的讨论，众多研究者都曾经涉及其中，总体而言，经过长期讨论，目前基本没有学者公开赞同历史地理学是历史学下属学科，而承认其应属于地理学。之所以有这种学科属性的认识，应归功于侯仁之教授、谭其骧教授[1]和史念海[2]教授的倡导。但也有少数学者有着不同认识，如黄盛璋等学者认为历史地理学是一门介于历史学和地理学之间的边缘学科[3]，甚至有学者认为其属于社会科学[4]，或是一门独立的综合性学科[5]。对于这方面的综述以及对相关问题的归纳，可以参见尹国蔚的《历史地理学科性质评议》[6]。需要强调的是，公开承认不一定是内心的真实想法，实际上目前对于历史地理学的学科属性的认识依然缺乏普遍的共识，如尹国蔚在《历史地理学科性质评议》就

---

[1] 如谭其骧《在历史地理研究中如何正确对待历史文献资料》，《学术月刊》1982年第11期。
[2] 如史念海《河山集》第三集"自序"，人民出版社1988年版，第5页。
[3] 参见黄盛璋《论历史地理学的一些基本理论问题》，《地理集刊》1964年第7号。
[4] 参见盛叙功《历史地理刍议》，《西南师范学院学报》1984年增刊。
[5] 尹国蔚：《历史地理学科性质评议》，《史学理论研究》1998年第2期。
[6] 同上。

提出历史地理学属于独立的综合性学科,而在各种私下场合依然能听到各种不同的意见。

这种学科属性认识上的差异,归因于对历史地理学科定义认知上的差异,以及认定学科归属标准方面的差异。就历史地理学的定义而言,目前学界大致都赞同侯仁之教授提出的定义,即"研究在历史时期主要由于人的活动而产生或影响的一切地理变化,这就是今日所理解的历史地理学的主要课题"。"历史地理学研究的对象,如上所述,乃是人类历史时期地理的本身,也就是无异把当前地理学的研究,推回到已经过去了的历史时期……其主要目的则在于探讨同一地区或同一地理环境在不同历史时期的实际情况,以及其发展演变的规律,因为只有这样,才能更深刻地去理解当前这一研究对象的形成和特点。"[①] 基于此,以往在认定历史地理学的学科属性上的差异主要来源于,对于一门学科属性的认知是应当基于其研究对象,还是基于其研究方法。同意历史地理学属于地理学的学者,基本都是基于历史地理学的研究对象,即"地理";而那些认为历史地理学属于交叉学科和边缘学科的学者,基本都将研究方法,即历史地理学的研究中大量采用了历史学的研究方法,如文献考订等,纳入了考虑。

但一个学科属性的认定更应当是基于其研究对象而不是方法,否则几乎所有学科都可以被认为是交叉学科或者边缘学科,尤其在今天这样一个研究方法互通有无、层出不穷的年代更是如此。例如,历史学,目前除了传统的基于文献的研究方法之外,属于数学的计量和统计的方法以及地理学的 GIS 的方法已经被接纳,但绝不可能将计量史学认定为是数学和历史学的交叉学科或边缘学科,也不能将使用 GIS 研究方法的史学研究认为是属于地理学和历史学的交叉领域。历史地理学也是如此,目前除了历史学的方法之外,历史地理学也开始采用社会学、人类学、数学等众多学科的方法,研究方法日益多元,但不能说历史地理学今后可能成为社会学与地理学,或人类学与地理学,或数学与地理学之间的交叉学科或者边缘学

---

① 侯仁之:《历史地理学刍议》,《历史地理学的理论与实践》,上海人民出版社1979年版,第6页。

科。那些内心中认为历史地理学属于边缘学科甚至历史学的研究者，在认定学科属性时，实际上将研究方法、手段超越于研究对象之上，这不仅造成了对学科属性的误解，而且由于缺乏对于研究对象的认知，由此在研究上也必然会缺乏深度。

总体而言，如果我们承认历史地理学的研究对象是"地理"，那么毫无疑问，历史地理学在学科属性上是属于"地理学"的。但目前在我国教育部的学科划分中，将历史地理学作为历史学的下属学科，由此在绝大部分高校和研究机构中，历史地理学也都属于历史系或者历史学院，毕业的学生拿到的学位证书也基本都是"历史学"的，也即当前历史地理学的研究者是以历史学的方式培养出来的，由此也就造成了一系列的问题。

第二节 历史地理学在地理学和历史学中的边缘化

在教育部的学科体系内，历史地理学属于历史学科；在传统史学中，"地理"也是历史学重要的组成部分，即"沿革地理"与"职官""年代""目录"并列为历史学的"四把钥匙"；且如前文所述，我国的历史地理学也脱胎于"沿革地理"，因此在21世纪之前，历史地理学在历史学中有着较高的地位。

不过，进入21世纪，随着史学研究日益脱离纯粹的考订，考订越来越被看作基本功，只是一名史学研究者所应掌握的基本的学术能力，而不是史学研究的终极目标以及衡量优秀学者的重要标准；与此同时，在史学研究中历史阐释、历史解释的能力日益得到重视，在这种趋势下，以考订为核心的"沿革地理"的重要性日益下降，同样作为四把钥匙的"职官""年代""目录"也是如此。

虽然在1949年以后我国的"沿革地理"就开始向真正意义上的历史地理学转型，但不得不承认的是，传统"沿革地理"的核心，即政区沿革的考订、历史地图集的编绘、对历史地名演变的研究、交通线的复原，甚至历史地理文献的点校和考订工作，长期以来一直是历史地理研究中的重中之重。[①] 随着史学研究的转型，传统"沿革地理"的这些成果虽然依然得到推崇，但只是被当作优秀的工具，再难以获得像《中国历史地图集》那样崇高的学术地位。作为对比的是，传统史学的一些研究领域，如职官，已经通过吸收最新的理论，从纯粹的考订向历史阐释转型，从而焕发了新的生命力。但目前历史地理学中传统的"沿革地理"，虽然也有着转型的趋势，如政区地理中日益考虑到人的因素以及将制度作为一种过程来考虑[②]，但一直未能在理论、方法以及整体阐释方面获得突破。

不仅如此，随着历史研究的多元化，其本身的研究重点也在多元化，且热点不断增加和转移，在这一趋势下，历史地理学多年来未能提出让整个历史学界关注的理论、方法、观点和问题，虽然也会追随学术热点，如环境史、丝绸之路的研究等，但在这些研究中，历史地理学大都只是能提供一些基础性的成果，即为更高层次的历史阐释奠定空间框架，并未提出可以引领这些领域发展的观点、理论和方法，也未能成为研究的核心。

总体而言，作为教育部规定的历史学下属学科的历史地理学，由于其自身未能真正摆脱"沿革地理学"的束缚，同时也未能跟上历史学的发展，因此在历史学中逐渐边缘化，日益被看成是一门"工具性"的学科，而不是一门"阐释性"的学科。

而在地理学方面则是另一番景象，虽然很多学者认为历史地理学在学科属性上属于地理学，且侯仁之教授和谭其骧教授都属于地学部学部委员（后来改为院士），但由于教育部一直将历史地理学归属于历史学，历史地理专业主要也设置在各个高校和研究机构的历史系或者相关学院，因此培养出的学者实际上主要受到的是历史学的训练，由此使得历史地理学的研究者与地理学的研究者之间，在学科背景上的差距越来越大。

[①] 当然在最近十多年来，随着历史地理自身研究对象的多元化，这一现象有所好转。
[②] 参见本书第二篇第三章的介绍。

虽然在20世纪中期，侯仁之教授、谭其骧教授和史念海教授都通过实地考察、文献考订的方式对现实的地理问题做出了巨大的贡献，但此后随着地理学自身的发展，越来越多的技术手段渗透其中，虽然对文献依然非常依赖，如在以往曾编纂过大量历史时期的地理数据集①，但近年来文献的处理也越来越多地使用数学等理工科的方法，而不是历史地理学依然坚持使用的历史学的方法。

在处理历史文献的方法与历史地理学逐渐分离的同时，日益技术化的地理学也为历史学出身的学者设置了技术壁垒，使得历史学出身的历史地理学者难以加入真正的地理学的研究中，最为典型的就是，在地理学中早就作为常规工具使用的GIS，在历史地理学界还远远未能普及。此外，地理学中通过建模的方式来"创造"数据以弥补文献缺失的方法也被绝大部分历史学出身的历史地理学者所拒绝，更不用说更为深层次的思考和提出问题的方式了。上述两方面相结合，使得历史地理学与地理学的距离越来越远，两者之间的对话越来越困难。曾经兴盛一时的中国科学院地理所的古地理与历史地理研究室于1996年的裁撤，应当就是历史地理学与地理学关系的真实写照。

面对这样的窘境，历史地理学应当何去何从？

第一，地理学并不是不需要历史地理学，作为研究人地关系、地理变迁的一门学科，地理学的研究对象并不只是现代地理，因为任何地理现象都是长期变化的结果。比如全世界地理学所关心的气候变迁的研究，需要通过各种手段追溯气候变化的历史过程，虽然目前孢粉分析、年轮等技术手段开始取代了文献中缺乏定量的定性记载，但在气候变迁的机制研究中，存在大量需要以文献材料为基础的研究领域，如历史上的土地利用，而搜集、解读这些资料应当是历史地理学者的所长。

不过目前的问题是，历史学出身的历史地理学者大部分不理解地理学的思维方式、研究范式，甚至毫不夸张的就是，大部分历史地理学者无法与地理学者进行对话，两者之间在提出问题、思考问题和解决问题的方式上存在巨大的鸿沟。因此，今后务必在对历史地理学者的培养时有意识地

---

① 具体参见本书第三篇"历史自然地理"部分。

强化地理学的训练，甚至在培养过程中强调与地理学者的合作。由此，历史地理学者只有在了解地理学的研究思路、理论和方法的基础上，发挥熟练搜集、运用历史文献的优势，成为真正的地理学者，那么才有可能在某些地理学所关注的重要问题的研究中掌握主动权，才能提升历史地理学在地理学中的影响力。

第二，在教育部的学科分类中，历史地理学属于历史学的下属学科，且这样的划分方式短时期内也无法改变。那么为了继续在历史学中立足，且提高自身的影响力，历史地理学研究者应当适应史学潮流的变化，立足于传统的来自于"沿革地理"的研究内容，结合历史地理学所擅长的空间分析，在空间的基础上对历史进程做出自己独到的解释，也即要在成为一名真正的历史学者的同时，发挥自己空间分析的特长。但需要强调的是，空间分析并不只是地理要素的空间分布及其变化的研究，因为这种表面上的空间分析的方法，已经被很多历史学者所掌握，也写出了很多优秀的论著，历史地理学研究中的空间分析应当是地理学意义上的空间分析，而恰恰这也是历史地理学目前所缺失的。

对于学科发展而言，学科属性是重要的，但历史地理学目前处于理想与现实相背离的状态，不过通过上述分析可以认为，无论是要回归地理学还是要继续在历史学中立足，我们都必须要认真、诚恳地拉近我们与地理学的关系，这不仅是今后历史地理学发展的当务之急，而且对于历史地理学的长期发展也是必要的。不仅如此，当前历史地理学与历史学的关系也日益疏远，为了学科的生存，作为教育部认定的历史学的从业者，我们也必须成为一名真正的具有"现代性"的历史学者。

基于此，我们首先需要对以往的一些传统研究方法进行讨论，其中有些在后续各篇章中进行分析，在这里着重需要指出的是传统历史地理研究的路径大致就是通过归纳各种材料，对研究对象的空间分布及其变化进行复原，然后以此为基础对空间分布及其变化的原因进行归纳。且不说，所谓的"复原"是否能做到，且就所谓的"因果"而言，在研究方法上属于"以果推因"，虽然绝对能找到看似合理的原因，但这种原因只是我们后人认为的原因，必然无法被证明就是当时"真实"的原因，因此通常没有太高的学术价值。而且，在很多研究中归纳的所谓的原因，并不具有普适性，只是可能对研究对象中的一部分发挥了作用，而在以往的研究中大都没有对此进行细化；更为重要的是，在大多数情况下，事物之间的关系是极为复杂的，目前很多学科都开始放弃对因果关系的简单分析。

在反思研究方法的同时，我们更应该思考历史地理学的研究目的，虽然长期以来很多研究者都反复强调历史地理学的学术价值，但学术价值并不等于研究目的；除了经世致用之外，我们历史地理学所有研究的最终目的和指向是什么？答案可能会多种多样，但绝不应当只是"复原"和归纳原因。只有对这种终极问题进行思考，历史地理学的研究才能深化，才能在地理学和历史学中占据无法被取代的一席之地。

第三节　国内历史地理学的研究机构和刊物

一　复旦大学历史地理研究所

复旦大学历史地理研究所成立于1982年，是目前国内研究人员最多、研究方向最全的历史地理研究机构。复旦大学历史地理研究所的成立，与1954年开始的谭其骧教授参与和主编的《中国历史地图集》密不可分。1959年在复旦大学历史系成立了历史地理研究室，1981年历史地理专业被批准为国家首批历史地理学专业博士学位、硕士学位授予点。1982年，成立了历史地理研究所。1999年，历史地理研究所入选教育部首批人文社会科学重点研究基地。

目前复旦大学历史地理研究所在职人员33人，其中教授（研究员）16人、副教授（副研究员）9人、讲师（助理研究员）2人、工程师1人、行政教辅人员5人。周振鹤、葛剑雄和姚大力为复旦大学文科资深特聘教授，张晓虹担任所长。

复旦大学历史地理研究所的主要研究方向为：历史自然地理与环境变迁研究、历史疆域政区与历史政治地理研究、历史人口地理与人口史研究、边疆史地研究、历史经济地理研究、历史城市地理研究、历史文化地理研究、历史社会地理研究、历史地理信息系统研究。主要代表成果有：《中国历史地图集》《中国历史地震图集》《上海历史地图集》《中国历史地理概述》《中国历史自然地理》《中国历史人文地理》《中国人口史》《中国移民史》《中国行政区划通史》《500年来环境变迁与社会应对》以及《中国近代经济地理》等，此外还有与美国哈佛大学合作开发的中国历史地理信息系统（CHGIS）。

主办的学术刊物为1981年创刊的《历史地理》，曾为CSSCI来源集刊。① 现《历史地理》已获批成为正式期刊，刊名改为《历史地理研究》。

二 陕西师范大学西北历史环境与经济社会发展研究院

陕西师范大学西北历史环境与经济社会发展研究院的前身是陕西师范大学西北历史环境与经济社会发展研究中心，后者是于2003年在原历史地理研究所的基础上组建的，同年被批准为教育部人文社会科学重点研究基地；2011年改建为西北历史环境与经济社会发展研究院。

历史地理学是西北历史环境与经济社会发展研究院的支撑学科，奠基人是我国历史地理学的开创者之一史念海教授。目前研究院中从事历史地理研究的学者共有18人，其中教授（研究员）7人、副教授（副研究员）7人、讲师（助理研究员）4人。主要研究方向为历史环境变迁与重建、历史人文地理、城市历史地理和文化名城保护、历史经济地理、区域经济地理、村镇历史文化等。

主办的学术刊物有：《中国历史地理论丛》季刊和《中国古都研究》集刊。《中国历史地理论丛》创刊于1987年，现为CSSCI来源期刊。《中国古都研究》创办于1983年。②

---

① 以上内容改编自邹怡供稿《复旦大学中国历史地理研究所概况》，《中国历史地理论丛》2016年第1辑。

② 以上改编自研究院办公室供稿《陕西师范大学西北历史环境与经济社会发展研究院》，《中国历史地理论丛》2017年第1辑。

三　北京大学历史地理研究中心

现代历史地理学的兴起与北京大学侯仁之教授的努力密不可分。1952年，全国高校院系调整，北京大学成立地质地理系，侯仁之教授任系主任，从事与历史地理学相关的教学科学活动。1957年，侯仁之教授招收了历史地理专业的第一位硕士研究生。1978年，北京大学地质地理系分为地质系和地理系，在地理系经济地理教研室内设置了"历史地理小组"。1981年，"历史地理小组"独立为"历史地理教研室"，1984年改名为"历史地理研究室"，且招收了历史地理专业的第一位博士研究生。1992年，以"历史地理研究室"为基础成立了"北京大学历史地理研究中心"，挂靠于城市与环境学院。2003年，在新合并成立的环境学院之下设"历史地理研究所"。

北京大学历史地理研究中心的主要研究方向有：城市历史地理、区域环境变迁研究、历史人口地理、历史农业地理、地理学思想史等。代表成果有：《北京历史地图集》（1、2、3集）、《环境变迁研究》（1—5卷）、《历史地理学四论》《北京城市历史人口地理》《宋代农业地理》《从王朝地理到历史地理》《世界文化地理》等。①

需要说明的是，除了历史地理研究中心之外，在北京大学历史系中也设有历史地理专业，招收硕士生和博士生，在历史城市地理、古地图、历史地理文献、历史军事地理等领域取得了令人瞩目的成果。

受制于现有的学科体制，北京大学历史地理研究中心长期无法引进研究人员，随着原有研究人员的退休，整体研究实力不可避免地受到了影响。

四　中国社会科学院历史研究所历史地理研究室

中国社会科学院历史研究所历史地理研究室的前身是成立于1960年的中国科学院哲学社会科学学部历史研究所下属的历史地理研究组。1977

---

① 以上改编自邓辉供稿《北京大学历史地理研究中心简介》，《中国历史地理论丛》2016年第2辑。

年，随历史研究所划归中国社会科学院。

20世纪60—70年代，历史地理研究室的主要任务是参与谭其骧主编的《中国历史地图集》、负责编绘郭沫若主编的《中国史稿地图集》；80年代以来，参与了《中华人民共和国国家历史地图集》《中国大百科全书》和《中国历史大辞典》编纂的工作。

目前研究室研究人员6人，其中研究员1人、副研究员3人、助理研究员2人。主要研究方向有：历史地图集的编纂与研究、历史地名、历史地理学学科动态、历史城市地理、古地图、历史军事地理。近年来的代表成果有：《中国历史地名大辞典》《中华人民共和国国家历史地图集》。[1]

在谭其骧《中国历史地图集》编纂完成后，历史地理研究室人员逐渐减少，影响力也有所减弱，不过随着研究方向逐渐从地名、政区地理向历史地理其他领域转型，以及近年来研究人员的增加，研究力量逐渐恢复。

五　武汉大学历史地理研究所

武汉大学历史地理学是由著名历史地理学家石泉教授开创的，1981年在中国古代史学位点设立历史地理方向，1986年获得博士学位授予权。目前研究所成员5人，其中教授4人、副教授1人。主要研究方向为：历史时期长江中游地区自然与人文地理演化过程与规律、古代荆楚地理与文化、区域历史地理的研究。[2]

六　西南大学历史地理研究所

西南大学历史地理研究所成立于1996年，2005年获得博士学位授予权，主要成员7人，其中教授4人、副教授3人。代表成果有：《长江三峡历史地图集》《重庆古旧研究》《长江三峡历史地理》。主办的《中国

---

[1] 以上改编自孙景超供稿《中国社会科学院历史研究所历史地理室简介》，《中国历史地理论丛》2018年第3辑。

[2] 以上改编自《武汉大学历史地理研究所概况》，《中国历史地理论丛》2015年第3辑。

人文田野》集刊，主要反映人文学者田野考察的成果、过程和方法，在历史地理学界具有较高的影响力。

七　中山大学历史地理研究中心

在编绘《中国历史地图集》的过程中，中山大学培养了一批从事历史地理的研究人员；1980年之后，侯仁之先生培养的博士生司徒尚纪回到中山大学任教；2003年之后，从复旦大学引入了吴滔、谢湜和于薇三名青年学者；2012年正式成立了历史地理研究中心。在研究方法上，除了传统的历史地理学之外，还借鉴历史人类学和社会经济史的方法，重点从事山地历史地理的综合研究。

八　暨南大学历史地理研究中心

暨南大学历史地理研究中心成立于2005年，主要成员7名，其中教授4人、副教授2人、讲师1人，主要研究方向为：岭南港澳历史地理、边疆民族历史地理和中外交通历史地理。

九　中国人民大学历史学院历史地理学研究中心

中国人民大学历史学院历史地理学研究中心成立于2016年，目前研究人员6名，其中教授1人、副教授2人、讲师3人。主要从事历史地名、历史政区、古地图、学术史、气候变迁、历史区域地理等领域的研究。代表性成果有《英国国家图书馆庋藏近代中文舆图》《史地徘徊》《皇权不下县？——清代县辖政区与基层社会治理》等。

十　云南大学历史地理研究所

云南大学的历史地理学科具有悠久的历史和学术传统。早在中华人民共和国成立以前，著名历史学家方国瑜已开展中国西南边疆史地研究工作。中华人民共和国成立后，方国瑜与尤中、朱惠荣在云南大学继续从事历史地理的教学与科研。2004年，云南大学在历史学一级学科下增设了历史地理学硕士点和博士点。2018年成立了云南大学历史地理研究所。

历史地理研究所目前研究团队中有教授3人、副教授2人、讲师1人。研究领域涵盖历史时期的自然地理、政治地理、经济地理、文化地理、城市地理、边疆地理、交通地理、民族地理以及古地图、历史地理信息化建设、历史地理学术史等诸多方面。

除了上述单位之外，目前在首都师范大学、上海师范大学、天津师范大学、太原师范学院、华南师范大学、杭州大学、浙江大学、西北大学、湖南师范大学、华中师范大学、南京大学、安徽师范大学、四川大学、西北师范大学、河南大学、北京市社会科学院等高校和研究机构中都有历史地理的专门研究机构或者研究人员。

推荐书目
目前出版的历史地理学的概述、理论著作、工具书以及一些著名学者的文集

以下列出了一些历史地理学的概述、综述、理论著作（或译作）以及工具书，此外一些学者的论文集很难归入后面各篇以及各章的内容之下，因此也一并列入（按姓氏的音序排列）。

陈雄：《历史地理学》，浙江人民出版社2005年版。

陈宝云：《学术与国家：〈史地学报〉及其学人群研究》，安徽教育出版社2010年版。

陈芳惠：《历史地理学》，（台湾）大中国图书公司1977年版。

陈代光：《中国历史地理》，广东高等教育出版社2004年版。

丁超：《史地徘徊》，商务印书馆2016年版。

杜瑜、朱玲玲编：《中国历史地理学论著索引：1900—1980》，书目文献出版社1986年版。

耿占军等：《中国历史地理学》，西安地图出版社2000年版。

韩茂莉：《中国历史地理十五讲》，北京大学出版社2015年版。

侯仁之：《历史地理学四论》，中国科学技术出版社2005年版。

侯仁之：《历史地理学的理论与实践》，上海人民出版社1979年版。

侯仁之：《历史地理研究》，首都师范大学出版社2010年版。

侯甬坚：《历史地理学探索》一集，中国社会科学出版社2004年版。

侯甬坚：《历史地理学探索》二集，中国社会科学出版社2011年版。

华林甫：《中国历史地理学·综述》，山东教育出版社2009年版。

华林甫编：《中国历史地理学五十年》，学苑出版社2001年版。

韩光辉：《历史地理学丛稿》，商务印书馆2006年版。

黄盛璋：《历史地理与考古论丛》，齐鲁书社1982年版。

姜道章：《历史地理学》，（台湾）三民书局股份有限公司2004年版。

蓝勇：《中国历史地理学》，高等教育出版社2002年版。

林頫：《中国历史地理学研究》，福建人民出版社2006年版。

刘锡涛：《中国历史地理概要》，江西人民出版社2006年版。

李恩军：《中国历史地理学》，人民交通出版社1995年版。

马正林：《中国历史地理简论》，陕西人民出版社1987年版。

彭明辉：《历史地理学与现代中国史学》，（台湾）东大图书股份有限公司1995年版。

阙维民：《历史地理学的观念：叙述、复原、构想》，浙江大学出版社2000年版。

史念海：《史念海全集》，人民出版社2013年版（《河山集》收录其中）。

史念海：《中国历史地理纲要》（上册），山西人民出版社1991年版。

史念海：《中国历史地理纲要》（下册），山西人民出版社1992年版。

石泉：《中国历史地理专题》，湖北人民出版社2013年版。

施和金：《中国历史地理研究》，南京师范大学出版社2000年版。

隋丽娟：《中国历史地理》，哈尔滨出版社2003年版。

谭其骧：《长水集》（上册、下册和续编），人民出版社2011年版。

谭其骧：《谭其骧全集》，人民出版社2015年版。

谭其骧、史念海、陈桥驿编：《中国自然地理·历史自然地理》，科学出版社1982年版。

王育民：《中国历史地理概论》（上、下），人民教育出版社1987年版。

王恢：《中国历史地理通论》，（台湾）学生书局1991年版。

吴宏岐：《历史地理学方法论的探索与实践》，暨南大学出版社2010年版。

张伟然等：《历史与现代的对接——中国历史地理学最新研究进展》，商务印书馆 2017 年版。

张全明：《中国历史地理学导论》，华中师范大学出版社 2006 年版。

张步天：《中国历史地理》（上），湖南大学出版社 1987 年版。

张步天：《中国历史地理》（下），湖南大学出版社 1988 年版。

邹逸麟：《中国历史地理概论》，上海教育出版社 2013 年版。

邹逸麟主编：《中国人文地理·中国历史人文地理》，科学出版社 2001 年版。

［苏］热库林（Жекулин，В. С.）：《历史地理学：对象和方法》，韩光辉译，北京大学出版社 1992 年版。

［日］菊地利夫：《历史地理学的理论与方法》，辛德勇译，陕西师范大学出版社 2014 年版。

第二篇

历史人文地理

第 三 章

历史政区地理和疆域变迁

　　历史政区地理是传统的"沿革地理"的核心,也是我国"历史地理学"重要的和标志性的研究领域;疆域变迁的研究虽然兴起于近代,但长期以来也是"历史地理"重点关注的内容,而这两者结合产生的"历史地图集"一直以来被历史学、地理学视为历史地理学的最高成就。

　　对于历史政区地理而言,又可以进一步划分为传统的以考订政区及其治所地理位置及其演变、辖区盈缩和政区本身的置废为主要内容的研究,和以解释政区演变的规律、动力、原因为主要内容的研究两大类,这两类研究中后者代表了今后这方面的研究方向。疆域变迁的研究虽然成果众多,且除了历史地理学者的参与之外,历史学、政治学等学科的学者也参与其中,但受制于传统的研究视角,这方面的研究在理论、方法上存在根本性的缺陷,一些基本的概念尚缺乏讨论,目前的主流成果大多只能在其自身的话语体系中"自圆其说",而不具有全局性的解释力,也无法与国际学术界对话。

第一节　以考订为主的历史政区地理的研究

　　历史政区,是"沿革地理"的最为基本和最为主要的研究范畴,同时基于文献进行考订的能力也是中国传统史学的基本功,因此历史学所强调的"四把钥匙"中的"地理"实际上更多指的是考订古代政区演变的能力。正如第一篇所述,受到"沿革地理"强烈影响的中国"历史地理学",在其诞生的最初数十年中,在研究和学术评价方面,也将对古代政区的考订放在了最为重要的位置上,由此产生了大量的研究成果。

由于这方面的成果众多,因此无法进行全面的概述。虽然众多学者对历史政区研究做出了大量的贡献,且对一些重要的问题已经大致得出了共识,例如县、郡的产生过程,历史时期州的数量、名称及其演变等,但从这几十年这一领域的发展来看,这一领域中最具影响力的研究者当属周振鹤。

周振鹤的《西汉政区地理》①是较早对某一朝代的政区进行全面考订的著作,虽然至少自清代的乾嘉学派以来,对于古代政区的考订做出了大量成就,但或基本属于对某一地理志书的考释、校勘,或属于对某一地理志书所展现的某一王朝某一时期或者某一时段的政区及其演变的考订,缺乏对某一王朝政区地理的系统性研究。周振鹤的《西汉政区地理》,全书共分三篇,全面研究了西汉一代行政区划的变迁过程,上篇为"高帝十王国地区沿革",下篇为"高帝十五郡及武帝新开郡地区沿革",附篇中包括了"有关汉县沿革的几个问题"和"楚汉诸侯疆域新志"两文,书后还附有"西汉郡国沿革表"。

这方面研究成果中不可忽略的就是严耕望的《魏晋南北朝地方行政制度》②,不同于历史地理学者进行的政区沿革的考订,这部著作的重点在于对制度本身的详细梳理,但不可否认的就是地方行政制度是政区研究的基础,因此严耕望的这部著作长期以来被列为历史地理学领域的必读书目。

在周振鹤的《西汉政区地理》之后,以王朝为对象的政区地理的研究纷纷涌现,如孙亚冰和林欢的《商代地理与方国》③、后晓荣的《秦代

---

① 周振鹤:《西汉政区地理》,人民出版社1987年版。
② 严耕望:《魏晋南北朝地方行政制度》,(台湾)学生书局1997年版。
③ 孙亚冰、林欢:《商代地理与方国》,宋镇豪主编:《商代史》第10卷,中国社会科学出版社2010年版。

政区地理》① 和《战国政区地理》②、马孟龙的《西汉侯国地理》③、李晓杰的《东汉政区地理》④、胡阿祥的《六朝疆域与政区研究》⑤、翁俊雄的《唐初政区与人口》⑥《唐朝鼎盛时期政区与人口》⑦ 和《唐后期政区与人口》⑧、刘统的《唐代羁縻府州研究》⑨、李治安的《行省制度研究》⑩、靳润成的《明朝总督巡抚辖区研究》⑪ 等。

基于众多的研究成果，自 2007 年开始，在周振鹤的主持下，出版了《中国行政区划通史》丛书。这套丛书在各册基本完成后，经过修订，于 2017 年由复旦大学出版社统一进行了发行，共 13 卷，即《总论、先秦卷》（周振鹤、李晓杰）、《秦汉卷》（周振鹤、李晓杰、张莉）、《三国两晋南朝卷》（上、下册）（胡阿祥、孔祥军、徐成）、《十六国北朝卷》（牟发松、毋有江、魏俊杰）、《隋代卷》（施合金）、《唐代卷》（上、下册）（郭声波）、《五代十国卷》（李晓杰）、《宋西夏卷》（李昌宪）、《辽金卷》（余蔚）、《元代卷》（李治安、薛磊）、《明代卷》（郭红、靳润成）、《清代卷》（傅林祥、林涓等）和《中华民国卷》（傅林祥、郑宝恒）。这套丛书虽然不可能完全囊括长期以来历史政区地理的全部研究成果，但可以说代表了目前历史政区地理的最新前沿。

此外，还值得关注的是《新清史·地理志》的编纂，《新清史·地理志》不仅吸收了当前关于清代政区的考订成果，而且基于对浩如烟海的档案材料分析，在诸多方面提出了新的认知，但遗憾的是，归结于《新清史》的出版问题，这一重要著作至今未能正式面世。

对于政区考订而言，文献材料的使用和逻辑的严密性是重中之重，辛

---

① 后晓荣：《秦代政区地理》，社会科学文献出版社 2009 年版。
② 后晓荣：《战国政区地理》，文物出版社 2009 年版。
③ 马孟龙：《西汉侯国地理》，上海古籍出版社 2013 年版。
④ 李晓杰：《东汉政区地理》，山东教育出版社 1999 年版。
⑤ 胡阿祥：《六朝疆域与政区研究》，西安地图出版社 2001 年版。
⑥ 翁俊雄：《唐初政区与人口》，北京师范学院出版社 1990 年版。
⑦ 翁俊雄：《唐朝鼎盛时期政区与人口》，首都师范大学出版社 1995 年版。
⑧ 翁俊雄：《唐后期政区与人口》，首都师范大学出版社 1999 年版。
⑨ 刘统：《唐代羁縻府州研究》，西北大学出版社 1998 年版。
⑩ 李治安：《行省制度研究》，南开大学出版社 2000 年版。
⑪ 靳润成：《明朝总督巡抚辖区研究》，天津古籍出版社 1996 年版。

德勇的《秦始皇三十六郡新考》①，其从史料认知和考订方法层面上对以往相关研究存在的问题进行了剖析，并提出了一系列新的结论，逻辑严密，可以说是清代考据学以来的巅峰之作。②

由于历史地图集的绘制主要基于历史政区考订的研究成果，因此可以被认为是考订型历史政区地理研究成果的集大成，这方面的代表成果毫无疑问当属谭其骧主编的《中国历史地图集》，当然还存在大量其他的历史地图集，关于这方面参见后文。

此外，还出版了其他一些历史行政区划通史方面的著作，如周振鹤的《体国经野之道：新角度下的中国行政区划变迁史》③《中华文化通志·地方行政制度志》④《中国地方行政制度史》⑤ 等，周振鹤在这些著作中对中国历代政区的演变提出了一些总体性的、解释性的认知，其中大量观点至今依然被学界所遵从。除了周振鹤的著作之外，这方面的著作还包括刘君德等的《中国政区地理》⑥ 等，但这些著作在整体上没有重要的突破，且各书之间水平差异较大。

此外，还有大量工具书，比较常用的就是牛平汉编著的《明代政区沿革综表》⑦ 和《清代政区沿革综表》⑧，这两部工具书虽然存在一些问题，对于政区演变的梳理存在遗漏，但大致展现了重要的变化，且书中所附大量表格，便于读者查阅。此外，以史为乐主编的《中国历史地名大辞典》⑨ 为代表的地名工具书中通常也会包含大量对历史政区及其演变的介绍。

---

① 辛德勇：《秦始皇三十六郡新考》，《文史》2006 年第 1—2 期。
② 当然，所有考据都是基于现存史料的，只是不同时代、不同学者所遵循的逻辑方法存在差异，因此所得结论只能是基于现有材料和现有逻辑体系的认知，并不完全等于历史事实。这点涉及传统史学以及史料学的问题，恕不展开。
③ 周振鹤：《体国经野之道：新角度下的中国行政区划变迁史》，（香港）中华书局 1990 年版。
④ 周振鹤：《中华文化通志·地方行政制度志》，上海人民出版社 1998 年版。
⑤ 周振鹤：《中国地方行政制度史》，上海人民出版社 2005 年版。
⑥ 刘君德等：《中国政区地理》，科学出版社 1997 年版。
⑦ 牛平汉编著：《明代政区沿革综表》，中国地图出版社 1997 年版。
⑧ 牛平汉编著：《清代政区沿革综表》，中国地图出版社 1990 年版。
⑨ 史为乐主编：《中国历史地名大辞典》（增订本），中国社会科学出版社 2017 年版。

第二节　以解释为主的历史政区地理的研究

随着历史学从考据向解释的转型，再基于自清代以来的以考订为主的历史政区地理研究所取得的成果，最近30年来，出现了一些以解释为主的历史政区地理的研究，即解释历史时期政区形成的动因、划分的基本原则以及古代对于政区的认知以及不同时期这种认知的演化过程。

这方面研究中影响最大的学者依然是周振鹤，基于多年的研究，他对中国古代地方行政区划的演变提出了一些总结性的认识，如他在《中央地方关系史的一个侧面》（上、下）中提出："在宋朝以前，历代中央政府都力图维持两级制的地方政府，以便强化对地方的管理与控制。当历史环境变化而不得不建立三级地方政府时，也要尽量使最高一级地方政府处于虚化状态。元明清三代，因为疆域广袤，只能采用多级制的地方政府，但地方分权并未因此而加强，高度强化的中央集权，仍紧紧控制地方。"① 在《中国历史上行政区划幅员的伸缩变化》（上、下）中，周振鹤对古代各级行政区划的幅员及其变化过程进行了梳理，提出县级政区的幅员相对稳定、统县政区幅员有着缩小的倾向以及最高层行政区划的幅员基于历史背景存在起伏变化，并提出如下认识"政区幅员的变化存在地域差异""不同层级政区的幅员变化原因有所不同""政区幅员的缩小有一定限度"。②

更为重要的是，周振鹤在《犬牙相入还是山川形便？——历史上行政区域划界的两大原则》（上、下）中提出"政区本来就是为着中央集权国家行政管理的需要而设置，其划界当然要以对集权统治有利为原则；但在另一方面，农业经济的发展又是维持封建政权的基础，政区边界的划定也要注意使政区与地理环境相一致。在这两种思想指导下，就出现了犬牙相入和山川形便两条相互对立的划界原则"；"在中国历史上，这两原则

---

① 周振鹤：《中央地方关系史的一个侧面》（上），《复旦学报》（社会科学版）1995年第3期；周振鹤：《中央地方关系史的一个侧面》（下），《复旦学报》（社会科学版）1995年第4期。
② 周振鹤：《中国历史上行政区划幅员的伸缩变化》（上），《中国方域》1997年第1期；周振鹤：《中国历史上行政区划幅员的伸缩变化》（下），《中国方域》1997年第2期。

是同时并用的，但越到后来，犬牙交错的原则越占上风，这一点反映了中央对地方控制愈来愈紧，中央集权程度愈来愈加强的客观事实"。①虽然在周振鹤之前也有学者提出过划分地方行政区划的这两大原则，甚至古人对此就有模糊的认知，但都没有基于史实对这两大原则进行详尽的分析。这两大原则提出后，很快就被学界所接受，成为此后研究历史时期政区划分所必然纳入考虑的原则。②

不过需要注意的是，"犬牙相入"和"山川形便"这两大原则虽然分别考虑了地方和中央两个层面，但政区的划分并不是仅仅由这两个因素决定的，且中国古代政区的划分也不仅仅受到集权和分权两个因素的影响。因此，在历史政区划分的研究中，除了这两大原则之外，还应当考虑当时的历史背景、涉及的历史事件、牵扯到其中的各种利益群体等，由此才能展现历史的多元以及在历史进程和地理形成中人的作用。虽然当前这方面的研究成果不多，但已经展现了良好的发展趋势。

如王颖在《宋金时期山西南部地区政区演变研究》中提出"周振鹤教授在阐述这两大原则的时候，往往将不遵循自然形势的政区规划归纳为犬牙交错，认为这种划分目的是强干弱枝，使地方互相牵制，防止地方坐大割据。不可否认这个观点在绝大部分地区是成立的，但是却不适用于宋金时期的山西南部地区。首先，晋南政区划分对自然形势的突破无法用犬牙交错来概括，比如金代河东南、北两路并立，是对河东'最为完固'的地理形势的反动，二者的分界线是相当平缓的，没有出现犬牙状。其次，虽然宋代陕西永兴军路和周边地区的界分呈犬牙状，但是它的意义反而是使地方政区战略优势膨胀，设置意图在于对外，而非对内，并非强干弱枝型的；宋河东路、金河东北路在西北一隅跨到黄河西岸，也是这种情况"。③

---

① 周振鹤：《犬牙相入还是山川形便？——历史上行政区域划界的两大原则》（上），《中国方域》1996年第5期；周振鹤：《犬牙相入还是山川形便？——历史上行政区域划界的两大原则》（下），《中国方域》1996年第6期。

② 需要说明的是，周振鹤提出的上述这三点认识最早出现在其所撰写的《体国经野之道：新角度下的中国行政区划变迁史》（香港中华书局1990年版）中。

③ 王颖：《宋金时期山西南部地区政区演变研究》，硕士学位论文，北京大学历史系，2004年。

影响力最大的当属徐建平的《政治地理视角下的省界变迁——以民国时期安徽省为例》①一书，他在研究中将"人"的因素纳入了政区研究中。虽然在之前的政区研究中，有时也考虑了"人"的因素，但这些"人"是作为地理条件的被动接受者以及作为被固化为有着相同考虑的一个或者两个群体，而不是作为有着活跃思想、不同背景以及在不同利益之下会不断分化的人来看待的。不过需要指出的是，虽然徐建平在这方面研究中取得了最具有影响力的成果，但其并不是这一研究视角的开创者，至少在 21 世纪初的政区研究之中就开始关注于政区形成、演变过程中不同人群、不同利益集团的冲突和协调。这方面的典型论文有，李嘎《雍正十一年王士俊巡东与山东政区改革》②、谢湜《清代江南苏松常三府的分县和并县研究》③、张伟然《归属、表达、调整：小尺度区域的政治命运——以"南湾事件"为例》④、徐建平《湖滩争夺与省界成型——以皖北青冢湖为例》⑤。此外，张力仁《人类空间选择行为与环境关系个案研究——以清代陕南秦巴山地为例》引入了经济学中"有限理性人"的理论，认为"人类行为从长期和整体角度是符合效用最大化原则的。但在习惯、传统、嗜好、欲望等情感因素支配下，人类行为却体现为短期、局部、自利的倾向"⑥。虽然作者对主题的具体论述过于条框化，没能将理论与具体的史实紧密地结合起来，因此对人的能动作用和感性揭示的不够充分，但其对"有限理性人"理论的引入以及最后得出的结论都是非常有价值的。

---

① 徐建平：《政治地理视角下的省界变迁——以民国时期安徽省为例》，上海人民出版社 2009 年版。
② 李嘎：《雍正十一年王士俊巡东与山东政区改革》，《历史地理》第 22 辑，上海人民出版社 2007 年版，第 98 页。
③ 谢湜：《清代江南苏松常三府的分县和并县研究》，《历史地理》第 22 辑，上海人民出版社 2007 年版，第 111 页。
④ 张伟然：《归属、表达、调整：小尺度区域的政治命运——以"南湾事件"为例》，《历史地理》第 21 辑，上海人民出版社 2006 年版，第 172 页。
⑤ 徐建平：《湖滩争夺与省界成型——以皖北青冢湖为例》，《中国历史地理论丛》2008 年第 3 辑。
⑥ 张力仁：《人类空间选择行为与环境关系个案研究——以清代陕南秦巴山地为例》，《中国历史地理论丛》2008 年第 2 辑。

当然，任何视角都只能反映历史和地理进程的一个侧面，但这种有鲜活的"人"的历史和地理过程，显然比以往模式化的认识更进一步，让我们看到了地理演变的更多的侧面。但需要指出的是，这一视角虽然产生了大量研究成果，但至今缺乏理论或者至少是方法上的提升；在十多年之后，这一视角也已经稍显"陈旧"，且在史料的运用和论述、解释的方式上日益套路化、模式化，已经开始失去其最初的冲击力。

除此之外，胡恒的《皇权不下县？——清代县辖政区与基层社会治理》①，在对清代县级正印官之外的僚属官佐贰官群体的设置与职能安排进行研究的基础上，证明清廷采取佐杂派驻乡间划定区域，承担部分或全部管理程序的办法，有效分担了县级行政的责任。这一研究视角基于当前历史学中比较流行的"国家社会"的视角，但对清代县级政区的运作进行了剖析，这是以往研究所忽视的，也是历史政区地理研究今后的发展方向之一，也符合历史学从考订向解释、从断面向过程研究转型的趋势。

以往对于中国古代某级政区的研究，多默认这些政区自形成后在性质上就是固定不变的，或者只是相信文献中记载的这些政区性质发生的演变，但如同其他制度，文献中对于政区的记载，通常只是关注于政区制度的某个断面或者"制度"上的变化，且文献的撰写者对于以往的追溯通常会夹杂有自己的理解和认识，因此并不能完全反映政区的演变过程。自20世纪末以来，对于某级政区的性质及其演变过程，有些学者基于对文献的梳理，提出了一些不同于以往的认知，如对于清代省的认知。"十八省"似乎已经成为我们对清代前中期最高层级地方行政区划的认识，但是2008年至2010年的几篇论文对于这一"常识性"的认识提出了疑义。如侯杨方的《"安庆省"考——兼论清代的省制》② 一文，认为清代的"省"并非正式的行政区划，清代的分省问题是后人以自己的观念建构而成的概念，而并非历史事实。此外，作者提出的"《大清一统志》、《皇朝文献通考》、《皇朝通志》等清朝官修的志书、政书以及后人修的史书，

---

① 胡恒：《皇权不下县？——清代县辖政区与基层社会治理》，北京师范大学出版社2015年版。

② 侯杨方：《"安庆省"考——兼论清代的省制》，《历史地理》第23辑，上海人民出版社2008年版，第88页。

它们反映的只是以编纂者视角理解的制度、事件,而编纂者由于自身的局限,或出于简单化、标准化的考虑,提供的信息并非是历史事实的原貌,而只是编纂者根据自己的观念解读、建构的历史",这对于我们理解史料、理解制度和历史都具有很高的价值。

段伟的《泛称与特指:明清时期的江南与江南省》[①],虽然主题并不是清代的省制,但其从职官的角度入手,分析了清代"省"的不同的标准及其演进过程,并提出"康熙时人对行省的认识并不像乾隆以后那样,将布政使司与行省紧密联系在一起";"地方史书与中央官修史书按照不同标准对其建省时间进行了追述,得出了不同的建省时间",并认为以往"学者提出种种建省标准,但都没有充分考虑清代省制变化的种种情形"。

傅林祥的《江南、湖广、陕西分省过程与清初省制的变化》[②]一文认为,"省"是清代的俗称,并以清代江南省为主线,分析了清代江南、湖广和陕西分省的过程,提出清代"省制"在康熙之前存在一个变化的过程,由此也造成了省制概念以及对分省时间认识上的混乱。

基于上述三篇论文,侯杨方在 2010 年发表的《清代十八省的形成》[③]一文中探讨了清代"十八省"的形成过程,认为清初的分省实际是"地层累积"式建构的产物,"省"与"十八省"并非清代的正式政区,而只是一种宽泛的通称。

上述几篇论文跳出了以往清代"省"研究的局限,以动态、变化的视角来研究清代的"省",虽然还没有得出统一的结论,但已经拓宽了我们对这一"老问题"的认识,是政区制度研究的新视角。中国历史上的行政区划都可以被看作一种动态的变化过程,与政区有关的一些概念也是逐渐构建形成的。对于行政区划的研究,除了复原某一静态瞬间之外,更应当分析政区以及相关概念的形成和构建过程,除了清代的十八省之外,

---

① 段伟:《泛称与特指:明清时期的江南与江南省》,《历史地理》第 23 辑,上海人民出版社 2008 年版,第 76 页。
② 傅林祥:《江南、湖广、陕西分省过程与清初省制的变化》,《中国历史地理论丛》2008 年第 2 辑。
③ 侯杨方:《清代十八省的形成》,《中国历史地理论丛》2010 年第 3 辑。

尚待研究的还有唐代的贞观十道、开元十五道①与宋代的路等，这样可能才能在某种程度上才能反映一种真正的"人地关系"，而不是脱离"地"的人的活动以及没有"人"的制度史。

不过遗憾的是，对于清代省的性质的讨论，此后戛然而止，并未再进一步的深入，也未上升为理论思考，因此虽然这一讨论意义重大，但并未形成影响力。

此外，还存在对中国历史政区演变的一些整体性认知，其中具有影响力的如从圈层结构的角度对中国古代历史政区的解释，这方面具有代表性的研究者就是郭声波，其著作《圈层结构视阈下的中国古代羁縻政区与部族》运用历史政治地理圈层结构理论，论证中国古代在边疆民族地区设置的羁縻府州、土官土司政区不仅是中国古代的民族自治区，也是国家边缘区圈层。②此外郭声波还发表有《中国历史政区的圈层结构问题》一文，认为"中国的五服制圈层结构与各种地方政治实体地理空间存在着对应关系，似可用'直接行政区'和'间接行政区'的概念来指称，历史上的府郡州县等经制区域，都属于直接行政区范畴，而诸侯国、羁縻府州、土司、藩属国等自治区域，则属于间接行政区或统治区范畴，为中央王朝（宗主国）的圈层结构式版图所及"。③圈层结构的理论对于我们理解古代政区是非常适合的，但其中尚待解决的问题是，这种圈层结构是古人在某种指导思想下有意为之的，还是无意之间形成的？毕竟在古代的文化、交通条件下，对新纳入的疆土、偏远的部族、无法直接控制的地区设置独特的政区似乎是一件自然而然的事情，而这些地区和部族通常又位于核心区的边缘。

总体来看，解释性的历史政区地理的研究应当是今后政区地理研究的

---

① 通常认为贞观元年（627）划分的十道是地理区划，而开元时变为监察区，而成一农认为贞观十道已经就是监察区，参见成一农《唐代的地缘政治结构》，李孝聪主编：《唐代地域结构与运作空间》，上海辞书出版社 2003 年版，第 24 页。

② 郭声波：《圈层结构视阈下的中国古代羁縻政区与部族》，中国社会科学出版社 2018 年版。

③ 郭声波：《中国历史政区的圈层结构问题》，《江汉论坛》2014 年第 1 期。相似的观点还出现在郭声波《从圈层结构理论看历代政治实体的性质》，《云南大学学报》2018 年第 2 期。

主要方向和前沿，但目前亟待解决的是对理论、方法的认真和深入思考，以及将政区地理的研究与历史学和地理学所关注的核心、热点问题结合起来。

第三节 历史时期疆域的变迁

现代意义上的历代疆域的研究，开始于清末民国时期，有着大量研究成果，其中直至今天还被广泛使用的就是顾颉刚、史念海的《中国疆域沿革史》[1]，其对历代疆域的叙述基本遵从如下原则：统一时期，以中原王朝控制的地区为主；在分裂时期，则叙述并立的各政权的疆域。此外，还有童书业的《中国疆域沿革略》等著作[2]，而且在近几十年中陆续出版的历史地理的通论性著作中基本都涉及中国古代疆域的问题。

在中国古代疆域研究中影响力最大的就是谭其骧教授主编的《中国历史地图集》，其将中国的疆域界定为截止到1840年的清朝疆域。对于这一选择，谭其骧教授在《历史上的中国和中国历代疆域》一文中进行了解释："我们是拿清朝完成统一以后，帝国主义侵入中国以前的清朝版图，具体说，就是从18世纪50年代到19世纪40年代鸦片战争以前这个时期的中国版图作为我们历史时期的中国的范围。所谓历史时期的中国，就以此为范围，不管是几百年也好，几千年也好，在这个范围之内活动的民族，我们都认为是中国史上的民族；在这个范围之内所建立的政权，我们都认为是中国史上的政权。简单的回答就是这样。超出了这个范围，那就是不是中国的民族了，也不是中国的政权了"；"我们既不能以古人的

---

[1] 顾颉刚、史念海：《中国疆域沿革史》，商务印书馆2004年版。该书是1938年商务印书馆推出的《中国文化史丛书》第二辑的一个分册，1949年以后曾多次再版。

[2] 童书业：《中国疆域沿革略》，开明书店1946年版。还有马大正主编《中国边疆经略史》，中州古籍出版社2000年版；葛剑雄《中国历代疆域的变迁》，商务印书馆1997年版；《中国疆域变迁与地图发展》编辑委员会《中国疆域变迁与地图发展》，地图出版社2011年版。

'中国'为历史上的中国,也不能拿今天的中国范围来限定我们历史上的中国范围。我们应该采用整个历史时期,整个几千年来历史发展所自然形成的中国为历史上的中国。我们认为18世纪中叶以后1840年以前的中国范围是我们几千年来历史发展所自然形成的中国,这就是我们历史上的中国。至于现在的中国疆域,已经不是历史上自然形成的了,而是这一百多年来资本主义列强、帝国主义侵略宰割了我们的部分领土的结果,所以不能代表我们历史上的中国"。① 绘制历史地图集,必然要确定一个标准底图,而标准底图则涉及其所描述中国在历史上的范围,且值得注意的是,谭其骧在这篇文章中尽量回避使用"疆域"一词,而是使用"范围"一词,且他在对"中国"一词的解释中,强调"中国"一词的含义是不断变化的,今天"中国"的概念是很晚才形成的,更为重要的是,绘制历史地图集需要确定一幅适用于各个历史时期的通用底图,而历代并不存在统一的疆域范围,因此从绘制历史地图集的角度而言,谭其骧教授主编的《中国历史地图集》将1840年的清朝疆域(即当时中国的范围)作为绘制各历史时期地图的范围是无可厚非的。但这一概念显然只是适用于绘制历史地图集,而并不能代表历代中国实际的疆域,否则也就与以顾颉刚、史念海的《中国疆域沿革史》为代表的研究产生了根本性的矛盾。但由于后人没有理解这一差异,因此导致了一系列的误解。

这些误解最为典型的代表就是"自古以来属于中国的领土"这样的表达方式。葛剑雄对于这种错误认识进行了深入的批评,即"我作为谭先生的学生与助手,深切理解他无法突破政治底线的苦衷。他的上述说法在理论上存在着局限性,在实际上也存在着无法调和的矛盾:一方面,从秦朝最多300多万平方公里的疆域发展到清朝极盛时期1300多万平方公里的疆域,并不能一概称之为'自然形成'。我们不能因为中国最终形成了一个疆域辽阔的国家,就将历史上那些侵略扩张行为视为促进王朝统一、社会进步的必要手段。秦始皇征服岭南,汉武帝用兵西域,唐朝灭高丽、突厥,蒙古人建立元朝,清朝灭明、平定准噶尔,客观上促成国家统

---

① 谭其骧:《历史上的中国和中国历代疆域》,《中国边疆史地研究》1991年第1期。

一,为中国疆域最终形成奠定了有利条件。但是,这种侵略扩张行为本身,未必就有'自然'的正义性可言。另一方面,在尚未形成现代国际法和国际关系、不同国家民族平等观念之前,世界上能够生存和发展下来的国家,特别是葡、西、荷、英、法、美、德、日、意等近代大国强国,无一不是侵略扩张的产物,中国岂能例外?1840年以前,中国疆域之所以保持稳定,一个重要的有利因素是地理环境的封闭性,以致在工业化以前的外部世界尚缺乏这种突破地理障碍的能力";"至于一定要强调边疆或少数民族地区与中原王朝的联系,有些事例不仅显得牵强,并且也与前面对台湾与大陆关系的论述自相矛盾"。① 在否定某些"自古以来"的认知的时候,他首先引用了谭其骧教授的观点,然后又阐述"例如新疆,只说公元前60年汉宣帝设立西域都护府,却不提及王莽时已经撤销,东汉时'三通三绝',以后多数年代名存实亡,或者仅是部分恢复;只说唐朝打败突厥,控制整个西域地区,却不提及安史之乱后唐朝再未重返西域;只说蒙古征服西辽,却不提及元朝从未完全统治西域地区。事实上,中原王朝对西域的统治直到乾隆二十四年(1759)才重新实现。对于清朝来说,西域的确是新纳的疆域,因此,才有'新疆'的命名"。② "自古以来"的提法,虽然其初衷是为了国家利益,但时至今日,盲目强调"自古以来"、盲目从中央王朝的角度来看来中央与边疆地区的关系,不仅不符合历史史实,而且随着当前历史研究的发展,这种陈述只会损害国家利益,并不利于维护中国的国际形象。

而且更为重要的是,这种认知实际上是用以西方历史为背景的近代民族国家的一系列西方主导话语权的概念来解释中国历史,这种基于西方近现代历史的概念不仅不符合中国的历史和文化,也漠视了中国自身的文化和历史脉络,放弃了中国自己的话语权,陷入西方设置的概念、解释的陷阱中,这也是造成目前各种解释都无法自圆其说的窘境。例如,现在我们所使用的"中国"一词,是"中华人民共和国"的缩写,是一个现代词

---

① 参见葛剑雄《地图上的中国与历史上的中国疆域——读〈中国历史地图集·前言〉、〈历史上的中国和中国历代疆域〉感言》,《河南大学学报》(社会科学版)2012年第5期。

② 同上。

汇，但在研究中经常与中国古代作为空间概念以及由此延伸作为文化概念的"中国"相混淆，由此带来的问题就是，大多数研究中所提及的"中国古代的疆域"中的"中国"，如果作为"中华人民共和国"的缩写的话，那么显然这一提法是存在问题的；如果作为文化概念和地理概念的"中国"的话，那么此"中国"并不能完全对应于今天的中华人民共和国，且在历史上其涵盖的地理空间也在不断变动中，两个"中国"之间是如何转型的，依然是一个需要深入探讨的问题。此外，以往研究中经常使用词汇"国家"和"国"，但经常将这两个词汇的现代西方的概念与中国古代的概念相混淆，例如在中国古代的分裂时期，通常将各政权称为"国"，但统一王朝通常并不被称为"国"，因此研究中经常使用的"王朝国家"这样的概念，显然是将现代概念套用于古代，是存在问题的。

总体而言，在史学日益发展的今天，基于西方术语体系的传统的对我国历史疆域的认知框架已经越来越无法应对各方面的挑战，且也不符合中国古代的文化和历史，因此我们必须要面对中国历史，在中国历史、文化和社会的背景下，对中国古代与疆域有关的如"中国""国""国家""王朝""天下""华夷"等概念重新加以理解和解释，并以此为基础，复原中国古代疆域认知的话语体系，用中国古代的术语对中国古代疆域认知的形成、演变以及对今天的影响进行分析，提出新的符合中国历史和文化的中国疆域的话语体系以及解释方式，而这点也是今后历史地理学者所必须面对的挑战，也是历史地理学重新回到地理学和历史学主流的契机。

第四节　历史地图集

谭其骧主编的《中国历史地图集》不仅是我国历史地理学而且也是我国历史学的标志性成果之一，而这套历史地图集的编纂有着深厚的历史脉络。不过以往对于中国古代历史地图集的编绘通常只是提到宋代的

《历代地理指掌图》，以及清代李兆洛、杨守敬等编纂的历史地图集[①]，但这种描述忽略了从宋代直至清代长期延续的绘制历史地图集的传统。

我国现存最早的历史地图集就是《历代地理指掌图》，其中收录历史地图47幅。对于这一图集以往多有研究，主要集中在两个方面：一是，关于《历代地理指掌图》的作者。关于这一问题，虽然长期以来存在争议，但现在绝大部分学者已经达成一致意见，排除了苏轼作为作者的可能，认为真正的作者应当是税安礼。[②] 二是，关于该书最初刊刻的时间，虽然在具体时间上还存在争议，但目前学界大体认为是在北宋末年。[③]《历代地理指掌图》成书之后直至清代前期产生了极大的影响力，其中的地图，除了被以《三才图会》为代表的类书收录之外，其中一些与《禹贡》和《春秋》有关的地图被很多经部的著作引用，如关于《禹迹图》就出现在了《六经图》《七经图》中，《春秋列国之图》出现在《春秋四家五传平文》《春秋大全》《春秋左传评苑》等著作中。

宋代除了《历代地理指掌图》之外，很可能还存在另外一套在以往研究中被完全忽视的历史地图集。这套地图集的原书已经散佚，不过在现存的五部宋代著作，即《十七史详节》《陆状元增节音注精议资治通鉴》《音注全文春秋括例始末左传句读直解》《永嘉朱先生三国六朝五代纪年总辨》《笺注唐贤绝句三体诗法》中存在一系列轮廓和绘制方法非常近似的历史地图，目前可以搜集到19幅，涵盖年代从五帝直至五代，当然，由于分散在各书中，因此不同的作者对地图的名称进行了一些修订。虽然这套历史地图集的影响力不如《历史地理指掌图》，但在明代的《广舆

[①] 如蓝勇《中国历史地图集编绘的历史轨迹和理论思考》，《史学史研究》2013年第2期；丁超《史地徘徊》第六章"人事有代谢——'谭图'以前的中国历史地图编绘"，商务印书馆2016年版，第222页。

[②] 如郭声波《〈历代地理指掌图〉作者之争及我见》，《四川大学学报》（哲学社会科学版）2001年第3期；谭其骧《宋本历代地理指掌图》"序言"，上海古籍出版社1989年版，第2页。

[③] 参见谭其骧《宋本历代地理指掌图》"序言"，上海古籍出版社1989年版，第1页；曹婉如《〈历代地理指掌图〉研究》，曹婉如主编《中国古代地图集（战国—元）》，文物出版社1999年版，第31页；郭声波《〈历代地理指掌图〉作者之争及我见》，《四川大学学报》（哲学社会科学版）2001年第3期。

考》和《博物典汇》都引用了其中的几幅地图，而且《博物典汇》依据这套历史地图集的轮廓，补充了"宋诸路图"和"大明一统图"两图。

明代前中期，在各种著作中主要还是使用上述两套历史地图集，直至明末崇祯年间才出现新的历史地图集，即《今古舆地图》和《阅史约书》。《今古舆地图》为明崇祯十六年（1643）沈定之、吴国辅编绘，1册，纸本，朱、墨双色套印，纵20厘米，横28厘米。该图集分上、中、下3卷，共包括58幅舆图，采用"今墨古朱"的表示方法，即当时（明朝）的府县用墨书标注，而明代以前历代政区的沿革异同则用朱色标注，各图中均附有图说。《今古舆地图》现存的最早版本为明崇祯十六年山阴吴氏（即吴国辅）刻朱墨双色套印本，此外在日本京都大学人文科学研究所也藏有这一版本。《阅史约书》，王光鲁撰，5卷，该书专为读史者考订之用，目前有现存有明崇祯刻本。其中《地图》1卷，35幅，用朱色表示今地名，用黑色表示古地名。这两套地图集成书后在后来的著作中被引用得极少，因此影响力应该不大。

清代前中期的历史地图集主要有以下几种：朱约淳的《阅史津逮》，成书于明末清初，不分卷。朱约淳认为阅读史书必须要熟悉地理状况，因此该书附有大量地图，其中属于历史地图的有21幅。马骕的《绎史》，成书于康熙时期，160卷，是一部广采各家著作而成的纪事本末体史书，其中收录有历史地图8幅。李锴的《尚史》，107卷，基本是根据马骕的《绎史》改编而成的纪传体史书，收录有历史地图7幅。汪绂的《戊笈谈兵》，10卷，成书于清代中期，是有关兵书图籍的汇辑和评论，书中包括有历史地图10幅。

清代后期著名的历史地图集就是杨守敬主持编纂的《历代舆地沿革险要图》。这套图集从清光绪三十二年至宣统三年（1906—1911）陆续刊行，共34个图组，分订成34册，纸本朱墨双色套印，开本尺寸为纵29厘米，横19.5厘米。未注比例尺。与在此之前的同类地图比较，内容翔实得多。由于这套历史地图集是谭其骧《中国历史地图集》的前身，因此以往研究众多，在此不再赘述。①

---

① 如孙果清《杨守敬〈历代舆地沿革险要图〉版本述略》，《文献》1992年第4期。

清代后期出现的历史地图集，还有李兆洛晚年所作，后经校刊而成的《新校刊李氏历代舆地沿革图》，该图以李兆洛基于《皇舆全览图》和《内府舆图》所绘《皇朝一统舆地全图》为底图绘制，涵盖时间上至禹贡，下至明代，共16图，每图又分为5幅（其中隋图分为3幅），图幅30.8厘米×14厘米；六严绘、马征麟订正的《历代沿革图》，上起"禹贡九州图"，下至"明地理志图"，图幅20厘米×16厘米；厉云官编的《历代沿革图》，现存有清同治三年（1864）的版本，共有地图20幅，上起"禹贡九州图"，下至"明地理志图"，图幅19.8厘米×20厘米。[1] 在厉云官《历代沿革舆图》（即《历代沿革图》）同治九年版的叶仁序中记述"仪征厉方伯（即厉云官）有历代舆地沿革图二十，云本之江阴六氏，而六氏实本之李养一先生兆洛《皇朝舆地图》而缩摹者也"[2]，由此来看上述三者有着明确的承袭关系。

　　以《历代地理指掌图》为代表的历史地图集，在中国古代史部的分类中基本属于地理类，且在四部中史部的正史类的作品中基本没有收录地图，由此似乎也就解释了为什么历史地图集的绘制至少自宋代以来得以长期延续，即正如上文提到的某些历史地图集的作者所说，是作为阅读史书的辅助工具，而这也正是谭其骧教授主编的《中国历史地图集》最初编绘以及长期不断出版的最为根本的原因。

　　由于中国存在编绘历史地图集的长期传统，因而谭其骧教授主编的《中国历史地图集》并不是现代编绘的唯一一套中国历史地图集，除此之外，具有影响力的还有顾颉刚、章巽的《中国历史地图集（古代史部分）》[3]，以及郭沫若主编的《中国史稿地图集》（上册）[4]和《中国史稿地图集》（下册）[5]，郭沫若主编的这两套图集除了政区图和疆域图之外，还包括大量展现了某些历史事件的专题图。台湾地区的中国文化大学也曾

---

[1] 以上参照北京图书馆善本特藏部舆图组编《舆图要录》，北京图书馆出版社1997年版，第87页。
[2] 同上。
[3] 顾颉刚、章巽：《中国历史地图集（古代史部分）》，中国地图出版社1955年版。
[4] 郭沫若主编：《中国史稿地图集》（上册），中国地图出版社1979年版。
[5] 郭沫若主编：《中国史稿地图集》（下册），中国地图出版社1990年版。

编纂过《中国历史地图》①，其中除了政区图之外，也绘制有一些专题图。

此外还有1982年开始编纂、2014年出版的《中华人民共和国国家历史地图集》（第一册）②，涉及民族、人口、都市分布、城市遗址与布局、气候、自然灾害等图组，由众多领域的知名专家参与编绘。《中华人民共和国国家历史地图集》的第二册和第三册目前已经在中国社会科学院立项，将于未来几年中陆续出版。

受到这些历史地图集的影响，加上编纂历史地图集的传统，近年来一些省市也进行了历史地图集的编纂工作。其中较早和影响力较大的就是侯仁之教授主编的《北京历史地图集》，这套图集的编绘始于20世纪80年代，最早出版的第一集以表现北京地区的政区沿革为主③，第二集则以表现自然地貌为主④；在21世纪初启动了第三集的编纂工作，与此同时又对之前出版的第一集、第二集进行了修订，最终于2013年将新编纂的第三集和重新修订第一集、第二集一起出版。⑤ 此外，已经出版的各省的历史地图集还有《上海历史地图集》⑥《西安历史地图集》⑦《陕西省历史地图集》⑧《广东省历史地图集》⑨《山西省历史地图集》⑩《长江三峡历史地图集》⑪《浙江省历史地图集》⑫《山东省历史地图集》⑬《福建省历史地图集》⑭ 等。

---

① 张其昀监修，程光裕、徐圣谟主编：《中国历史地图》，中国文化学院出版部1980年版。

② 《中华人民共和国国家历史地图集》（第一册），中国地图出版社、中国社会科学出版社2014年版。

③ 《北京历史地图集》第一集，北京出版社1988年版。

④ 《北京历史地图集》第二集，北京出版社1997年版。

⑤ 三集分别命名为《北京历史地图集·生态卷》，文津出版社2013年版；《北京历史地图集·政区城市卷》，文津出版社2013年版；《北京历史地图集·人文社会卷》，文津出版社2013年版。

⑥ 周振鹤主编：《上海历史地图集》，上海人民出版社1999年版。

⑦ 史念海主编：《西安历史地图集》，西安地图出版社1996年版。

⑧ 《陕西省历史地图集》，西安地图出版社2018年版。

⑨ 《广东省历史地图集》，广东省地图出版社1995年版。

⑩ 《山西省历史地图集》，中国地图出版社2000年版。

⑪ 蓝勇主编：《长江三峡历史地图集》，星球地图出版社2015年版。

⑫ 《浙江省历史地图集》，星球地图出版社2009年版。

⑬ 《山东省历史地图集》，山东省地图出版社2016年版。

⑭ 《福建省历史地图集》，福建省地图出版社2004年版。

还有断代的历史地图集,如由华林甫主持的社科基金重大项目"清史地图集"已经结项,这套地图集是目前仅见的成体系和成规模的断代历史地图集,充分利用了各种满文和汉文文献、蒙古文舆图等,且补充了谭其骧《中国历史地图集》清代卷的不足,即谭图只反映了嘉庆二十五年(1820)清代全盛时期的政区图,没有康乾盛世和清末的各种地理变化,且未能充分反映清代后期展现了社会变化的城市、租借地、边疆失地等内容。除了弥补不足之外,《清史地图集》还解决了县界复原的问题,全面复原了宣统三年(1911)内地府县级政区界线,对边疆地区的政区界线也做了最大限度的复原。对于这套地图集的出版,历史地理学界和历史学界都甚为期待。

目前,历史学界和历史地理学界经常讨论的一个问题的就是谭其骧《中国历史地图集》的修订工作。确实,自谭其骧《中国历史地图集》出版以来,学界对于历史政区的研究已经取得了众多新的成果,发现了谭其骧《中国历史地图集》中存在的一些错误,而且受制于当时的技术手段和资料限制,《中国历史地图集》的编纂本身也存在一些困难,比如地名的准确性定位等。

但同样由于技术手段和研究方式的转型,在各种近年来被广泛采用的技术手段中,最为重要的就是地理信息系统的使用。[1] 在国内历史地理学界中知名度最高的 CHGIS(中国历史地理信息系统),目前已经完成了时间序列数据,即可以逐年地展现政区和疆域的演变。且即使不考虑 GIS 的分析手段,仅仅是 CHGIS 提供的便利的查询和定位手段,就已经使得作为工具的谭其骧《中国历史地图集》显得过时。而且 CHGIS 可以不断通过吸收新的考订成果随时加以修订,也即可以持续保持最新状态,由此也使得谭其骧《中国历史地图集》的修订变得没有必要。

此外,随着历史研究从考订向解释的转型,作为工具书的历史地图集在学术评价中的地位也在下降。虽然历史地图集是大量考订成果的集成,因此优秀的历史地图集的出版必然会得到学界广泛的好评,但作为工具书,其影响力显然难以与三十年之前相比。需要强调的是,上述陈述并不

---

[1] 对此参见本书第四篇第十一章。

是否认编绘历史地图集的学术价值，毕竟作为传统史学的四把钥匙之一，历史地图集作为工具的价值必然是会长期存在的，但历史地理学界应当认真考虑编订历史地图集的意义，以及今后展现历史政区及其演变的方式。

推荐书目

胡恒：《皇权不下县？——清代县辖政区与基层社会治理》，北京师范大学出版社2015年版。

葛剑雄：《地图上的中国与历史上的中国疆域——读〈中国历史地图集·前言〉、〈历史上的中国和中国历代疆域〉感言》，《河南大学学报》（社会科学版）2012年第5期。

顾颉刚、史念海：《中国疆域沿革史》，商务印书馆2004年版。

牛平汉编著：《明代政区沿革综表》，中国地图出版社1997年版。

牛平汉编著：《清代政区沿革综表》，中国地图出版社1990年版。

谭其骧：《历史上的中国和中国历代疆域》，《中国边疆史地研究》1991年第1期。

谭其骧：《中国历史地图集》，中国地图出版社1982年版。

徐建平：《政治地理视角下的省界变迁——以民国时期安徽省为例》，上海人民出版社2009年版。

辛德勇：《秦始皇三十六郡新考》，《文史》2006年第1—2期。

严耕望：《魏晋南北朝地方行政制度》，（台湾）学生书局1997年版。

周振鹤：《中国地方行政制度史》，人民出版社2005年版。

周振鹤：《体国经野之道：新角度下的中国行政区划变迁史》，（香港）中华书局1990年版。

第四章

城市历史地理

虽然关于城市的定义存在很大争论,但由于城市在人类历史发展过程中的作用,及其作为人类社会发展水平的标志,因此城市也就成为历史学众多分支学科,如经济史、社会史、生活史研究的对象,而且还有专门以城市为研究对象的城市史。以往我国城市历史地理的研究不仅借鉴了这些学科的大量研究成果,而且与这些学科在很多方面都存在交叉,以至于某些研究成果很难在学科层面上加以区分。对于城市历史地理与其他学科的关系和差异,马正林在《中国城市历史地理》的"绪论"中花费了大量篇幅加以论述。[1]

关于城市历史地理的研究内容,侯仁之教授曾指出应当包括以下五个方面:城址的起源和演变;城市职能的形成及演变;城市面貌的形成及其特征;城市位置的转移及其规律;城区开发和城市兴衰的地理背景。[2] 不过侯仁之教授对城市历史地理研究内容的总结主要是指导性的,他以及后来的学者未能在研究方法、范式上进一步深化,只是对某些问题的研究形成了一些不成文的研究范式和方法(参见后文各节),因此这方面依然有待于研究者进行归纳、总结和进一步的探索。

---

[1] 马正林:《中国城市历史地理》,山东教育出版社1998年版。
[2] 这五个方面是辛德勇在《侯仁之先生对于我国历史城市地理研究的开拓性贡献》(《中国历史地理论丛》1990年第4辑)一文中归纳的。

第一节　中国古代"城市"的概念

从研究方法的层面而言，概念是研究的基础，而作为城市历史地理的研究对象"城市"，其概念不仅在历史地理研究中，而且在史学各学科的研究中都缺乏一个明确的、得到公认的论述，甚至在以现代城市为对象的各种研究中也缺乏统一的概念，因此"城市"的定义就成为当前城市历史地理研究中一个经常会被讨论的问题，绝大多数相关著作都会在前言部分对此花费一定的篇幅，相关的论文也颇为常见。

在对这一问题进行讨论之前，首先应当考虑这样一个问题，对"城市"进行定义的目的是什么？回答也显而易见，即为了限定和确定研究的具体对象。紧随而来的第二个问题就是，在中国历史上，这一概念是否自古就有？如果自古就有，那么我们是否应当采用古人的定义？如果中国古代缺乏这样的概念，我们用现代的概念来确定古代的研究对象，虽然在方法层面上没有问题，但带来的问题就是：如何用现代概念定义中国古代的研究对象。下面就这些问题展开讨论。

一　中国古代并无"城市"的概念

中国古代即有"城市"一词，而且产生的时间较早，笔者在电子版《四库全书》中以"城市"一词进行检索，总共命中3423条[①]，对于这些文献中提到的"城市"，有些学者认为表达的即是现代"城市"的含义，当然这也与"城市"概念的界定有关，如马正林在《中国城市历史地理》一书中提出的"城市"概念"也就是说，中国古代的城是以防守为基本功能。城市则不然，它必须有集中的居民和固定的市场，二者缺一都不能称为城市。根据中国历史的特殊情况，当在城中或城的附近设市，把城和

---

① 其中有很多并不是作为"城市"一个词汇出现，或是城和市两个概念的合称或而偏重于"市"，如《后汉书》卷41《刘玄传》："乃悬莽首于宛城市"；《陈书》卷12《徐度传》："高祖与敬帝还都。时贼已据石头城，市廛居民并在南路，去台遥远，恐为贼所乘"，因此实际上出现的次数要远远少于3423条。

市连为一体的时候，就产生了城市"①，并由此推断中国古代城市出现的时代应该是西周，即"夏商的都城是否设市，既无文献上的依据，也没有考古上的证明，只有西周的都城丰镐设市，有《周礼·考工记》为证"②，并由此认为文献中出现的"城市邑"和"城市"即是现代意义上的"城市"概念。他提出的这一对城市概念的界定，即"城（城墙）" + "市" = "城市"，在中国古代城市研究中具有一定的代表性。③ 虽然不能说马正林提出的认识是完全错误的，毕竟关于"城市"的概念至今也没有达成一致意见，但这种论证并不能证明古代文献中出现的"城市"一词具有了现代"城市"的含义。④ 当然，我们可以用现代的"城市"概念来界定古代的聚落，但回到本节的主题，无论近现代"城市"的概念如何界定，实际上都是从本质上（主要是经济、社会结构）将一组特殊的聚落与乡村区分开来，那么我们首先需要考虑的是中国古代是否曾将某些聚落认为是一种特殊的地理实体，如果存在这种认识，那么这些特殊的聚落是否与近现代"城市"概念存在关联。下面先对这一问题进行分析。

除了辽、金、元三个少数民族政权之外，在中国古代的行政体系中，并不存在单独的现代意义的建制城市。韩光辉在《元代中国的建制城市》⑤

---

① 马正林：《中国城市历史地理》，山东教育出版社1998年版，第18页。
② 同上书，第19页。
③ 如董鉴泓《中国城市建设史》，中国建筑工业出版社1989年版，第5页等。
④ 总体来看，马正林所提概念涵盖范围似乎过于宽泛了，有"市"和一定的居民即可以为城市，且不说其中的市是不是固定市还是集市，人口要到多少才算达标，如果按照这一概念，不仅中国古代大多数行政城市，以及众多的乡镇聚落都可以作为城市，而且世界古代的大多数聚落似乎也可以界定为城市了。对于这种定义，李孝聪在《历史城市地理》一书中曾指出"城市作为人类社会物质文明与精神文化最重要的载体，仅仅用城墙和市场这两个具体而狭隘的标准来衡量也是缺乏说服力的"（山东教育出版社2007年版，第4页）。此外，由于"城市"一词具有的误导性，让人容易理解为"城" + "市"，因此有学者认为应当放弃对这一词汇的使用，参见王妙发、郁越祖《关于"都市（城市）"概念的地理学定义考察》，《历史地理》第10辑，上海人民出版社1992年版，第133页。而且"城市"一词在古代可能仅仅表示"城"的含义，这点参见后文分析。
⑤ 韩光辉：《元代中国的建制城市》，《地理学报》1995年第4期。

《中国元代不同等级规模的建制城市研究》①《宋辽金元建制城市的出现与城市体系的形成》②和《宋辽金元建制城市研究》③等论著中对辽金元时期，尤其是元代建制城市的出现和发展过程进行了叙述。根据韩光辉的分析，元代设置建制城市（也就是录事司）的标准，并不是现在通常用来界定"城市"的经济、人口等数据，而主要依据的是城市的行政等级，即"录事司，秩正八品。凡路府所治，置一司，以掌城中户民之事。中统二年，诏验民户，定为员数。二千户以上，设录事、司候、判官各一员；二千户以下，省判官不置。至元二十年，置达鲁花赤一员，省司候，以判官兼捕盗之事，典史一员。若城市民少，则不置司，归之倚郭县。在两京，则为警巡院"④，从这一文献来看，界定"建制城市"的标准首先是行政等级，然后才是人口，如果行政等级不高，人口再多也不能设置录事司。不仅如此，虽然我们不能确定元代"城市"发展的水平，但明清时期"城市"的发展水平应当不会低于元代，不过这种建制城市却在元代灭亡后即被取消，从这点来看，"建制城市"的出现并不能代表中国"城市"的发展水平，很可能只是中国历史发展中的特殊现象。总体来看，就行政建制方面而言，中国古代缺乏现代意义的"城市"的划分标准，"城"通常由同时管辖周边郊区的附郭县（府州及其以上行政层级）或者县管辖，"城"与其周边地区的区分在行政层面上并不重要。

不仅如此，在漫长的历史中，除了元代之外，清末之前几乎没有用来确定某类特殊聚落地位的标准。在各种文献中提到的"城"，通常是那些地方行政治所和一些修筑有城墙的聚落，因此如果要寻找划分标准的话，那么就是"地方行政治所"和"城墙"，但这两者又不完全统一。一方

---

① 韩光辉、刘旭、刘业成：《中国元代不同等级规模的建制城市研究》，《地理学报》2010年第12期。

② 韩光辉、林玉军、王长松：《宋辽金元建制城市的出现与城市体系的形成》，《历史研究》2007年第4期。

③ 韩光辉：《宋辽金元建制城市研究》，北京大学出版社2011年版。

④《元史》卷九十一《百官志》，中华书局1976年版，第2317页。

面，至少从魏晋至明代中期，很多地方行政治所并没有修筑城墙[1]；另一方面，大量修筑有城墙的聚落又不是地方行政治所。因此，中国古代文献中的"城"，其实有两方面的含义，一方面是地方行政治所（不一定修筑有城墙），另一方面是有墙聚落。两者之中，都涵盖了各色各等差异极大的聚落，有墙聚落中既有规模居于全国首位的都城，也有周长可能不超过两三里围绕一个小村落修建的小城堡。即使行政治所，规模差异也很大。[2] 因此文献中"城"和"城池"这类的概念实际上表示的是一种地理空间，而并不具有太多的其他意义。

中国古代编纂的各种志书中，在涉及地方的部分很少将与城有关的内容单独列出。如现存最早的地理总志《元和郡县图志》，其中所记的政区沿革、古迹、山川河流都没有区分城内城外，而且也极少记录城郭的情况。《元和郡县图志》之后的地理总志，虽然记述的内容更为丰富，但也大致遵循这一方式，即没有强调"城"的特殊性。地理总志以外的其他志书也基本如此，如《十通》，在记述各种经济数据（如人口、税收等）、山川、衙署等内容时，大部分情况下并没有将城的部分单独列出。宋代之后保存至今的地方志中虽然通常有"城池"一节，但主要记录的是城墙和城壕的修筑情况；"坊市"中虽然主要记载的是城内的坊（或牌坊）和市的分布，并与城外的乡村（或者厢、隅、都等）区分开来，但这可能是受到行政建置（城内与乡村的行政建置存在差异）的影响；在其他关于地理的章节（如桥梁、寺庙）、关于经济的章节（如食货、户口）中基本看不到对城的强调。

除了极少数"城"（如北京、杭州、西安、开封）之外，中国古代也极少有关于"城"的志书。虽然有学者将少数这类志书认为是"城市志"，如毛曦《中国城市史研究：源流、现状与前景》一文[3]，但是这些志书中的一些并不能肯定地认为是"城市志"，因为这些志书也可以被认

---

[1] 参见成一农《中国古代地方城市筑城简史》，《古代城市形态研究方法新探》，社会科学文献出版社2009年版，第160页。

[2] 参见成一农《清代的城市规模与城市行政等级》，《古代城市形态研究方法新探》，社会科学文献出版社2009年版，第126页。

[3] 毛曦：《中国城市史研究：源流、现状与前景》，《社会科学》2011年第1期。

为是关于"城"或"城池"的专志,如《洛阳伽蓝记》等;还有一些志书,如最早的《通志·都邑略》记述的是都城,内容基本上是对都城位置的考订和描述,虽然后续志书中《都邑》的内容有所扩展,但也只是记载城池和宫殿的情况以及大致的沿革,与当代"城市志"的内容和目的相差极远,而且《通志·都邑略》的开篇即叙述"建邦设都,皆凭险阻。山川者,天之险阻也。城池者,人之险阻也。城池必依山川以为固"[1],所谓"都邑"其实就是"城池"。因此上述材料并不能证明中国古代存在"城市""城市志"或者关于"城市"的研究,而可能只有关于"城"或者"城池"的记载。因此,可以认为在这些志书的编纂者看来,作为行政治所的"城"并没有太大的特殊性。

此外,虽然中国古代早已有"城市"一词,但其含义与近现代的概念并不相同,如清代编纂的关于北京的《日下旧闻考》中有以"城市"命名的章节,记载城内的街巷、寺庙、景物等,但该书主要是分区域记述的,与"城市"对应的章节分别为"皇城""郊坰"和"京畿"等,因此"城市"一词在这里很可能只是一种空间分区,表示的是城墙以内皇城以外的范围,类似于"城"或者"城池"。如《后汉书·西羌传》记"东犯赵、魏之郊,南入汉、蜀之鄙。塞湟中,断陇道,烧陵园,剽城市,伤败踵系,羽书日闻"[2];又如《北齐书·阳州公永乐传》"永乐弟长弼,小名阿伽。性粗武,出入城市,好殴击行路,时人皆呼为阿伽郎君"[3],这些文献中的"城市"一词同样并不一定表示的是现代意义的"城市",很可能只是"城"或"城池"的同义词,文献中这类的用法还有很多。

不仅文献如此,在流传至今的古代舆图中,极少出现现代意义的"城市图",大部分表示"城"的舆图往往将城与其周边区域绘制在一起。当然方志中的"城池图"是例外情况,其表现的是整个政区的组成部分之一,在明清时期的很多方志之中,除了"城池图"之外,还有着大量

---

[1] 《通志》卷四十一《都邑略》,中华书局1995年版,第561页。
[2] 《后汉书》卷八十七《西羌传》,中华书局1965年版,第2900页。
[3] 《北齐书》卷十四《阳州公永乐传》,中华书局1972年版,第182页。

表示乡村的疆里图,因此这种"城池图"表现的实际上是一种地理单元,重点并不在于强调城的特殊性。

总体来看,中国古代很可能存在现代意义的"城市",但并不代表中国古代存在现代意义的"城市"的概念。中国古代文献中出现的"城""城池",甚至"城市"的概念,其划分标准很可能只是地理空间,而不是现代的从内涵上进行的界定,同时也没有从经济、社会等方面对聚落进行划分的标准,因此可以认为中国古代并无现代意义的"城市"这样的概念,至多只有"城""城池"这样的偏重于地理空间的划分方式。

二 如何在研究中界定"城市"

需要再次强调的是,中国古代缺乏"城市"的概念并不是说明中国古代没有现代意义的城市,而是说明中国古代并没有一种我们现代认为的"城市"的概念或者认识,在研究中我们依然可以用现代的"城市"概念来界定中国古代的某类聚落,并划分出一类研究对象。但迄今为止,在中国古代"城市"的具体研究中,讨论"城市"定义的论著不少,但确实能在研究中提出某一具体的界定"城市"的标准,并且应用到实际研究中的则是少而又少,这也是很多古代"城市"研究所遇到的不可避免的问题,对此研究者则采取了一些灵活的处理方式。

有些研究避免使用"城市"一词,而采用更为宽泛的"城镇"等词汇。如刘景纯的《清代黄土高原地区城镇地理研究》,其第二章"城镇的发展与城镇体系的完善"中的第一节"府州县城镇"包括"府、州城"和"县城",第二节"市镇的普遍兴起及其相关问题"中包括"市镇的普遍兴起"和"市镇及其相关问题",显然该书中第二章标题中"城镇"一词的"城"指的是行政治所,而"镇"指的是市镇,由此避免了"城市"和"镇"的界定问题。在第三节中作者自己也谈到"因而这里的'城镇'实际上包括府、州、县城及古代方志中所说的市镇和市集等,其概念的内涵更为宽泛"。[①]

---

① 刘景纯:《清代黄土高原地区城镇地理研究》,中华书局2005年版,第7页。

成一农的《古代城市形态研究方法新探》一书在第六章中则直接将"地方城市"界定为"设有各级国家地方管理机构衙署的城市",也就是所谓的行政治所。①

就目前见到的城市历史地理著作来看,实际上绝大多数使用的就是上述两种解决方式,不过第二种解决方案有可能存在歧义,因为很多读者甚至研究者本人依然会用现代"城市"概念来理解中国古代的"城市",因此不如直接写明是"治所城市"甚至"治所城池"为好。

总体而言,由于中国古代并没有今天这么强烈的"城市"的概念,且现代"城市"概念本身认知的不统一,再加上概念应当服务于研究,因此在相关研究中,研究者应当按照自己的研究来定义适应其研究对象的"城市"的概念。当然,在那些没有与现代"城市"进行对照的研究中,似乎使用"城池"或者"治所城池"作为研究对象似乎更不容易引起歧义。

不过,作为悖论的是,本章的标题以及各小节的标题中依然使用"城市"一词,这是考虑到目前研究者的普遍习惯,笔者依然认为"城池"更适合于作为中国古代这一时间框架下的研究对象。

第二节 中国古代城市的选址

一 当前城市选址的研究方法

城市选址是研究一座城市的兴起、发展和衰落必不可少的内容,也是城市历史地理和城市史的重要研究内容,但是关于中国古代城市选址的研究大多包含在相关的城市历史地理或者城市史的研究中,极少有专门的论著,也极少有对这方面研究方法的讨论。总体看来,当前中国古代城市选址的研究方法并不完善,并且有着公式化、模式化的趋势。下面首先对以往中国古代城市选址的研究进行总结。

以往研究中,影响最大的当属侯仁之教授关于北京城选址的研究。在

---

① 成一农:《古代城市形态研究方法新探》,社会科学文献出版社2009年版,第160页。

侯仁之教授之前关于北京城选址的研究中，G. 泰勒认为："看来在北京城城址的选择上，显然包含有许多'人'的因素。在古代，巫师们认为这一城址是特别吉利的"；"由于巫术上和政治上的原因，导致了这个城市的诞生……以此为起点，似乎再没有其他城市相与抗衡。"[①] 与此不同，侯仁之教授从地理的角度入手，复原了北京城最初的地理环境，认为"从这一复原工作中，可以发现在蓟城故址的东南一带，淀泊沼泽星罗棋布，原是北京小平原与华北大平原在交通上的严重障碍。那时从华北大平原北上，只有沿着太行山东麓的南北大道，经过今日卢沟桥所代表的永定河上的古代渡口，才能顺利进入北京小平原……因此沿太行山北来的大道在进入北京小平原后，便开始分歧为至少是三条继续北进的道路。这个分歧点本来就应该在卢沟桥所代表的永定河的古代渡口上……在渡口最近而又不受洪水威胁的地方开始成长起来，这就是古代的蓟城，也就是古代南北大道上的分歧点"[②]。由于泰勒的观点缺乏文献支持，而侯仁之教授的分析又符合现代地理学对城市选址的科学阐述，因此被学界广泛接受。在《城市历史地理的研究与城市规划》一文中，侯仁之教授还从地理环境的角度入手，分析了金中都向元大都城址转移的原因，认为元代规划元大都时用水源丰富的高梁河水系取代莲花河水系以满足这座宏大的全国性都城的需要。[③] 侯仁之教授从地理环境（交通、水源等因素）入手分析城市的选址，为之后中国古代城市选址的研究方法奠定了基础。

　　此后关于中国古代城市选址的研究基本上都是从地理环境的角度考虑，分析的因素一般包括：城址所在的自然环境（其中包括宏观环境和微观地貌）、交通路线、经济条件，有时还考虑政治环境以及其他历史人文条件（如国都的转移）等。这方面的论著数量众多，不一一列举。

[①] Griffith Taylor, *Urban Geography: A Study of Site, Evolution, Pattern and Classification in Villages, Towns and Cities*, 1946, Methuen & Co. Ltd., London, pp. 27 – 28. 转引自侯仁之《城市历史地理的研究与城市规划》，《历史地理学四论》，中国科学技术出版社1994年版，第41页。

[②] 侯仁之：《城市历史地理的研究与城市规划》，《历史地理学四论》，中国科学技术出版社1994年版，第41页。

[③] 侯仁之教授这方面的论文还有《邯郸城址的演变和城市兴衰的地理背景》《淄博市主要城镇的起源和发展》等，这些论文都收录在其著作《历史地理学的理论与实践》（上海人民出版社1984年版）中。

此外，有些学者试图对中国古代城市选址的特点进行总结，如马正林在《中国城市历史地理·中国城市的城址选择》中总结了中国古代城址选择的原则，即"平原广阔""水陆交通便利""地形有利，水源丰富""地形高低适中"和"气候温和，物产丰盈"。① 他还在《中国城市的选址与河流》中提出"中国城市的城址大多数位于河流的沿岸，绝不是偶然现象，而是中国城市城址选择的普遍规律……在中国，只有河流沿岸地理条件最优越，城址多选择在河流沿岸就成为不言而喻的事情"②，其理由也是因为河流沿岸"土地平坦""供水方便""交通便利"和"物产丰盈"。再如陈正祥认为"城的位置，除受地形控制外，也同交通路线、水路航程，太阳光向以及民族迁移途径等有关"。③

这种考虑地理环境的影响的研究方法，在很多情况下是非常合理的，不过却难以回答科斯托夫（Kostof）提出的问题"毕竟在许多河流的交汇处、路道的连接点以及具有防御优势的高地上并没有孕育出任何城市"④，这是以往城市选址研究方法所无法回答的问题。下面再看阿斯顿（Aston）和邦德（Bond）的观点："城市由人，并且为人而建的。它们所处的地域位置是由人来决定的，而并不是不可抗拒的位置操纵的结果。"⑤ 基于上述非常具有启发性的问题和观点，下面即先从以往研究中的一些具体方法和使用的材料入手，对城市选址的研究方法进行反思。

二 对以往研究方法的反思

在对研究方法进行分析之前，先简单阐释以往从地理环境入手的研究经常存在的两点问题。

---

① 马正林：《中国城市历史地理·中国城市的城址选择》，山东教育出版社1998年版，第22页。

② 马正林：《中国城市的选址与河流》，《陕西师范大学学报》（哲学社会科学版）1999年第4期。

③ 陈正祥：《中国文化地理》第3篇"中国的城"，生活·读书·新知三联书店1983年版，第81页。

④ ［美］斯皮罗·科斯托夫：《城市的形成——历史进程中的城市模式和城市意义》，单皓译，中国建筑工业出版社2005年版，第33页。

⑤ 同上。

第一，交通线与城市选址的关系。

以往城市选址的研究中非常强调交通线对城市位置选择的决定性作用，这当然是正确的，但以往的研究在论述时通常会忽视交通线与城市选址的先后关系。虽然交通线的开拓可以影响甚至决定城市的选址，但是在城市形成后，也可以吸引交通线。正如阿斯顿和邦德所述"无论某个城市在某个地方得以建立起来的初始原因如何，一旦它建立了起来，便会形成属于自己的基础设施和交通网络"。① 具体到个案研究，如以往对统万城选址的研究中，强调靖边县通往古代夏州（即统万城）的道路就是胡夏赫连勃勃开凿的。② 这一点应当没有太大疑问，但问题在于，是先有交通线再有城市，还是先有城市然后为了城市而开凿了（或转移了）交通线。从宋代放弃夏州后，这条道路也随之废弃的情况来看，后者可能更接近于实际情况。③

第二，宏观原因与微观原因。

以往研究中有时会引用某一城市所在的"形胜"或者优良的地理形势来佐证城市选址的合理性，但一般而言，这些描述基本上涵盖的是一个宏观的、范围广大的地域，并不能用于证明城市在某一具体的、微观位置的选址。

经常作为城市选址合理性重要证据的交通线也是如此，需要区分交通线经过的是一个点还是一个区域。在山区或者某些河流上的渡口，交通线对于城市选址的影响应当是具体的，可以决定城址产生于某一点；而在平原地区，交通线实际上并不是一条线，而是穿越整个区域众多条线路，这时交通线只能决定这一区域中将会产生城市，但并不能决定城市的具体

---

① 转引自〔美〕斯皮罗·科斯托夫《城市的形成——历史进程中的城市模式和城市意义》，单皓译，中国建筑工业出版社2005年版，第33页。

② 史念海：《陕西北部的地理特点和在历史上的军事价值》，《河山集》（四集），陕西师范大学出版社1991年版，第78页。

③ 此外，虽然统万城建成之后，直至宋代废毁之前一直都是丝绸之路上重要的交通枢纽。但问题在于，丝绸之路早已开通，汉代在这一地区也已建县，但是为什么在统万城建成之前，这里并不是丝绸之路上的重要通道？还有，除去其他因素，试想如果统万城不是修建在现在的位置，而是在附近其他地区的话，那么交通线是否也会改变呢？是城市决定道路，还是道路决定城市，还是两者相互影响，这是一个值得思考的问题。

位置。

与此类似，在城市选址研究中，有时也会用存在物产丰富的经济腹地来作为选址合理的证据，这同样概括的是一个宏观的地理环境，不能用于证明城址微观选址的合理性。在一个物产丰富的平原中，可能存在众多可以修建城市的地点。

总体来看，以往的研究方法在具体运用时通常混淆了影响城市选址的宏观环境与微观环境，当然并不是否认以往的研究方法，只是认为在研究中，应当区分决定城市选址的宏观原因与微观原因。

当然真正的问题并不在于上述两点，以往很多中国古代城市选址研究的出发点（或者潜意识中）认为研究对象的选址是正确，或者至少是非常合理的，并以此为基础寻找能证明其合理性的根据。在方法上，这属于"以果推因"，在这种情况下，"合理性"是非常容易找到的。但人，而且是古人，对制约城市选址的各种因素，很难进行全面、正确、客观的认识，试想这一点即使现代人也难以做到，因此古人对城址合理性的认识，可能并不会像现代人认识的那样全面，而且在选址上很可能存在一定的不合理性，甚至可能是错误的。[①] 从这一层意义上而言，一些研究中对城市选址合理性的认识，可能并不是古人的认识，而是我们今天人的认识。

而且，城市是人类活动的产物，其选址是由人进行的。对同一城市的选址，不同的人群、不同的阶层，甚至不同的个人，都会有着各自的观点，对城市选址的认识不可能避免地带有主观性，因此"合理"与"不合理"并不是绝对的，在某种意义上也并不太容易衡量。这方面也存在一些古代的例证。

歙县（徽州），《新安志》卷一"治所"载："宣和三年，睦寇方腊既平，部使者迁其城于溪北三里，民不以为便。事闻，会除卢宗原为守，有诏同徐宏中相度。宗原以为新城地形不正，周四里有余，北皆重山，才

[①] 以往的研究方法，显然忽略了古代城市选址中存在的"非合理性"和"错误"。选址错误的例子，如下文所举的宋代歙县之外，还可以列出台湾的云林县，"光绪十三年，清廷在林圮埔的云林坪设云林县城，并筑竹城，但因浊水、清水贯穿城内，经常泛滥，故在光绪十九年将县城迁到斗六"，参见刘淑芬《清代凤山县城的营建与迁移》和《清代凤山县的研究（1684—1895）》，《高雄文献》1985 年第 1 期。

能为三门，距溪数里，茶盐载卸者弗便；濒涧为垒善崩，截山围筑，外高内庳，瞰临城中，又无壕堑不足以为固；内之则顽石冈陇虚占其半，峻嶒峻仄不可以建居止；余皆荒草沙砾之地。夏秋山水暴涨，灌注城内，雨雪则停潦为泥，盐米断绝；又顽石不可为井，土井六七，味恶易浊，汲谿则人以为苦。民以其故不愿。旧城据山下平原，大势端正，周七里三十步。左有长溪，春冬水面二十丈，夏秋阔一里许，湍流百尺，循城西南而下，便于载卸；其右则倚山为城，亦临□溪，绕城东北不可逾越。市皆甏甃，民居宽广，井泉且千所，向特以城壁不全，故不能守。今若因故基修筑，足为险固，以此民情愿还。得旨，以旧城为州，以新城为歙县，且令以渐修筑，而新城亦卒不为县，今民间犹号新州。宗原城旧州毕，明年八月与士民复归于旧州。"①

在这条资料中，卢宗原对于新城选址存在的问题阐释得非常明确，而且可能也是准确的，因此最终州城迁回了老城。虽然从这条资料中难以得出之前"部使者"迁建新城的原因，不过当时必然也提出了有一定说服力的原因，并且很可能当时旧城也存在某些缺陷（对于这些缺陷的认识也具有主观性），否则也不会存在迁城的问题了。而且可以想见，"部使者"提出的原因必然也得到了一定的认同，否则新城不会进行修筑。这一例子不仅阐释了在中国古代肯定存在选址错误的情况，而且说明不同的人对于选址"合理性"的认识是不同的。

还可以举一个哈雷·J. 拉姆利《修筑台湾三城的发轫与动力》② 一文中的例子，下面引用这篇论文中的几段论述："新竹虽以地方贸易中心和该厅文化民政机关所在地而欣欣向荣，可是在台北盆地兴起的艋舺，却威胁着它的优越地位。在十八世纪下半叶与十九世纪上半叶，这个港口集镇的发展速度与普遍繁荣甚至超过新竹。此外，1808 年艋舺取得了重要军事机关以及一个较小的民政驻点的地位，并开始起着台北鸡笼地区的下属政府治所的作用……此后，由于艋舺的全面繁荣和富有郊商的影响，官吏

---

① （宋）赵不悔修，罗愿纂：《新安志》，《宋元方志丛刊》第 8 册，中华书局 1990 年版，第 7606 页。

② ［美］哈雷·J. 拉姆利：《修筑台湾三城的发轫与动力》，［美］施坚雅主编：《中华帝国晚期的城市》，叶光庭等译，中华书局 2000 年版，第 191 页。

开始觉得艋舺比新竹更有吸引力了。高级军事当局似乎看上了欣欣向荣的艋舺商业中心，或是台湾中部富饶的彰化与鹿港，但却没有看上新竹"①；"虽然艋舺发生了经济衰退，但邻近的港口集镇大稻埕，却在十九世纪八十年代替换了艋舺，成为台湾北部的重要商业中心……新竹地方缙绅虽坚决反对，但清廷当局却仍然毫不动摇，决定在艋舺邻近建立新的府治，而没有把新竹的旧厅址作为台北政府的主要治所"。② 拉姆利对于选址原因的论述应当是"合理"的，当然这是从政府角度的考虑，但从新竹当地人的视角来看，这种选址是不是就有些"不合理"呢？那么这不正体现了"人"在选址中的能动作用！

再如绥远城的选址。③ 绥远城的选址始自雍正十二年（1734），前后进行了一系列的选址工作，当时存在多种方案。

"雍正十三年（1735）六月二十四日，右卫将军申慕德议奏，内蒙古大青山地方特木尔、章奇塔尔两村间，宜筑城驻兵及训练兵丁。"④ 同日，原都统丹津、原尚书通智等奏称："臣等二人与将军宗室申穆德查看筑城之处，定于察素齐山南旷野，图尔根河北岸地方。此处当关外之冲，扼陇西之隘，所谓北门锁钥者，询无以要于兹矣。"⑤ 但到了乾隆元年（1736）四月，稽察归化城军需给事中永泰否定了之前的方案，提出在归化城东门之外修建一座新城，即"黑河（即图尔根河）离归化城二十里，似毋庸筑城也。盖归化城旧城，即古丰州，背山襟河，出入咽喉，最属扼要，易于防御，今欲于黑河地方另筑一城，咫尺之间，两城相望，既无款制，亦无庇益，殊为赘设。况添造新城，周围约计六七里，设立衙门、仓库、搭盖营房，创始经营，工程约需二三年，工费约得二三百万，旷日持久，糜耗浩繁。在国家蠲租赦赋，动辄数百万，自不惜此，然以有用之钱粮，终

---

① ［美］哈雷·J. 拉姆利：《修筑台湾三城的发轫与动力》，［美］施坚雅主编：《中华帝国晚期的城市》，叶光庭等译，中华书局2000年版，第191页。

② 同上书，第194页。

③ 本节引用用了牛淑贞《归绥城市地理》一文中的材料，在此表示感谢。牛淑贞：《归绥城市地理》，博士学位论文，中国人民大学，2011年。

④ 《清代边疆满文档案目录》第3册（内蒙古卷），档号：1180-009，缩微号：27-2842，广西师范大学出版社1999年版，第21页。

⑤ 李克仁：《清将军衙署公文选注》，内蒙古人民出版社1995年版，第1页。

为无益之处费，似不如就归化旧城修整完固，于城之东门外地方间广筑，接旧城筑一新城，周围止须二三里。而旧城现有仓库、衙门，小民居住城内者，隙地甚多，房屋无几，酌给价值，令民移居城外买卖为业。新旧两城搭盖营房，连为犄角，较之黑河地形款制，声势相援，便于呼应，费用亦相去悬殊。"① 此后，在办理归化城事务正红旗满洲副都统瞻岱请求下，清廷派风水官员前往归化城一带实地勘察，最终于乾隆元年九月二十六日上奏"臣前奏建筑城垣基址尚未指定，蒙皇上敕派户部员外郎洪文澜、钦天监监副李廷耀，于乾隆元年九月二十一日抵归化城。臣与都统丹津等会同相度，据员外郎洪文澜等称：'依克图尔根地方处在雨水之中，乃地势洼下，南面高而北面低，西首空而水直□无关无拦，散漫无收，此处建筑城垣未为妥协。详视归化城之东北约五里许处，后有大青山作屏障，前有依克图尔根、巴罕图尔根贰河之环抱，左有喀尔沁口之水，右有红山口之水，会于未方。其中地势永固之城基，实军民久安之处所。城垣建筑于此，取壬山丙向甚为合宜等语。'臣等复细加酌核，今选视归化城之东北五里许地方，实属风水合法、形势得宜。又系翁稳岭喀尔沁口军营行走之通衢大路。臣等公同酌定辛巳时先在壬方动土兴工吉。但今选择之处，非原奏依克图尔根地方，谨绘图呈御览，是否有当，伏乞皇上训示遵行"②，其建议最终被采纳。

从上述叙述来看，绥远城的选址至少存在三种方案，如果按照以往研究的方法，那么必然能找到城市在现在位置上选址的一些合理因素，从瞻岱的奏疏来看，选择在这一位置主要是因为合乎风水，并且位于一条通衢大路附近。不过，这一选址其实也存在问题，仅仅在30多年后的乾隆三十二年（1767），绥远城城垣就被水冲坍损坏，至乾隆三十四年（1769）才修复③；乾隆三十八年（1773）五月又连续降雨两日，雨势过急，山水

---

① 录副奏折：乾隆元年四月稽察归化城军需给事中永泰奏陈筹划归化城久远各条事，档号：03-8267，件号：03-8267-039，缩微号：605-0530。
② 录副奏折：乾隆元年九月二十六日办理归化城事务副都统瞻岱奏为酌定归化城基址并兴工日期事，档号：03-0984-007，缩微号：069-0032。
③ 录副奏折：乾隆三十四年四月二十二日山西巡抚鄂宝奏明验收绥远城工情形事，档号：03-1127-023，缩微号：03-1127-023。

爆发，新旧两城积水深达一两尺①，等等。同时根据材料来看，其他几种选址方案都具有一些合理性，如果不知道最终结果的话，那么你会选择哪一种方案呢？如果当时采用了其他方案的话，也许也是可行的。当然，历史不可假设，但在这里进行这种假设是为了说明历史是人创造的，城址也是由人进行选择的。

这里并不是将研究推入不可知论的境地，而是希望在今后城市选址研究中能突出"人"的因素。人地关系的研究在一定程度上是地理学研究的核心，同样也是历史地理学研究的核心，但是当前历史地理学对人地关系的研究可能主要受到以往历史学关注政治史的影响，受到寻求"历史规律"这种研究趣向的束缚，并且有时错误地认为历史地理中的"地理"就是自然地理，因此在人地关系的研究中将"人"的因素主要定位于政治制度、经济发展、交通路线等宏观因素上。当然这种视角本身也是人地关系中的一种，但是这种"人地关系"是死板、僵化的，甚至带有一定程度"地理决定论"的色彩，今后的研究中我们应该重视带有人的主动性的可能论或者或然论，"没有必然性，但处处有可能性；作为可能性的主宰者，人类对如何利用可能性具有判定权。恰恰相反的是，可能性将人类置于首位——是人类，而不是地球，也不是气候的影响，更不是地理位置的决定条件"。② 这恰恰也是上文引用的阿斯顿和邦德的观点所强调的。

如果将城市选址扩展到这一层面，那么以往显得僵化、公式化的研究就会变得鲜活起来。

以往对统万城选址的分析多强调地理环境对统万城选址的影响，如

---

① 《呼和浩特通志》，内蒙古人民出版社2001年版，第85页。
② 引自［英］阿兰·贝克《地理学与历史学——跨越楚河汉界》，阙维民译，商务印书馆2008年版，第20页。近年来，有些学者对历史地理研究中人地关系的问题进行了探讨，如鲁西奇《人地关系理论与历史地理研究》，《史学理论研究》2001年第2期，提出"而最为重要的是，或然论仅仅给出了一定自然条件下的几种可能性，而没有论证这些自然条件用什么方式和在什么程度上决定了任何特定结果，换言之，或然论只给出了一种思想方法，而没有得出任何带有普遍性的认识，而这显然与近代科学追求规律认识的目的相背离"。作者在强调追求规律的前提下，可能误解了或然论。追求规律与追求或然，是问题的两个方面，并不矛盾。

丁超等《论赫连夏政权定都统万城的地理背景》[1]（以下简称"丁文"）和张维慎《赫连勃勃定都统万城原因试探》[2]。丁文从当时的政治格局、交通和军事地理因素、经济支撑系统、社会背景和自然地理因素五个方面，论述了定都统万城的合理性。其中就政治格局而言，该文认为胡夏当时的防御对象是位于其东方的北魏，而不是南朝的刘宋，因此与长安相比，统万城更适合作为都城。就军事地理因素而言，统万城所在的无定河河谷在军事上有着毋庸置疑的价值，而且统万城"背名山而面洪津，左河津而右重塞"，便于军事防御。就交通线路而言，作者引用了史念海教授的考证，即经靖边县通往古代夏州（即统万城）的道路就是胡夏赫连勃勃开凿的[3]，此后统万城也成为东西交通线上重要的节点。经济支撑系统，即统万城附近环境良好，适合农牧。社会背景，即统万城所在的朔方地区是赫连勃勃统治的核心地区。自然地理因素，基本上是上述因素的总和。其结论是"综上所述，大夏国都统万城是在大夏疆域之内，通盘考虑、精心策划而确定的"[4]。张维慎的分析角度与丁文类似，在此不再赘述。

上述分析中提出的原因，即使是正确的，但也混淆了宏观因素和微观因素。除了交通路线因素之外，还有军事地理因素：无定河河谷在古代军事上的价值是毋庸置疑的，但河谷范围广大，其军事价值与城市选址并无直接联系。至于"背名山而面洪津，左河津而右重塞"，这种对形胜的描述在古文中非常常见。从实际地貌来看，唯一能作为统万城防御屏障的只有南侧的红水河谷，其余所谓名山、洪津、重塞，距离都很远。此外，在社会背景方面，朔方是赫连勃勃统治的核心地区，在宏观上是正确的，但并不足以说明统万城在具体"点"上的选址合理性。因此，上述几点实

---

[1] 丁超、韩光辉：《论赫连夏政权定都统万城的地理背景》，陕西师范大学西北环发中心编：《统万城遗址综合研究》，三秦出版社2004年版，第62页。

[2] 张维慎：《赫连勃勃定都统万城原因试探》，陕西师范大学西北环发中心编：《统万城遗址综合研究》，三秦出版社2004年版，第72页。

[3] 史念海：《陕西北部的地理特点和在历史上的军事价值》，《河山集》（四集），陕西师范大学出版社1991年版，第78页。

[4] 丁超、韩光辉：《论赫连夏政权定都统万城的地理背景》，陕西师范大学西北环发中心编：《统万城遗址综合研究》，三秦出版社2004年版，第70页。

际上是统万城选址的宏观因素，至多只能说明在这一地区中出现城市的合理性。此外，关于当时的政治格局，丁文的分析具有一定的道理，但依然混淆了宏观与微观，并且胡戟也指出，赫连勃勃在占领长安之后，"执意要回到北鄙偏在一隅的旧地，没有借长安地望图谋进一步发展，实在有点愚不可及……这就犯了一个使大夏政权注定没希望的错误"①。两者的观点，很难确定孰是孰非，但这恰恰说明了不同的阶层、不同的群体，甚至不同的个体，对于城市选址条件的评判标准是不同的。古代如此，今天也是如此。

在统万城选址的研究中，大都忽略了这么一条材料，《元和郡县图志》引《十六国春秋》："赫连勃勃北游契吴，叹曰：'美哉，临广泽而带清流。吾行地多矣，自马领以北，大河以南，未之有也！'"②虽然这条资料并没有提及统万城的选址，但是统万城最初的选址是不是可能只是出于赫连勃勃个人对这一地区的钟爱，而并没有太多地考虑各种理性因素呢？抑或，在赫连勃勃个人偏好的基础上，也曾经对统万城的具体位置进行了某些调查分析，但却没有考虑太多的宏观因素呢？

这里引用斯皮罗·科斯托夫的一段话"如果城市的因果关系本身已经是一个难题，那么我们也应该避免对城市所选择的特定地点或特定地理条件作过多的推测和解释。即使对于在某地区自发形成的那一类城市来说，其发展过程也并非是完全渐进式的。在其发展的某个阶段，领袖人物或大众的愿望会发生作用。将城市解释为完全由'自然'因素——即地理的特殊性以及地区中不可抗拒的因素作用的结果，是对一种与人类事件的现实不相符合的物质决定论的迷信"③。

---

① 胡戟：《十六国时期丝绸之路重镇统万城》，陕西师范大学西北环发中心编：《统万城遗址综合研究》，三秦出版社 2004 年版，第 109 页。

② 《元和郡县图志》卷四"关内道·夏州"，中华书局 1983 年版，第 100 页。

③ [美] 斯皮罗·科斯托夫：《城市的形成——历史进程中的城市模式和城市意义》，单皓译，中国建筑工业出版社 2005 年版，第 33 页。个案研究可以参见成一农《清、民国时期靖边县城选址研究》，《中国历史地理论丛》2010 年第 2 辑；成一农《中国古代城市选址研究方法的反思》，《中国历史地理论丛》2012 年第 1 辑。

三 结论

我们可以认为古代城市选址的研究，重点不应当在于寻找城市存在于某一位置的合理性，毕竟城市已经存在于此。既然在一个位置上城市能存在下来，那么必定存在一定的合理性，由果推因，永远都能找到"合理性"（但不一定是最初将城市修建在这里的原因）。而且，如果寻找某一位置上城市选址的缺陷，也能找到一大堆。如很多学者都撰文叙述元代以来将首都选择在北京的合理性，但这一选址存在的问题也是一大堆，偏于北方、远离经济中心和地理中心等，现在不是也一直有人呼吁迁都吗！

但此处并不是否定这种研究方法的价值，笔者认为这种研究方法的价值在于运用现代地理学的方法复原了古代城市选址的合理因素（但古人是否认识到这些因素则是另外一个问题），对于今后城市的发展具有现实的借鉴意义。而且很多城市最初并不是由人特意选择的，而是随着经济、交通、政治等的变化而自然而然跃居于区域内其他位置之上，最终才在某些情况下由人选择成为治所或者兴建为城市。以往的研究方法，对于这类城市是比较适用的，而且这类城市的数量在中国古代并不在少数。

不过，需要强调的是，虽然地理环境或者某些宏观要素对于城市选址起到了一定的决定因素，但是否认识到这种因素，对这种因素认识的程度、方式，以及在各种因素、利弊中的权衡，都是由人进行的，而且不同的人有着不同的认识和态度。换言之，地理因素或者宏观因素在很大程度上决定了在某一区域中可能会产生城市，但是否产生了城市以及城市的微观选址则是由人决定的。[①] 从这一角度进行的研究，才能使得以往僵化的研究方法、僵化的研究结论变得鲜活，才能真正回归历史地理学（包括地理学）理论中对人的重视，而不只是在理论研究中强调"人"，在具体研究中忽视"人"。城市选址的研究，应当作为一种过程来进行，是一种以人为主体的"人地关系"。

[①] 当然研究方法上对于"人"的强调也应建立在资料、推理的基础上，前文所引 G. 泰勒对北京城选址原因的猜测在方法上是不可取的。

第三节　中国古代城市形态的研究

一　都城阴影下的地方城市城市形态研究

中国古代的都城与地方城市之间在城市形态、城市形态的发展历程以及决定城市形态的因素方面是否具有相似性，或者在多大程度上具有相似性，这是至今依然缺乏研究的问题，但在目前主流的中国古代城市形态史的研究中，往往以都城的研究来指导地方城市的研究，或者至少作为划分中国古代城市形态演变阶段的标准。

这种研究思路基本上忽略了地方城市发展的自身的特色，也局限了对地方城市的研究。斯波义信非常准确地指出了这种研究方法带来的问题："在中国城市史研究方面，通常认为：用长安、洛阳、北京之类模式足以千篇一律地概括中国城市的全部，这种观念堪称根深蒂固，因此难以有普遍意义上的真正的城市论，或城市形态论、城市生态论方面的科学研究；在城市整体性研究中，也无法就其普遍性和特殊性进行相对辨析、类比的比较研究。这种研究之所以难以展开，很大程度上是受上述第一印象的影响和资料存在状况的制约。"[1] 当然，随着近年来区域城市研究的兴起（具体参见后文），这一现象有所好转。

此外，就都城城市形态的研究而言，虽然城市历史地理、城市史，以及考古学者最近几十年来在某些都城城市形态的细节上做出了一些贡献，但在整体认识上依然没有超出杨宽《中国古代都城制度史研究》[2] 一书的范畴。

二　都城城市形态——"发展史"还是"由个案构成的历史"

关于中国古代都城城市形态史的研究数量颇多，一一进行剖析不

---

[1] ［日］斯波义信：《南宋都城杭州的城市生态》，《宋代江南经济史研究》，江苏人民出版2012年版，第350页。

[2] 杨宽：《中国古代都城制度史研究》，上海古籍出版社1993年版。

仅不太现实而且也没有必要。由于这些研究大都存在本节所分析的问题，因此这里仅以杨宽的《中国古代都城制度史研究》为例进行分析。

中国古代都城城市形态史的研究中，涉及面最广、影响力最大的著作之一就是杨宽的《中国古代都城制度史研究》。该书对中国古代都城的城市形态进行了详尽的研究，与其他大量研究类似，以坊市制的瓦解为标志，将中国古代都城城市形态演变分为两个大的阶段，即从先秦至唐代，封闭式都城制度时期；唐代之后，是开放式都城制度时期。不过，与之前的研究不同，杨宽以"郭"的有无以及"郭"与"城"的位置关系为线索，将第一个大的阶段划分为三个小的时期：商代是有城无郭的时期；从西周到西汉是西城连接东郭的时期；从东汉到唐代是东西南三面郭区环抱中央北部城区的时期。

杨宽的著作撰写的时间较早，随着近年来考古工作的进展，其中的一些认识已经存在问题，如由于郑州商城已经发现了外郭，因此杨宽划分的第一时期已经不太可靠；关于第二、第三个时期的划分是否成立，一些学者已经提出疑问，并与杨宽进行了讨论。[①] 在这里不对杨宽的具体观点的对错进行评价，而主要分析其使用的方法。

杨宽的这种划分方式，已经说明他将中国古代都城城市形态的历史认为是一种发展史，而对于阶段的划分，尤其是第一个大阶段内部的三个小阶段的划分，显然基于他认为不同阶段的都城城市形态应当受到各阶段城市规划原则的影响，具体来说就是城市规划中城、郭位置的布局。杨宽从礼制的角度对其提出的西汉和东汉之际，城郭连接布局发生了重大变化的原因的解释，则是这一论证逻辑的明证。

但是，众所周知，关于中国古代都城城市规划的原始材料极为缺乏，对于不同时期都城城市布局形成的原因缺乏明确的记载，为了解决这一缺陷，杨宽采用了形态比较的方法，也就是通过比较不同都城城市形态之间的相似性，来确立某一时期大量都城的城市布局在总体上是相同的，从而推断它们在规划时都遵从了相同的规划原则。

---

① 如刘庆柱，参见其《古代都城与帝陵考古学研究》，科学出版社2000年版。

杨宽的著作中几乎通篇使用的都是这一研究方法，只是针对不同时期，这一方法具体运用的侧重点不同。具体来说，对于先秦城市，主要进行的是城市形态的横向比较，也就是分析同时代的多座都城的城市形态具有相似性。① 对于汉代之后的都城则主要通过比较前后朝代都城的城市形态，从而认为这一时期的都城城市规划或者形态具有前后连续性。

如他提出"北魏洛阳布局之所以能够整齐而有条理，是综合采用中原几个都城优点的结果"②，具体而言"邺都这种集中建设主要中央官署于司马门外的设施，为北魏所效法"③，其根据就是两者衙署布局上的相似性。

又如"从建康城的东西两面及南面直到朱雀航一带具有外郭性质，御道从吴宫南门到大航门，共长七里，大航门立有一双朱阙，御道两侧种有青槐，并开有沟渠；同时沿着御道两侧建有一系列中央官署……十分明显，这个布局和北魏洛阳一样，是继承东汉洛阳和汉末邺城的规划而有了进一步发展，后来唐代长安城规模巨大、以中央北部宫城为主体的、具有对称的中轴线的格局，就是在这样的基础上进一步形成的"④。虽然可能在细节上存在某些出入，但目前绝大多数中国古代都城的研究者也基本会同意上述观点，但这一结论同样没有太多直接的文献证据，只是建立在对相关都城城市形态的比较之上的。

此外，关于杨宽所划分的两大阶段，主要基于以往对坊市制研究，就研究方法而言，其同样是建立在城市规划或布局的比较之上的，只不过比较的是城市形态之间的差异。

总体而言，杨宽建立历代都城之间联系的方式，就是通过比较都城城市形态或规划的相似性（或差异），从而确定都城城市形态之间或遵循着相同的城市规划原则，或有着前后继承关系，或存在根本性的变化而形成

---

① 杨宽这一部分的复原中细节上的错误，或者值得商榷之处颇多，不过这与本书论述的重点无关，不再赘述。
② 杨宽：《中国古代都城制度史研究》，上海古籍出版社1993年版，第140页。
③ 同上。
④ 同上书，第159页。

了新的阶段，从而构成了一部存在变化脉络、阶段和变化规律的中国古代都城形态或规划发展史。

紧随而来的问题就是，城市形态相似性比较的方法如果在史实或者逻辑上存在问题的话，那么以往构建的历代都城城市形态之间的联系也将会难以成立，而整部都城城市形态史也会随之瓦解。下面就对城市形态相似性比较的方法进行分析。

仅就逻辑而言，"相似性比较"的研究方法存在以下三点根本性的缺陷。

第一，由于缺乏比较的标准，因此对都城城市形态相似程度的判断大多基于学者的主观意愿，因而对于两座具体都城城市布局之间相似程度的判断，不同的学者经常会得出截然相反的结论。

例如关于北魏洛阳城，学界争论的一个焦点问题就是这座都城的城市布局受到了哪些都城的影响。对于这一问题，除了少量间接的、有着多种解释角度的史料外，研究者主要使用的方法就是都城之间城市形态的比较。以刘淑芬为代表的一些学者认为北魏洛阳城的营造主要是受到南朝建康的影响"洛阳的营建几乎全受建康的影响……甚至是建康的翻版"[1]。而陈寅恪则提出了具有影响力的观点，他先否定了通常根据《南齐书·魏虏传》记载永明九年（491）营建洛阳之前，魏主曾遣蒋少游报使南齐时"密令观京师宫殿楷式……房宫室制度，皆从其出"而认为北魏洛阳的规划皆出自蒋少游之手的观点，提出"但恐少游所摹拟或比较者，仅限于宫殿本身，如其量准洛阳魏晋庙殿之例，而非都城全部之计划，史言'房宫室制度皆从此出'，则言过其实"[2]，进而认为"其实洛阳新都之规制悉出自李冲一人"，并认为北魏洛阳都城的营造"盖皆就已成之现实增修，以摹拟他处名都之制者"，其中包括河西凉州、中原邺城、代北平城

---

[1] 刘淑芬：《六朝的城市与社会·六朝建康与北魏洛阳之比较》，（台湾）学生书局1992年版，第186页。

[2] 陈寅恪：《隋唐制度渊源略论稿》，生活·读书·新知三联书店2001年版，附论"都城建筑"，第69页。

与南朝建康等数座城市。①

再如关于隋唐长安城以及北宋开封与《周礼·考工记》的关系。芮沃寿在《中国城市的宇宙论》一文中认为隋唐长安城受到帝王宇宙论（基本上等同于《考工记》）的影响不大，"帝王宇宙论对长安城的规划者虽则分明具有权威，然而这种权威却也有限……在需要作出抉择的时候，实用主义的考虑——方便、功能区划分、易于治安管理——就超过古制的规定"②，但贺业钜则认为隋唐长安是中国古代"营国制度"发展中的重要一环。而对于贺业钜依然纳入"营国制度"体系的北宋开封，芮沃寿则认为"可以料想得到，古代帝王的城市宇宙论，已不大受到宋代诸帝的注意了"③。两者使用的研究方法主要是将两座都城的城市形态与《周礼·考工记》进行比较。

此外，一座都城的城市布局牵扯到大量要素，就当前的研究来看，基本上包括宫城的位置、衙署（或者皇城）的位置以及与宫城的相对位置，太庙和社稷坛的位置、各个方向城门的数量、街道布局的方式。那么上述这些要素中，有多少要素相同才算得上相似？抑或某些重要的要素相同，那么就可以认为相似？而这些要素的相似又如何具体予以界定？如果不确定一些标准的话，那么都城之间相似性的比较只是一种自说自话的研究，永远也不会达成一种共识。不过问题的核心并不在此。

---

① 在这里顺带提及的是，从参与修建者的背景入手进行分析成为研究这一时期都城规划来源的一个重要方法，虽然这一研究方法有一定的道理，但在逻辑上并不完备。设计者的生活地、学识背景虽然会对其头脑中的都城规划思想产生一定的影响，但是并不等于就会应用于规划，而且影响建造者以及城市规划的因素很多，对修建者背景的研究，至多只能提供一种影响都城规划的可能，而不是一种确定的结论。如，同为刘秉忠规划的元大都和元上都，两者在城市布局之间就存在很大差异。此外陈寅恪所论述的北魏洛阳受到河西姑臧的影响只集中于市场位于宫城之南，也就是违背了所谓传统的"面朝后市"的制度，但北魏洛阳之前的都城明确存在"后市"的只有汉长安（可能还有秦都雍城），因此谈不上存在"面朝后市"的传统。市场位于宫城之南的原因可能是陈寅恪也提到的交通因素，不一定源于来自姑臧的设计者的影响，而且东汉洛阳也已经出现了"前市"（曹魏邺城可能也是如此），因此陈寅恪的这一研究方法和结论并不完备。

② ［美］芮沃寿：《中国城市的宇宙论》，［美］施坚雅主编：《中华帝国晚期的城市》，叶光庭等译，中华书局2000年版，第64页。

③ 同上书，第66页。

第二，相似事物的内涵、产生的原因可能并不一定相同，因此两座都城城市形态的相似并不能证明它们之间存在前后影响或者存在必然的联系。

如一些学者认为汉长安城符合《周礼·考工记》的都城规制，就研究方法来看，基本上是将汉长安的城市形态与《考工记》的王城规制进行比较。如刘庆柱《汉长安城的考古发现及相关问题》[①] 一文，作者虽然没有直接提出长安城模拟了《考工记》，但在行文中有时会将两者（或者与先秦城市的传统）进行比较，如作者提出"崇'方'问题"，"汉长安城和未央宫继承了先秦时代宫城崇'方'的传统做法"，且不说汉长安城不是方形，即使认为长安城是"方形"，符合《考工记》的记载，但也并不能说明其是受到《考工记》的影响，"方形"的城市形态可能来自崇"方"，也可能来自一种习惯或者为了规划的便捷；而且世界范围内很多城市都是方形的。作者还提出长安城"面朝后市"，但问题在于这种格局的形式是在一种传统（如《周礼·考工记》）影响下形成的，还是在当时城市交通的影响下产生的[②]，抑或两者都有？

又如，陈寅恪经过复原，认为姑臧的市场位于城市的南侧[③]，而北魏洛阳城的市场同样也位于城市南部，因此他进一步认为北魏洛阳市场的布局应当受到了姑臧的影响。不过，与此同时陈寅恪也认为北魏洛阳的市场位于南侧可能是受到交通因素的制约，那么洛阳城与姑臧市场位置的这种相似性是否能体现两者城市规划方面的联系和影响呢？显然，其至多只是提供了存在影响和联系的一种可能。隋唐长安城的市场位于城市南侧，其位置也与北魏洛阳城相同，但这种布局很可能是受到地形制约将宫城修建

---

① 刘庆柱：《汉长安城的考古发现及相关问题》，《古代都城与帝陵考古学研究》，科学出版社 2000 年版，第 130 页。
② 李孝聪：《历史城市地理》，山东教育出版社 2007 年版，第 96 页。
③ 陈寅恪曾根据这一文献对姑臧城进行了复原：由于姑臧城东西狭长，南北较长，因而东西两城规模应当不大，而南城则更可能会比较广大；宫室主要在中城和北城，市场在南城。其复原似乎存在问题，毕竟文献中明确记载了 4 个城厢的规模，即"增筑四城厢各千步"，大小应当大致相同，并不能排除市场位于其他城厢以及中城的可能。

在北侧高坡上而不得不将市场放置在南侧的结果，因此这种相似性所阐释的并不是一种必然的影响和联系。

再如，孟凡人在《试论北魏洛阳城的形制与中亚古城形制的关系——兼谈丝路沿线城市的重要性》[①] 一文中提出，北魏洛阳城的城市布局与中亚一些古城的布局存在一定的相似性，然后又通过文献和考古资料分析了曹魏和北魏时期中原与中亚存在密切的联系，从而提出这一时期中国城市的布局受到了中亚的影响。从该文提出的考古资料来看，北魏洛阳与中亚的一些古城在城市布局上确实存在相似之处，而且汉代以来中原与中亚交流的频繁也是学术界的共识，但如同上文所述，这种表面上的相似性所提供的只是一种没有太多说服力的"可能"而已。[②]

第三，即使内涵和产生原因相同的两个相似的事物之间，也并不一定存在影响或者联系，因为一方面存在各自单独起源的可能，另一方面也许两者都产生于一种共同的背景、习惯或传统。

如以往的研究通过对魏晋隋唐时期某些都城的复原，提出北魏平城、洛阳与隋唐长安、洛阳的街道布局存在相似性，都是棋盘格式的，因此得出了隋唐长安、洛阳的城市街道布局受到北魏平城、洛阳的影响的结论。但是，我们需要了解，棋盘格的城市街道布局方式，在世界城市史上运用的非常普遍，主要使用在新建城市或者老城市附近新的拓展区域，出现于印度河流域、埃及、希腊、罗马、文艺复兴时期的欧洲、西班牙统治下的美洲直至近现代。这种城市规划方式的优点在于能便捷、快速地建造一座城市。在中国古代都城以及很多地

---

① 孟凡人：《试论北魏洛阳城的形制与中亚古城形制的关系——兼谈丝路沿线城市的重要性》，《汉唐与边疆考古研究》第1辑，科学出版社1994年版，第97页。

② 在这里需要补充的一点就是，以往的研究将棋盘格与坊市制联系在一起。但棋盘格确实是世界城市史中一种常见的城市规划方式，与坊市制并无直接联系，在中国其实也是如此，此后明代的卫所城市、清代的满城大多数都是棋盘格的规划。而且坊市制本身也不一定以棋盘格布局为其呈现的方式，参见成一农《"中世纪城市革命"的再思考》，《清华大学学报》2007年第2期。

方城市中，棋盘格规划基本上应用于那些新建的城市，如之后的元大都[①]以及明代大量的卫所城市和清代的满城。由此北魏洛阳、隋唐长安城和元大都以及其他棋盘格布局的城市的街道规划很可能是各自对这种常用的规划方式的运用，相互之间不一定存在影响。

总体来看，以往都城城市形态史研究中广泛使用的比较城市布局相似性的方法，不仅缺乏统一的比较标准，而且仅仅是形态上的比较并不能说明问题，甚至从内涵或者起源角度进行的比较研究也仅仅阐释的是一种相互影响的"可能性"[②]。如果这一方法不适用于在中国古代都城的城市形态之间建立联系的话，那么以往构建的整部都城城市形态或规划发展史也将失去存在的基础。当然，这并不是完全否定以往的结论，因为论证方式存在问题并不代表结论是错误的。

需要强调的是，以往这些研究中之所以运用"相似"比较的方法，

[①] 几乎所有主要街道和胡同都是垂直相交的，而且这种规划方式在很大程度上是为了划分土地，《元史·世祖本纪》"至元二十二年二月，壬戌，诏旧城居民之迁京城者，以资高及居职者为先，仍定制以地八亩为一分。其或地过八亩及力不能作室者，皆不得冒据，听民作室"，赵正之的《元大都平面规划复原的研究》一文中计算"胡同与胡同之间的距离为50步，合77米，但这是根据从第一条胡同的路中心至次一条胡同的路中心来计算的。如果去掉胡同本身6步的宽度，则两条胡同之间实际占用的距离是44步，合63.36米，这与北京内城现存的平行胡同之间的距离是符合的。如以两条胡同之间实占距离44步长为准，宽亦截为44步，那么这一方块中，约占地8亩"（赵正之：《元大都平面规划复原的研究》，转引自侯仁之《元大都》，《侯仁之文集》，北京大学出版社1998年版，第62页）。侯仁之则进一步认为"8亩一份的住宅用地，根据两条标准胡同之间的面积来计算，可以大致求得其分布情况。例如自东四（牌楼）三条胡同与四条胡同之间，从西口到东口正好占地80亩，适可分配住户十家"（侯仁之：《元大都》，《侯仁之文集》，北京大学出版社1998年版，第62页）。因此，隋唐长安城和洛阳城的棋盘格与元大都的长巷式街道，虽然在外观上并不相似，但却有着相同的内涵。还有一个旁证，即熟悉这种规划方式的意大利人马可·波罗，将元大都描述为"城中的全部设计都用直线规定，故各街道大都沿一直线，到达墙根……全城建屋所用的土地都是四方块子，并且彼此在一条直线上；每一块地都有充分距离可建美丽的住宅和院子、花园等等。各家的家长各分派一块。这种产业以后则由一人转入他人的手中。城内的全部就在这种情形中分成方块，和棋盘格一样，其设计的精审与美丽，简直非言语所能形容"（[意]马可·波罗：《马可波罗游记》，李季译，上海东亚图书馆1936年版，第133页），起码在他的眼中元大都是一座棋盘格布局的城市。

[②] 此外，某些研究者为了强化某些都城城市形态之间的相似，在研究中或将都城城市形态刻意归结于"规划"的结果，或对文献资料和考古资料过度阐释，具体分析可以参见拙文《中国古代都城城市形态史评述》，新宫学主编：《近世东亚比较都城史诸问题》，（日本）白帝社2014年版，第265页。

实际上都默认中国古代都城存在一种"发展史",但与数量众多的地方城市不同,中国历史虽然悠久,但都城数量极其有限,那些重要的王朝大多只有一座具有实际功能的都城,再加上都城对于王朝所具有的重要意义,一些偶然的政治、社会、文化因素往往会对都城的城市规划、布局产生重要影响,因此前后都城城市规划和布局之间形成一种强有力联系的可能性实际上是比较低的。①

三 "中世纪城市革命"

在各种理论中,对中国古代城市形态研究影响最大的莫过于"中世纪城市革命"。在介绍和评述"中世纪城市革命"这一理论对中国城市史和城市历史地理研究产生的影响之前,首先需要介绍这一理论产生的过程。

日本学者加藤繁在1931年发表的《宋代都市的发展》一文中提出了中国城市在唐宋之际发生"坊市制崩溃"的观点②,其核心观点就是在唐宋之际,原来封闭的、禁止沿街开门造屋的坊制以及原本商业活动都要集中于市中的市制的崩溃,其结果就是"其中,象坊制崩溃,人家都朝着大街开门启户,市制愈来愈完全崩溃,商店可以设在城内外到处朝着大街的地方,设置了叫做瓦子的戏场集中的游乐场所,二层、三层的酒楼临大街而屹立,这些情形都是在宋代才开始出现的,由此可知,当时都市制度上的种种限制已经除掉,居民的生活已经颇为自由、放纵,过着享乐的日子。不用说,这种变化,是由于都市人口的增加,它的交通商业的繁盛,它的财富的增大,居民的种种欲往强烈起来的缘故……"③

此后,英国学者伊懋可(Mark Elvin)以日本学者的研究为基础,在

---

① 更为详尽的分析,请参见成一农《中国古代都城城市形态史评述》,新宫学主编《近世东亚比较都城史诸问题》,(日本)白帝社2014年版,第265页。
② 该文最初发表在1931年1月《桑原博士还历纪念东洋史论丛》中,后收入[日]加藤繁《中国经济史考证》一书。
③ [日]加藤繁:《宋代都市的发展》,《中国经济史考证》,商务印书馆1973年版,第277页。

《过去中国的模式》[1]一书中提出了中国"中古时期的经济革命"（The medieval economic revolution）的概念，认为中国在唐宋（特别是宋）时期出现"经济革命"，由此造成了中国城市"中世纪在市场结构和城市化上的革命"。其观点实际上与加藤繁等学者的大致相同，即唐代及其之前，市场是由政府建立和监管的，公元9世纪，不断增长的商业自由最终击垮了古老的市场体系，同时中国农村经济开始和市场机制联系起来，地方市场体系得到发展；经济的发展促使产生了城市革命，城市摆脱了城墙的束缚向郊区发展，城市人口也快速增加。不过同时，伊懋可也指出了中国城市的局限，即"然而中国城市却并没有发挥出比它们面积小得多的欧洲中世纪城市的那种历史作用。中国城市不是政治和个人自由的中心，也没有独特的法律机构。居民没有公民意识（这与地方自豪感或许是相对的），也不会加入任何自发的'公民'组成的军队。他们不是商人集团，不会与周围乡村及其统治者发生矛盾……正如本书第一部分中所言，中国和欧洲之间分歧的基础原因，更准确地说，是在于中国长期持续存在的统一的君主集权制度，这种制度致使中国城市难以独立发展，就像真正的封建制度的政治和军事结构在中国也难以发展一样。这些制度只能在长期的政权纷争中才会产生"。

施坚雅基于丹尼斯·特威切特（Denis Twitchett）[2]、伊懋可和斯波义信[3]的观点，1977年在《中华帝国的城市发展》一文中归纳出"中世纪城市革命"的概念，并总结了五个特点，即"1. 放松了每县一市、市需设在县城的限制；2. 官市组织衰替，终至瓦解；3. 坊市分隔制度消灭，而代之以'自由得多的街道规划，可在城内或四郊各处进行买卖交易'；4. 有的城市迅速扩大，城外商业郊区蓬勃发展；5. 出现具有重要经济职

---

[1] Mark Elvin, *The Pattern of the Chinese Past*, Stanford University Press, 1973.
[2] ［美］丹尼斯·特威切特：《唐代市制》，《小亚细亚》1966年第12卷第2期，第202—243页，转引自［美］施坚雅《导言：中华帝国的城市发展》，《中华帝国晚期的城市》，叶光庭等译，中华书局2000年版，第33页。
[3] ［日］斯波义信：《宋代商业史研究》，风间书房1968年版，转引自［美］施坚雅《导言：中华帝国的城市发展》，《中华帝国晚期的城市》，叶光庭等译，中华书局2000年版，第33页。

能的'大批中小市镇'"①。

　　加藤繁的"坊市制崩溃"以及由伊懋可提出、施坚雅发展的"中世纪城市革命"的理论先后传入中国，构成了中国学者研究、分析中国城市史，尤其是城市形态发展史的核心框架，不仅研究者们围绕这两种观点提出了一些重要认识，对中国城市史或者城市形态史的发展以此为基础进行分期，而且很多研究唐宋城市史和城市形态史的学者也撰写了大量论著来论证这两者的正确性，如上文提及的杨宽的《中国古代都城制度史研究》②，还有贺业钜的《中国古代城市规划史论丛》③以及《中国古代城市规划史》④。俞伟超在《中国古代都城规划的发展阶段性》中提出的中国古代都城规划的两个重要发展阶段，即"从曹魏邺都北城到隋唐两京城的棋盘格封闭式规划"，"北宋汴梁至明、清北京的开放式街道布局，是中国古代都城规划最后阶段的形态"⑤，显然也是受到"坊市制崩溃"和"中世纪城市革命"的影响；宿白在其影响力极大的《隋唐城址类型初探（提纲）》⑥一文中认为唐代地方城市的规模与坊的数量存在对应关系，同时受到整齐的坊市的影响，唐代地方城市的街道也较为规整。该文论证的基础即是坊市制下的街道布局为整齐的十字街，坊市制崩溃后，则出现了"自由得多的街道规划"。

　　此外，还有一些直接以这种"革命"或其结果作为题目的论著，如田银生《走向开放的城市：宋代东京街市研究》⑦、林立平《封闭结构的终结》⑧、宁欣《"中世纪城市革命"论说的提出和意义——基于"唐宋变革

---

①　[美]施坚雅：《导言：中华帝国的城市发展》，第24页。"坊市制崩溃"和"中世纪城市革命"也都构成了史学研究中"唐宋变革论"的重要论据，当然"唐宋变革论"超出了本书讨论的范畴，在此不进行分析。
②　杨宽：《中国古代都城制度史研究》，上海古籍出版社1993年版。
③　贺业钜：《中国古代城市规划史论丛》，中国建筑工业出版社1986年版。
④　贺业钜：《中国古代城市规划史》，中国建筑工业出版社2002年版。
⑤　俞伟超：《中国古代都城规划的发展阶段性》，《文物》1985年第2期。
⑥　宿白：《隋唐城址类型初探（提纲）》，《纪念北京大学考古专业三十周年论文集》，文物出版社1990年版，第284页。
⑦　田银生：《走向开放的城市：宋代东京街市研究》，生活·读书·新知三联书店2011年版。
⑧　林立平：《封闭结构的终结》，广西人民出版社1989年版。

论"的考察》①《转型期的唐宋都城：城市经济社会空间之拓展》②等，由此也显示了这两种理论的巨大影响力。

其实当前绝大多数关于中国古代城市史、城市形态史和历史城市地理的著作和论文都将唐宋分为两个阶段，就可以看出"坊市制崩溃"和"中世纪城市革命"所具有的强大影响力。但从学术史的角度来看，"坊市制崩溃"和"中世纪城市革命"，其提出或隐含的前提条件，无论是加藤繁，还是伊懋可和施坚雅，实际上都没有进行过细致的论证，而且至今也没有学者对这些前提条件进行过论证。③

总体而言，无论是"坊市制崩溃"还是"中世纪城市革命"，在一定程度上主导了中国古代城市史、城市历史地理，尤其是古代城市形态史的研究，但由于这两种理论并没有进行过学术性的、真正的研究，因此很可能并不成立。基于此，可以说这两种理论在根本上误导了中国城市史、古代城市形态和城市历史地理的研究，产生了负面的影响。不过这种影响估计也是西方（日本）学者始料不及的，因为在西方的学术模式中，理论提出之后，所面对的除了赞扬、认同之外，随着时间的流逝会面对越来越多的批评和挑战，理论的建立、推翻，然后再建立新的理论是西方学术发展的模式。但中国的学术模式到目前为止依然是传统的，即古代或者前人，尤其是那些著名学者（现在也包括了西方学者）提出的观点就是经典，不容置疑，在学术发展上缺乏怀疑精神。因此，"坊市制崩溃""中世纪城市革命"对于中国城市研究的影响，凸显了中西方学术发展模式的差异，也凸显了中国学术发展的问题，这是值得我们整个历史学界和历史地理学界深思的。

四 研究城市外部形态和内部结构的意义

对由城墙（如果有的话）构成的古代城市外部形态的分析，以及对

---

① 宁欣、陈涛：《"中世纪城市革命"论说的提出和意义——基于"唐宋变革论"的考察》，《史学理论研究》2010年第1期。
② 宁欣：《转型期的唐宋都城：城市经济社会空间之拓展》，《学术月刊》2006年第5期。
③ 具体可以参见成一农《"中世纪城市革命"的再思考》，《清华大学学报》2007年第2期。

由各种城市功能建筑，如衙署、寺庙、庙学、街道等构成的内部结构的分析，是很多单一城市或者区域城市历史地理研究的必要组成部分，也是目前很多以城市历史地理为题的硕士、博士学位论文的必要组成部分，但目前这方面的研究存在根本性的问题。

侯仁之先生通过对北京、承德、芜湖、淄博、邯郸等历史城市多年的研究实践，总结出的城市历史地理五个研究方面中的"城市面貌的形成及其特征"涵盖了城市的外部形态和内部结构，但他并没有对此提出具体的研究方法和具体的思路。不过由于城市外部形态较为简单，且其扩展通常代表了城市的扩展，因此这方面的研究比较成熟。

但城市内部结构的研究大多蜕变为对各种功能建筑位置的复原，至多涉及对其选址的分析。虽然斯波义信在关于杭州的研究中引入了现代城市研究中的功能区的概念，并以此为基础对宋代杭州城的功能区进行了研究，其结论得到了学界一定的认同[①]；但问题在于，斯波义信分析的基础是一些基于直觉或者感性的认知，如认为中国古代城市存在两个核心，即"官绅区"和"商业区"，而这点至今并没有得到实证研究的支持，且如何确定"分区"本身就是一个问题；不仅如此，即使斯波义信对宋代杭州城的功能分区的认定是成立的，但这一结论是否能推广到其他城市也是一个问题；最为重要的是，斯波义信并未能深入探讨官绅区与商业区之间的关系，因此他的研究最多只能被认为是对城市内部空间结构的复原，而未能回答在研究中区分城市功能区的意义，也即未能回答研究城市内部空间结构的学术意义是什么，也未能对城市内部空间结构的研究提出方法层面的认知。

总体而言，对于城市内部结构的研究目前缺乏适合的方法，而方法的缺失并不能仅仅通过对方法的思考来解决，而只有当我们认识到了研究城市内部空间结构的学术意义之后，研究方法才能随之浮现出来。

---

① ［日］斯波义信：《宋代江南经济史研究》前篇"宋代长江下游地局的经济状况"，江苏人民出版社2001年版，第321页。

第四节　区域城市历史地理与城市体系的研究

在20世纪90年代之前，国内几乎没有区域城市历史地理的研究，大约到20世纪90年代之后，区域城市历史地理的研究才逐渐受到重视，国内较早提出重视区域城市历史地理研究的学者应当是李孝聪，他认为今后应"跳出单个城市的研究模式，从一定地域范围来考察区域城市群体的变迁及其相互关系，是近十年来历史城市地理研究的新方向，这样可以加深对城市群兴衰的内在因素的理解，也有益于对城市群所处区域地理环境变化的研究"①；"以区域中一个或几个中心城市为核心，连带其他一组城市，分析其相互关系，进行历史城市体系的综合研究。剖析历史城市格局形成的原因，描述其演化的过程，阐明区域中心城市城址选择与城市成长的自然地理条件和社会历史背景，区域城镇体系成长发育与地区开发的关系"②，基于这一认知，他所带的博士生的毕业论文大多以区域城市历史地理为研究方向。③ 此后，区域城市历史地理的论著日益增多，这些论著对区域的选择，或者基于地貌单元，如刘景纯的《清代黄土高原地区城镇地理研究》④等，或者基于某种行政区划，如陈庆江的《明代云南政区治所研究》⑤、钟建安的《近代江西城市发展研究：1840—1949》⑥、何一民等的《世界屋脊上的城市：西藏城市发展与社会变迁研究（17世纪中叶至20世纪中叶）》⑦等。

不过在绝大多数论著中都未能对划分区域的依据进行足够的阐释，但

---

① 李孝聪：《历史城市地理》，山东教育出版社2007年版，第16页。
② 同上书，第12页。
③ 遗憾的是，这些博士学位论文目前出版的仅有孙靖国《桑干河流域历史城市地理研究》，中国社会科学出版社2015年版；刘新光《唐宋时期"江南西道"研究》，中国社会科学出版社2016年版。
④ 刘景纯：《清代黄土高原地区城镇地理研究》，中华书局2005年版。
⑤ 陈庆江：《明代云南政区治所研究》，民族出版社2002年版。
⑥ 钟建安：《近代江西城市发展研究：1840—1949》，巴蜀书社2011年版。
⑦ 何一民等：《世界屋脊上的城市：西藏城市发展与社会变迁研究（17世纪中叶至20世纪中叶）》，巴蜀书社2014年版。

是无论在地理学传统中，还是在区域史传统中，选择进行研究的区域都是需要界定的，界定区域至少存在两种方式：一是强调区域内在的统一性，二是强调区域内部存在具有相互依赖的交换关系的系统。①

如果不对区域进行界定，那么区域城市的研究就很难回答下列这一基本问题：所选择进行研究的区域与其他区域存在哪些差异，或者说选择这一区域进行研究的意义何在。这一问题的回答是不能想当然的，不能简单地回答"因为这一区域与其它区域不同"或"这一区域有着自身的特点"，因为任何一个区域都必然与另外一个区域存在不同，甚至任何一个点都与其他的点存在不同。界定区域对于区域研究（当然也包括区域城市研究）的重要性，正如李伯重所说"对于一项认真的区域研究来说，第一步工作是为所研究的地区划出一个明确的地域范围，并且说明划分的根据。根据越充分，越合理，该项研究的科学性自然也就越高"。② 以往中国区域城市研究中，讨论较多的就是江南地区，在各种观点中，影响力最大的就是李伯重提出的界定方式，他分析的基础是施坚雅提出的19世纪中国经济区应当具有的一些主要特征，即1. 一个经济区应当是该地区高层中心地的最大经济腹地；2. 该经济区的核心是连接该区内各高等级城市的主要贸易路线的集中之地，这些路线所构成的网络的密度由核心向边缘递减；3. 核心是主要经济资源（特别是人口）的集中之处；4. 河流的流域是决定一个经济区的关键因素。这种划分区域的方式，是将区域看成一个内部具有相互依赖的交换关系的系统。基于此，李伯重将"江南"界定为包括苏州府、松江府、常州府、镇江府、江宁府（应天）、杭州府、嘉兴府和湖州府以及太仓州，八府一州构成的地区。③ 当然，这是一种经济区的划分方式，并不是定论，其划分方式（也即施坚雅提出的标准）是否合理也是值得讨论的问题，而且这种划分方式随着研究取向的

---

① 可以参看罗威廉（William T. Rowe）为林达·约翰逊主编的《帝国晚期的江南城市》一书所作的导言"长江下游的城市与区域"以及该书附录一对施坚雅模式的介绍，[美]林达·约翰逊主编：《帝国晚期的江南城市》，成一农译，上海人民出版社2005年版，第1、233页。

② 李伯重：《简论"江南地区"的界定》，《中国社会经济史研究》1991年第1期。

③ 参见李伯重《简论"江南地区"的界定》，《中国社会经济史研究》1991年第1期；李伯重《江南的早期工业化（1550—1850）》，社会科学文献出版社2000年版，第18页。

演变、研究主题的变化肯定会发生变化。

但是，当前大部分区域城市历史地理的研究基本上都没有对所选择区域进行充分的讨论。真正的区域史研究与这种区域史研究之间的差异，正如王先明所说："要而言之，是研究问题的空间特征决定了'区域史'研究的选择，而不是人为的空间取舍形成'区域史'研究，即将研究对象简单地'地域化'或'地方化'。前者构成真正意义上的'区域史研究'，后者毋宁说是研究中的'区域化取向'"[1]，这种论断对于当前区域城市历史地理的研究也是适用的，以往大多数这方面的研究都可以被视为是城市通史（或者全国城市历史地理）研究的区域化，而不是真正的区域城市历史地理的研究。当然，以往区域研究的成果依然是非常有价值的，但不关注区域理论，将不可能真正达到区域城市历史地理研究的目的。

在这里还要顺带提及关于城市体系的研究，当然，这方面的研究虽然并不能简单归结于是受到施坚雅市场层级研究的影响，但与城市的概念相似，"城市体系"的概念也来自西方。不过当前关于中国古代城市体系的研究，无论进行的论证如何，但大多最终都归结于行政城市体系，如韩光辉等的《宋辽金元建制城市的出现与城市体系的形成》[2]、汤芸等的《从明代贵州的卫所城镇看贵州城市体系的形成机理》[3] 等，虽然行政城市体系也是一种城市体系，但并不是这些研究最初的研究目的，而且也无法反映现代城市体系研究更关注的城市之间的经济体系和层级关系。当然，这在一定程度上与中国古代缺乏可以用来确定城市的经济体系或者其他体系的数据有关，不过今后的研究中确实应当考虑如何通过其他方式来构建中国自己的城市体系的研究方法和研究视角。

总体而言，当前城市历史地理和城市体系的研究只是借鉴了西方区域研究的表象，而未能吸收和理解西方理论的精髓和目的。对于区域更多的

---

[1] 王先明：《"区域化"取向与近代史研究》，《学术月刊》2006 年第 3 期。

[2] 韩光辉、林玉军、王长松：《宋辽金元建制城市的出现与城市体系的形成》，《历史研究》2007 年第 4 期。

[3] 汤芸等：《从明代贵州的卫所城镇看贵州城市体系的形成机理》，《西南民族大学学报》（人文社科版）2009 年第 10 期。

讨论，参见本书第二篇第五章的讨论。

第五节　城市历史地理的其他问题

一　中国古代城市的分布

历史时期城市空间分布的变化也是以往城市历史地理所关注的问题，不过在研究时段上主要集中在汉末至唐代，基本认为魏晋南北朝时期的动荡局面以及长期以来对南方的开发造成了全国城市空间格局的根本性变化。如顾朝林提出"魏晋南北朝全国共新设县城近220个"[1]，并依据《中国历史地图集》，认为"中唐时期我国县城分布与东汉时期比较，很明显，这一时期黄淮海河流域县城废弃甚多，县城总数仅及东汉时的一半，所占全国城市比重，也由东汉时的1/2强，下降到1/5；而长江流域及东南沿海地区则发展很快，县城数增加了一倍以上，约占全国县城总数一半左右"[2]。李孝聪则进一步提出"这一时期城市真正得到较大发展的是在南方。据不完全统计，魏晋南北朝时期共新设县城近220个，其中以现今四川、湖北、广东三省所在地区数量上分别为前三名，长江下游三吴地区由于人口大量迁入，城市渐成规模。而北方，除黄河中下游及渭河、济水沿岸新增州县而建造城市之外，总的城市数目并没有显著增减"[3]。陈正祥用中国"等城线"图表现了不同年龄城市分布的地理状况，其中"年龄介于2000—3000年的城，分布偏集北方"，"年龄介乎1000—2000年的城，分布比较散漫"[4]，虽然其时段的划分与本书所讨论的时段存在差异，但也大致体现了这一时期中国城市地域分布上的变化，基本与顾朝林和李孝聪的观点一致。

---

[1] 顾朝林：《中国城镇体系——历史·现状·展望》，商务印书馆1992年版，第65页。
[2] 同上书，第71页。
[3] 李孝聪：《历史城市地理》，山东教育出版社2007年版，第172页。
[4] 陈正祥：《中国文化地理》第3篇"中国的城"，生活·读书·新知三联书店1983年版，第82页。

李济的《中国民族的形成》① 主要是以《古今图书集成》所记载的城址资料为基础，用统计计量方法进行的研究，即"通过这些材料，重新构拟出这些城址移动的路线，并在此基础上推断历史上的我群在后来的各个历史时期的动向"②。其将1644年之前的发展分为8个时段，其中阶段 D（265—617）与阶段 E（618—959）的前期与顾朝林、李孝聪和陈正祥研究的时段大致吻合，但根据李济的分析统计，与之前的阶段相比，这一时期的筑城活动，在范围上并没有显著的扩大。结论上的这种差异可能一方面主要来源于统计数据的差异，另一方面可能李济统计的是筑城活动，而顾朝林和李孝聪等统计的是行政治所城市的兴废，两者虽然有一定的关联性，但并不完全一致。

成一农在《空间与形态——三至七世纪中国历史城市地理研究》③ 中基于对史料的梳理，利用 GIS 复原了 3—7 世纪城市空间部分的动态过程，提出这一时期新设的城址数量高达 818 座，此外城址发生迁移的达 191 座，两者相加总数在 1000 座左右，因此可以认为唐代中期大部分城市已经不再使用东汉时期的城址。此外，新建和迁建的县城并没有集中于长江中下游地区，而主要集中在今天陕西、山西、河南、山东等两汉时期城市集中的区域，因此可以认为虽然这一时期北方地区废弃了大量城市，但同时新建和迁建了大量城市。

此外，还存在一些单一地域的研究，如王德权《从"汉县"到"唐县"——三至八世纪河北县治体系变动的考察》④ 一文，对 3—8 世纪河北地区县治废弃、兴建以及地理空间的变动进行了分析，认为"分析天宝十二载县治来源，其中西汉县 39，比例为 25%。天宝县治主体为隋治，约三分之一弱，唐治 25，合计只有不到 30% 天宝县治是来源自三国

---

① 李济：《中国民族的形成》第 3 章"我群的演进：以城址衡量其规模"，《李济文集》第 1 卷，上海人民出版社 2006 年版，第 110 页。

② 同上书，第 111 页。

③ 成一农：《空间与形态——三至七世纪中国历史城市地理研究》，兰州大学出版社 2012 年版，第 26 页。

④ 王德权：《从"汉县"到"唐县"——三至八世纪河北县治体系变动的考察》，《唐研究》第 5 卷，北京大学出版社 1999 年版，第 161 页。

(含)以前的县治,说明天宝县治已与北魏(含)以前有着结构上的差异"。此后作者以唐代天宝十二载(753)的政区为界,将河北地区分为6个次地理单元,详细分析了不同区域不同时期的废置过程、地理分布上的差异以及原因。作者又分析了县治变动的模式、变动的地理特征(包括海拔高度、县治之间的距离等),并归纳了县治变动的地理趋势,即"增加的部分主要是50—100米间的冲积扇底部"、县治之间的距离趋于合理化等。① 此外作者还提出"汉唐间城市体系变动的趋势,一方面是汉文明的南向发展与城市增筑,而华北城市群在同一时期进行内部空间体系的重新整合"。

在关于其他时段城市空间分布的研究中,比较重要的是何一民等著《清代城市空间分布研究》② 一书,该书经过分析认为清代十八行省的城市分布有如下基本特征"第一,清代十八行省城市分布是对中国两千余年农业文明地区传统城市部分的继承、延续与发展","第二,统一多民族国家的形成和发展对清代城市的分布影响深远","第三,经济发展的不平衡,以及清代中后期人口的迅速膨胀且分布不平衡,对十八行省城市的分布也有着重要影响","第四,伴随着西方殖民入侵、晚清工商业以及晚清交通的发展,清代十八行省的城市分布逐渐摆脱了传统的城市分布局限,近现代中国城市分布体系的雏形开始出现";而边疆地区的城市分布则受到清朝统一以及开埠通商的强烈影响。

此外,关于整个历史时期城址空间分布的变化,上文提及的李济《中国民族的形成》第三章主要通过城址分布的变化来分析"我群"在不同时期的发展动向,即用城址的空间分布作为资料来研究其他问题;而陈正祥和何一民则只是对城址分布的空间变化进行了复原,何一民在复原之后还提出了历史时期城市空间分布的特点和原因。

---

① 并认为"汉唐间县治距离有朝向合理空间结构发展的趋势,且隋唐进行县治距离调整时,也明显存在与汉代相同的空间基准(县方百里),百里也是当时主要交通工具速率下的合理范围。若将建立合理政区空间结构的课题置于汉唐间县治变动脉络中理解,或可增加我们对汉唐间华北国家结构内部整合过程的了解",王德权:《从"汉县"到"唐县"——三至八世纪河北县治体系变动的考察》,《唐研究》第5卷,北京大学出版社1999年版,第195页。

② 何一民等:《清代城市空间分布研究》,巴蜀书社2018年版。

二 城市规模与城市的行政等级

"城市规模"是现代城市地理学的概念,包括人口规模、用地规模、职能和经济规模、基础设施规模等,其中实际研究中使用较多的是城市人口规模和用地规模。有些学者将这一概念引入中国古代城市的研究当中,当前对于中国古代城市规模的定义主要存在三种形式。

第一,城市人口。施坚雅在《十九世纪中国的地区城市化》一文中,将人口作为划分城市规模的标准,并以此为基础来研究中国古代城市化的问题。[1] 但正如一些学者所指出的,施坚雅用于分析的城市人口数字缺乏依据[2],这影响了其结论的可信性。总体来看,虽然施坚雅以人口作为城市规模的指标,使得现代城市地理学的理论和方法更容易应用于城市历史地理的研究中,但由于中国古代城市人口的资料极为缺乏,由此使得这种方法缺乏实际的可操作性。

第二,占地面积。章生道在《城治的形态与结构研究》一文中,根据近代测绘地图测量了19世纪90年代中国都城、各省省会,以及1910年11省的部分府城、县城的城内平均面积。并以此为基础认为"首府城市的城内面积与行政层级之间的关系下伸到了府、县两级。在11个省的每一个省中,抽测的府城平均面积显然比县城平均面积要大"。章生道对这一现象又进行了解释,认为"行政城市的等级愈高,规划者把最初城垣的面积设计得就愈大。高等级的城市被建造得很大,部分原因也许是出于对防御能力的关注,但是,更多的考虑很可能是预期城市的自然发展会产生府城人口比州城人口多,州城人口比县城人口多的结果"[3]。显然他认为城市规模受制于城市的行政等级。

第三,也是现在中国古代城市研究中运用的最为普遍的城市规模的定

---

[1] [美]施坚雅:《十九世纪中国的地区城市化》,[美]施坚雅:《中华帝国晚期的城市》,叶光庭等译,中华书局2000年版,第242页。

[2] 曹树基:《清代北方城市人口研究——兼与施坚雅商榷》,《中国人口科学》2001年第4期。

[3] 章生道:《城治的形态与结构研究》,[美]施坚雅主编:《中华帝国晚期的城市》,叶光庭等译,中华书局2000年版,第98页。

义，即城墙的周长。与城市人口和城市占地面积相比，无论是考古，还是古代的文献资料对于城市周长的记载都较为详细。资料的易获性，使得城市周长成为当前古代城市规模研究中最常用的指标，取得了一些研究成果：如周长山认为汉代的地方城市"一般来说，普通县城的城郭周长为1000—3000米；郡治所在的县城规模要稍大一些，3000—5000米"①；斯波义信在《宋代江南经济史研究》一书中对宋代城市的行政等级与城市周长进行了分析②；关于辽金城址，李健才认为"辽金州县可分大、中、小三种类型。辽、金的京城较大……一般府和属于节镇和州城，其城址的周长除个别外，一般均在8—10里之间……辽代的观察州和金代的防御州，是仅次于节镇的州城，其周长一般为4—6里"③；王永祥、王宏北所列的对应关系更加细致"京城以上的古城，周长在15华里以上；8—10华里古城，为路所在地的州城或府城一级的城；5—7华里古城，为观察一级的州城，或府城一级的城；3.5—5华里古城，为县级或猛安一级的城；2—3.5华里古城，为谋克一级的城；0.8—1.5华里古城，为边堡及戍守一级的城"④。

  总体看来，在上述三种中国古代城市规模的定义中，施坚雅的定义缺乏可操作性，因此在研究中很少采用；以城市面积和城墙周长作为城市规模的衡量标准，都体现了城市的占地规模，具有一定的可操作性，因此在实际研究中应用得较多。从研究视角来看，以城市面积和城墙周长为标准的研究基本上都将城市规模与城市行政等级联系起来，显然认为两者之间存在很强的相关性。陈正祥则进一步明确提出这两者之间的必然联系，即"地方行政的等级，显然左右城的规模。国都之城概较省城为大，省城概较府、州城为大，而府、州之城又较县、厅城为大"⑤；而马正林提出了更为绝对的观点，认为从汉代以后"中国城市的规模和分级已经趋于定

---

  ① 周长山：《汉代城市研究》，人民出版社2001年版，第36页。
  ② ［日］斯波义信：《宋代江南经济史研究》，江苏人民出版社2001年版，第307页。
  ③ 李健才：《东北地区金代古城的调查研究》，《辽金史论集》，中州古籍出版社1995年版，第181页。
  ④ 王永祥、王宏北：《黑龙江金代古城述略》，《中国考古集成·东北卷·金》，北京出版社1997年版，第861页。
  ⑤ 陈正祥：《中国文化地理》，生活·读书·新知三联书店1981年版，第73页。

型,即首都最大,省、府州、县依次减小,下一级城市超越上一级城市规模的状况几乎是没有的,除非城市的地位升格,城市的规模才会随之升格"[1],也就是说城市的行政等级决定了城市规模。

但是在这些研究中既没有对城市行政等级决定城市规模的原因,也没有对城市行政等级与城市规模之间相关性的强弱进行论述,也就说上述的两种认识都是主观的。目前通过统计学的分析我们可以认为,中国古代城市规模与城市行政等级之间的相关性非常低,而且由于同级城市之间规模差异巨大,无论是用城市平均规模还是用占优势的城市规模来代表某一级城市的普遍规模都是不合理的。且任何历史现象之间的因果关系都是极为复杂的,仅仅强调中国古代城市的行政职能使得城市行政等级决定了城市规模,显然是将复杂问题过于简单化地进行了处理;而且中国古代城市的行政职能占据主导本身就是一个不严谨的说法。且即使上述论述成立,那么下一个问题就是"是什么因素决定了城市的行政等级呢?"由此行政等级也不是决定城市规模的最终原因。[2] 此外,路伟东对晚清甘肃城市行政等级与以城市人口为代表的城市规模的分析也证明,城市规模与城市的行政等级之间没有密切的关系。[3]

当然,这并不是否认行政等级是影响城市规模的要素之一,但正如鲁西奇所说,"一个治所城郭的规模、形制,除了受行政等级的影响外,还受到历史、微观地形地貌、交通、地方经济发展特别是商业发展乃至风水等多方面因素的影响"[4]。

---

[1] 马正林:《中国城市历史地理》,山东教育出版社1998年版,第154页。
[2] 这一问题的具体分析,参见成一农《清代的城市规模与行政等级》,《扬州大学学报》2007年第3期。
[3] 路伟东、王新刚:《晚清甘肃城市人口与北方城市人口等级模式——一项基于宣统〈地理调查表〉的研究》,《复旦学报》(社会科学版)2015年第4期,第100页。
[4] 鲁西奇:《城墙内外·明清时期汉水下游地区府、州、县城的形态与结构》,陈锋主编《明清以来长江流域社会发展史论》,武汉大学出版社2006年版,第228页。此外,何一民在《清代城市规模的静态与动态考察》[《西南民族大学学报》(人文社会科学版)2014年第11期]中再次强调了行政等级与城市规模(周长)之间的关系,但其统计时依然使用的是没有太大统计价值的平均数,且依然没有跳出以往缺乏说服力的解释模式来回答行政等级与城市规模之间的因果关系。

推荐书目

侯仁之教授的《北平历史地理》是中国城市历史地理的开山之作；李孝聪的《历史城市地理》《论唐代后期华北三个区域中心城市的形成和演化》《公元十至十二世纪华北平原交通与城市地理的研究》《唐、宋运河城市城址选择和形态的研究》、鲁西奇的《城墙内外：古代汉水流域城市的形态与空间结构》以及钟翀的《宋代以来常州城中的"厢"——城市厢坊制的平面格局及演变研究之一叶》则是当前城市历史地理研究中城市选址、城市形态的复原以及区域与城市之间关系的研究方法的集中体现；成一农的《古代城市形态研究方法新探》《中国古代城市选址研究方法的反思》则是对地方城市目前研究中存在的问题和解决方法提出的设想；杨宽的《中国古代都城制度史研究》，虽然其中的一些结论已经过时，但其勾勒的中国古代都城形态的发展框架至今依然具有影响力，而成一农的《历史不一定是发展史——中国古代都城形态史的解构》则对这一框架的认知逻辑基础提出了挑战。

侯仁之：《北平历史地理》，外语教学与研究出版社 2013 年版。

李孝聪：《历史城市地理》，山东教育出版社 2007 年版。

李孝聪：《公元十至十二世纪华北平原交通与城市地理的研究》，《历史地理》第九辑，上海人民出版社 1990 年版。

李孝聪：《论唐代后期华北三个区域中心城市的形成和演化》，《北京大学学报》（社会科学版）1992 年第 2 期。

李孝聪：《唐、宋运河城市城址选择和形态的研究》，《环境变迁研究》第四辑，北京古籍出版社 1993 年版，第 153 页。

鲁西奇：《城墙内外：古代汉水流域城市的形态与空间结构》，中华书局 2011 年版。

钟翀：《宋代以来常州城中的"厢"——城市厢坊制的平面格局及演变研究之一叶》，《杭州师范大学学报》（社会科学版）2016 年第 1 期。

成一农：《古代城市形态研究方法新探》，社会科学文献出版社 2009 年版。

成一农：《中国古代城市选址研究方法的反思》，《中国历史地理论丛》2012 年第 1 期。

杨宽:《中国古代都城制度史研究》,上海古籍出版社 1993 年版。

成一农:《历史不一定是发展史——中国古代都城形态史的解构》,《云南大学学报》(社会科学版)2017 年第 6 期。

第五章

历史人文地理其他领域

第一节 历史经济地理

历史经济地理的研究大致起源自20世纪50年代，这方面真正意义上的开创者为史念海教授，他撰写了大量相关的论文，如《春秋战国时代农工业的发展及其地区的分布》①《秦汉时代的农业地区》《战国至唐初太行山东经济地区的发展》②《天皇开宝之间黄河流域及其附近地区农业的发展》③《隋唐时期长江下游农业的发展》④《黄河流域蚕桑事业盛衰的变迁》，这些论文均被收入1963年出版的《河山集》（一集）中。⑤ 此后，史念海教授的研究重点虽然转向了黄土高原以及历史军事地理，但在从事黄土高原历史地理研究时，其依然关注其中相关的经济地理问题，撰写了《黄土高原及其农林牧分布地区的变迁》⑥《两千三百年来鄂尔多斯高原和河套平原农林牧地区的分布及其变迁》⑦《战国秦汉时期黄河流域

---

① 史念海：《春秋战国时代农工业的发展及其地区的分布》，《教学与研究》1956年第1期。
② 史念海：《战国至唐初太行山东经济地区的发展》，《北京师范大学学报》（社会科学版）1962年第3期。
③ 史念海：《天皇开宝之间黄河流域及其附近地区农业的发展》，《人文杂志》1959年第6期。
④ 史念海：《隋唐时期长江下游农业的发展》，《人文杂志》1960年第4期。
⑤ 史念海：《河山集》，生活·读书·新知三联书店1963年版。
⑥ 史念海：《黄土高原及其农林牧分布地区的变迁》，《历史地理》创刊号，上海人民出版社1981年版，第21页。
⑦ 史念海：《两千三百年来鄂尔多斯高原和河套平原农林牧地区的分布及其变迁》，《纪念陈垣诞辰百周年：史学论文集》，北京师范大学出版社1981年版，第403页。

及其附近各地经济的变迁和发展》[1]《陕西地区蚕桑事业盛衰的变迁》《论唐代扬州和长江下游的经济地区》[2]《隋唐时期黄河上中游的农牧业地区》[3]《唐代河北道北部农牧地区的分布》[4] 等论文,这些论文后来大多被收录在《河山集》三集[5]、六集[6]中。

在史念海教授的引导下,他的一些学生的博士学位论文也以历史经济地理为主,尤其集中在历史农业地理,这些博士学位论文中的大部分后来都作为专著出版,如郭声波的《四川历史农业地理》[7]、韩茂莉的《宋代农业地理》[8]、吴宏岐的《元代农业地理》[9]、龚胜生的《清代两湖农业地理》[10]、李令福的《明清山东农业地理》[11]、周宏伟的《两广历史农业地理》[12]、王社教的《苏皖浙赣地区明代农业地理研究》[13]、吕卓民的《明代西北农牧业地理》[14] 和萧正洪的《环境与技术选择——清代中国西部地区农业技术地理研究》[15] 等[16]。

这些研究者后来大都成为我国历史地理研究的中坚力量,但大部分人

---

[1] 史念海:《战国秦汉时期黄河流域及其附近各地经济的变迁和发展》,《人文杂志》1979年第1期和第2期。
[2] 史念海:《论唐代扬州和长江下游的经济地区》,《扬州师院学报》(社会科学版)1982年第2期。
[3] 史念海:《隋唐时期黄河上中游的农牧业地区》,《唐史论丛》第2辑,陕西人民出版社1987年版,第1页。
[4] 史念海:《唐代河北道北部农牧地区的分布》,《唐史论丛》第3辑,陕西人民出版社1987年版,第13页。
[5] 史念海:《河山集》三集,人民出版社1988年版。
[6] 史念海:《河山集》六集,山西人民出版社1997年版。
[7] 郭声波:《四川历史农业地理》,四川人民出版社1993年版。
[8] 韩茂莉:《宋代农业地理》,山西古籍出版社1993年版。
[9] 吴宏岐:《元代农业地理》,西安地图出版社1997年版。
[10] 龚胜生:《清代两湖农业地理》,华中师范大学出版社1996年版。
[11] 李令福:《明清山东农业地理》,(台湾)五南图书出版公司2000年版。
[12] 周宏伟:《两广历史农业地理》,湖南教育出版社1998年版。
[13] 王社教:《苏皖浙赣地区明代农业地理研究》,陕西师范大学出版社1999年版。
[14] 吕卓民:《明代西北农牧业地理》,(台湾)洪叶文化事业有限公司2000年版。
[15] 萧正洪:《环境与技术选择——清代中国西部地区农业技术地理研究》,中国社会科学出版社1998年版。
[16] 关于史念海教授指导下的学者出版的相关专著的完成列表,参见华林甫《中国历史地理学·综述》,山东教育出版社2009年版,第300页。

的研究方向都转到了历史地理的其他领域，在这一领域中继续从事研究且做出了突出贡献的就是韩茂莉。她此后又撰写了《辽金农业地理》①《草原与田园：辽金时期西辽河流域农牧业与环境》②，尤其是后一部著作，除按照传统的研究方式复原了其所研究时期的农业空间布局之外，还将农业地理放置在环境变迁、人地关系的演变以及与农牧文化的关系的背景下讨论，由此在研究方法上极大地推进了历史农业地理的发展。在长期积累和思考的基础上，韩茂莉于 2012 年出版了国内第一部系统性的历史农业地理的鸿篇巨著《中国历史农业地理》③，在该书中，她进一步拓展了之前提出的研究方法，将历史农业地理放置在广阔的历史和地理的背景下讨论，如讨论了人口迁移对农作物传播的影响等，将人、地和自然环境进行了综合讨论④，在这一意义上，她的研究已经与现代地理学的研究极为近似。近年来，韩茂莉开始将 GIS 技术运用到历史农业地理的研究中，目前其正在运用这一技术编绘《中国历史农业地图集》。

与农业地理相关的还有对农牧分界线的研究，历史地理学界中较早从事这方面研究的依然是史念海教授，其发表了一系列论文，如《论两周时期农牧业地区的分界线》⑤《隋唐时期农牧地区的变迁及其对王朝盛衰的影响》⑥《司马迁规划的农牧地区分界线在黄土高原上的推移及其影响》⑦。当前从事农牧地区分界线（或者将其称为农牧交错带）研究的主要是现代地理学者，在他们的研究中通常将这条分界线（或者地带）

---

① 韩茂莉：《辽金农业地理》，社会科学文献出版社 1999 年版。
② 韩茂莉：《草原与田园：辽金时期西辽河流域农牧业与环境》，生活·读书·新知三联书店 2006 年版。
③ 韩茂莉：《中国历史农业地理》，北京大学出版社 2012 年版。
④ 该书的书评参见李丞《以农为史，融汇时空——评〈中国历史农业地理〉》，《中国农史》2012 年第 4 期；李宝田等《一部农业地理的长卷——〈中国历史农业地理〉评介》，《地理研究》2012 年第 6 期。
⑤ 史念海：《论两周时期农牧业地区的分界线》，《中国历史地理论丛》1982 年第 1 辑。
⑥ 史念海：《隋唐时期农牧地区的变迁及其对王朝盛衰的影响》，《河山集》七集，陕西师范大学出版社 1999 年版，第 77 页。
⑦ 史念海：《司马迁规划的农牧地区分界线在黄土高原上的推移及其影响》，《中国历史地理论丛》1999 年第 1、2 辑。

认为是由自然环境因素决定的，但人对环境是有能动作用的，而且人类对环境的开发至今都不是建立在理智的对环境的认知基础上的，正如史念海教授提出的"这样分界线的形成固然有其自然条件的基础，也由于从事农耕生涯的族类和从事畜牧生涯的族类之间的冲突和战争而有所推移和变化"[①]。

历史商业地理的研究起步较晚，从事这方面研究的学者一直就较少，其中影响力较大的有以下几位。

张萍对黄土高原村镇市场的研究，在其博士学位论文《明清陕西商业地理研究》中，运用历史商业地理学的理论与方法对明清时期陕西商业的发展及地域特征进行了全面而深入的研究，揭示了商业发展与地区自然环境、人文环境之间的关系，以及它们中间的互动与制约机制，进而对历史商业地理学的研究对象、研究内容、研究方法与意义进行了探讨。此后，她继续推进了商业地理的研究，先后出版了《地域环境与市场空间——明清陕西区域市场的历史地理学研究》[②]《黄土高原村镇市场的发展及近代转型（1860—1949）》[③]和《区域历史商业地理学的理论与实践——明清陕西的个案考察》[④]。作为长期研究的结果，她在《历史商业地理学的理论与方法及其研究意义》一文中，对历史商业地理的发展历史、研究内容以及与其他学科的关系进行了讨论，将研究上升到了方法的层面，提出历史商业地理应当研究："历史时期地域商品生产的空间差异及其变迁"；"商路与商品运输条件研究"，其中包括"商路同驿站的分离与商业地理区划问题""商路改变与市场结构性变迁"；"商业市场的地域分布格局"，其中包括"商业中心的地域格局""城市内部商业区位的选择及其影响因素""边疆区、边缘区与过渡地带的市场结构研究""商业

---

① 史念海：《论两周时期农牧业地区的分界线》，《中国历史地理论丛》1982年第1辑，第19页。
② 张萍：《地域环境与市场空间——明清陕西区域市场的历史地理学研究》，商务印书馆2006年版。
③ 张萍：《黄土高原村镇市场的发展及近代转型（1860—1949）》，中国社会科学出版社2013年版。
④ 张萍：《区域历史商业地理学的理论与实践——明清陕西的个案考察》，三秦出版社2014年版。

中心与城市腹地关系研究""市镇兴衰的诸要素分析""农村市场形态研究",以及"区域商品流通格局与商贸区研究"。①

吴松弟借鉴了现代地理学的港口——腹地的概念和研究思路,将其用于研究近代时期中国各港口与腹地之间空间关系、经济互动以及城市发展等问题。借鉴这一思路较早从事具体研究的是吴松弟的博士生戴鞍钢,其博士毕业论文为《港口·城市·腹地:上海与长江流域经济关系的历史考察(1843—1913)》②,此后,吴松弟又先后指导学生从事上海、宁波、广州、天津、香港、汉口等20多座近代港口的研究。随着成果的不断积累,自2005年之后,这一研究团队推出了一系列研究成果,如《港口——腹地和中国现代化进程》③《中国百年经济拼图:港口城市及其腹地与中国现代化》④《天津与北方经济现代化(1860—1937)》⑤《驶向枢纽港:上海、宁波两港空间关系研究(1843—1941)》⑥《国家、企业、商人与东北港口空间的构建研究(1861—1931)》⑦ 和《港口—腹地与北方经济的变迁(1840—1949)》⑧。

历史经济地理中成果较多的还有对历史时期矿业分布的研究,具有代表性的就是邹逸麟主编的《中国历史人文地理》第七章"历代工矿业的分布、兴衰及其社会经济意义"⑨;较早的研究则有钮仲勋的《魏

---

① 张萍:《历史商业地理学的理论与方法及其研究意义》,《陕西师范大学学报》(哲学社会科学版)2012年第4期。
② 戴鞍钢:《港口·城市·腹地:上海与长江流域经济关系的历史考察(1843—1913)》,复旦大学出版社1998年版。
③ 吴松弟:《港口——腹地和中国现代化进程》,齐鲁书社2005年版。
④ 吴松弟:《中国百年经济拼图:港口城市及其腹地与中国现代化》,山东画报出版社2006年版。
⑤ 樊如森:《天津与北方经济现代化(1860—1937)》,东方出版中心2007年版。
⑥ 王列辉:《驶向枢纽港:上海、宁波两港空间关系研究(1843—1941)》,浙江大学出版社2009年版。
⑦ 姚永超:《国家、企业、商人与东北港口空间的构建研究(1861—1931)》,中国海关出版社2010年版。
⑧ 吴松弟、樊如森、陈为忠等:《港口—腹地与北方经济的变迁(1840—1949)》,浙江大学出版社2011年版。
⑨ 邹逸麟主编:《中国人文地理·中国历史人文地理》第七章"历代工矿业的分布、兴衰及其社会经济意义",科学出版社2001年版,第238页。

晋南北朝矿业的分布与发展》①、黄盛璋的《唐代矿冶分布与发展》②。近年来这方面的主要研究者有杨煜达③、马琦④，与以往的只是研究矿产和矿业的分布不同，他们还关注于矿业与交通、国家政策以及移民等问题的关联；而且马琦还对以往研究中"以销量推算产量的思路"进行了质疑。

历史经济地理中的某些研究对象，也是现代地理学所关注的，如历史农业地理中对于历史时期耕地（或者其他用地类型）分布的研究。现代地理学中，由于对气候变迁的研究涉及下垫面的变化，因此同样关注历史时期以耕地为代表的土地利用方式。对于现代地理学的研究者来说，中国古代文献中记载的耕地数量和分布过于粗略，对于县级政区以下的土地分布通常缺乏具有普遍性的资料，因此对于县级政区之下的土地分布和利用情况，传统的历史地理学通常缺乏相应的分析手段，也难以进行相关的研究；而地理学者则可以通过建模的方式，将文献中记载的耕地数据分配到其所需要的 10 公里×10 公里，甚至 1 公里×1 公里的网格中。不仅如此，中国古代关于耕地的记载只存在少量时间断面的数据，而现代地理学研究者同样可以通过建模的方式，模拟各个时间断面之间耕地数量变化的过程。⑤ 这种通过建模的方式来弥补数据的缺失，在历史学出身的历史

---

① 钮仲勋：《魏晋南北朝矿业的分布与发展》，《历史地理》第 2 辑，上海人民出版社 1982 年版，第 136 页。

② 黄盛璋：《唐代矿冶分布与发展》，《历史地理》第 7 辑，上海人民出版社 1990 年版，第 1 页。

③ 杨煜达：《清代中期滇边银矿的矿民集团与边疆秩序——以茂隆银厂吴尚贤为中心》，《中国边疆史地研究》2008 年第 4 期；杨煜达：《清代云南铜矿地理分布变迁及影响因素研究——兼论放本收铜政策对云南铜业的影响》，《历史地理》第 29 辑，上海人民出版社 2014 年版；杨煜达：《滇铜、汉铜与清代中期的汉口铜市场》，《清史研究》2013 年第 3 期。

④ 马琦：《清代黔铅的产量与销量：兼对以销量推算产量方法的检讨》，《清史研究》2011 年第 1 期；马琦：《清代滇铜产量研究：以奏销数据为中心》，《中国经济史研究》2017 年第 3 期；马琦：《实征、定额与奏销：清代云南矿税研究》，《清史研究》2018 年第 3 期。

⑤ 这方面的研究数量众多，代表性的参见林忆南、金晓斌等《近两百年来江苏省城乡建设用地数量估算与空间重建》，《地理学报》2017 年第 3 期；潘倩、金晓斌等《清代中期江苏省土地利用格局网格化重建》，《地理学报》2015 年第 9 期；何凡能等《北宋路域耕地面积重建及时空特征分析》，《地理学报》2016 年第 11 期；李美娇、何凡能等《元代前期省域耕地面积重建》，《地理学报》2018 年第 5 期。尤其是何凡能在这一领域进行了大量研究。

地理学者眼中相当于人为地创造了数据，通常是不可接受的，但从本质上讲，历史学者通过文献复原的历史，也不是历史事实，而只是基于残存史料通过逻辑推理的方式对历史事实的复原；建模则是在残存史料的基础上，通过设定各种条件来对史料进行进一步的处理从而对历史或者历史过程进行复原，两者在本质上是相似的。而且，作为地理学下属的历史地理学，我们必须摆脱历史学这种过时思维的束缚，同时掌握建模的思维方式和技术手段也是历史地理学回归地理学所必须。

第二节　历史时期交通线的演变

　　历史时期交通线的演变长期以来是历史地理学和历史学关注的重点，对于境内和境外的交通线进行了大量的考订工作，也产生了一些具有广泛影响力的研究著作，如严耕望的《唐代交通图考》[1]，关于这方面可以参见华林甫《中国历史地理学·综述》中的研究综述[2]。整体来看，以往历史时期交通线的研究主要集中在对交通线具体线路的复原上，但对于历史地理和历史研究而言，复原永远只是研究的基础和第一步，而远远不是研究的目的和终结。

　　虽然目前很多研究都以对历史上交通线的复原为基础，但在历史地理领域，在复原历史时期交通线的基础上，提出更进一步认知的并不多，这方面较为突出的就是蓝勇。蓝勇在考订清代滇铜京运路线[3]的基础上，分析了清代滇铜京运对沿途的影响，认为"明清时期存在一个包括西南地区木材、滇铜、黔铅、川米、犀象、药材等物资的'西南资源东运工程'，实际上是一种资源东西部跨区域调配，形成一个庞大的东西转运系统工程。其中，'滇铜京运'工程对云南铜矿业的发展起了积极作用，促

---

[1] 严耕望：《唐代交通图考》，上海古籍出版社2007年版。
[2] 华林甫：《中国历史地理学·综述》，山东教育出版社2009年版，第385页。
[3] 蓝勇：《清代滇铜京运路线考释》，《历史研究》2006年第3期。

进了云南地区、长江和运河两岸交通与城镇的发展，客观上增加了沿途地区民工和下层官员增收的机会。其消极意义是增大了云南、长江和运河沿线地区行政管理负担，地方政府、官员用各种手段侵占运铜经费，用不法手段弥补亏空，一定程度上影响了长江、运河沿途的正常运输和社会治安"。①

随着当前国家和学术界对于"一带一路"的重视，新的研究成果和新的史料不断涌现，因此历史时期交通线路的研究可以将丝绸之路的研究作为研究方法和视角的突破点。

在以往的历史交通线的研究中，作为贯通欧亚大陆的交通线"丝绸之路"无疑得到了最为广泛的关注，且对其的关注不仅长盛不衰，而且在"一带一路"的口号提出之后，对于丝绸之路的研究更为兴盛。而且，研究的重点已经从西北的陆上丝绸之路，扩展到了最初没有得到广泛注意的海上丝绸之路以及西南地区的南方丝绸之路。在具体研究内容方面，这三条丝绸之路的走向、开通时间以及兴衰等问题，长期以来一直都是学术界研究的重点。虽然在某些局部可能还存在争议，但在三条丝绸之路的总体走向方面已经基本有着共识；而在三条丝绸之路的兴衰方面，也基本有着较为一致的总体性认识。基于以往研究的雄厚基础，近年来学界逐渐认识到，这三条丝绸之路之间并不是割裂的，它们不仅在不同历史阶段存在着兴替，而且在绝大部分历史时期，这三条丝绸之路是互联互通且交互作用的②，由此构成了遍及欧亚大陆的一个整体性的交通网络；更为重要的是，这一交通网络不仅在物质、文化的交流中发挥了重要作用，而且还影响了欧亚大陆历史的进程。

不过虽然提出了上述认知，但相关的成熟的研究至今尚未出现，今后关于丝绸之路的研究应当从全球史的角度入手，以中国为中心对以三条丝绸之路为核心的欧亚大陆上的交通网络的演变过程进行梳理，且需要解决

---

① 蓝勇：《清代滇铜京运对沿途的影响研究——兼论明清时期中国西南资源东运工程》，《清华大学学报》（哲学社会科学版）2006年第4期。

② 万明：《整体视野下的丝绸之路——以明初中外物产交流为中心》，《"丝绸之路与文明的对话"学术讨论会论文集》2006年，第148页；万明：《整体视野下丝绸之路的思考——以明代南方丝绸之路为中心》，《中华文化论坛》2015年第9期。

如下主要问题。

第一，以往对于丝绸之路路线的复原研究，大部分只是指向性的，即关注某些重要交通节点之间的连通与否和大致走向，但实际上，在大部分交通节点之间存在不止一条可选择的具体路线，而以往对于丝绸之路路线的很多复原研究多未能对此加以分析。

第二，以往对南方丝绸之路、北方丝绸之路和海上丝绸之路路线的开通时间、畅通与否，以及在中外交通网络格局中地位演变的研究，主要考虑的是中原政权的控制范围，以及中原政权主导下的对外交通线的开拓，但这种视角显然是存在问题的。作为物资和文化传播的纽带，这三条丝绸之路的通畅与否固然与中原政权的兴衰和影响范围有着密不可分的关系，但其本身又不完全受中原政权的控制。如在张骞出使西域之前，北方丝绸之路实际上已经长期存在，草原民族在这条路线上已经长期往来，且通过这条道路，中原与中亚地区，甚至欧洲已经存在一些物资、文化的交流，这点目前已经得到了一些考古证据的支持。张骞的"凿空"只不过是将这条路线正式纳入官方视野。还有明清时期虽然政府对海外贸易加以种种限制，但民间通过海上和南方丝绸之路的贸易依然十分繁盛，甚至北方丝绸之路也没有完全断绝。虽然近些年关于丝绸之路的研究，尤其是海上丝绸之路的研究已经开始摆脱这种研究视角的束缚，但目前需要从整体上重新梳理三条丝绸之路的通畅与否、主次和互动关系，以及各自在中外交通网络格局中地位的变化。这方面的研究除了使用传统的文本文献之外，还应重视考古材料所提供的依据。

第三，以往对于南方丝绸之路、北方丝绸之路和海上丝绸之路之间关系的研究，主要强调的是三条线路在中外交通网络中主导地位的变化，即默认三者之间是割裂的，但实际上这三条交通线不仅在中国国内是相互连通的，而且在中国境外也存在交汇，如南方丝绸之路与海上丝绸之路就在东南亚汇合；而北方丝绸之路在中亚地区，通过当地的交通网络也与南方和海上丝绸之路存在连接，因此在研究中应当将这三条丝绸之路作为一个整体进行看待。而对这三条丝绸之路之间互动的研究，除了确定它们在中国对外交通网络格局中主次关系变化之外，更应当强调它们之间通过互联互通而形成的物资、文化的流动，以及由此带动的文化、文明的广泛传播和碰撞，且确实也存在这样的例证：如中国的青花瓷瓷器，元代和明代初年烧制青花瓷的原料来源于波斯，经由路上或者海上丝绸之路运往中国，而烧制后的瓷器则又主要通过海上丝绸之路运往中亚和欧洲；中国与欧洲和中亚的人员往来也是如此，如马可·波罗主要通过北方丝绸之路前往中国，但其返回欧洲走的又是海上丝绸之路。总体而言，这三条丝绸之路并不是隔绝的，而是一个世界范围的交通网络，经由它们的互动，欧亚非大陆上的文化才能彼此交融和碰撞。

第四，以往对于三条丝绸之路的研究，尤其是对北方丝绸之路的研究，国内的研究和国外的研究往往是割裂的，即虽然这三条丝绸之路都贯穿欧亚，但在以往的研究中，西方学者大部分只关注这些道路在中国境外的走向以及通畅与否，而中国学者大都只关注这些道路在中国境内的具体走向和兴衰。这种人为的割裂不仅局限了对丝绸之路的研究，而且也限制了对三条丝绸之路的互动研究，今后应当站在世界交通格局和全球史的视野下，对这三条丝绸之路的走向和兴衰进行研究。

第五，随着全球史的兴起，一些学者尤其是西方学者，也开始从全球化的角度来探讨丝绸之路，比如卜正民的《维梅尔的帽子》[1]和《塞尔登的中国地图》[2]等，但从研究的视角来看，西方学者研究的出发点依然是西方中心主义的。虽然在全球化的过程中，西方确实占据了主导地位，但不可否认在全球化之前以及全球化的初期，作为三条丝绸之路东方中心的中国，曾在世界经济、文化中占据了重要的地位，而三条丝绸之路的互动的中心之一也位于中国，因此基于全球视角的对于三条丝绸之路的互动研究，应该以中国为中心，改变以往世界史的书写方式，进而建立中国的学术话语权。对于历史地理学而言，完全可以从交通线变化以及与此相关的空间格局的变化来对世界历史的进程进行阐释。

---

[1] 卜正民：《维梅尔的帽子》，（台湾）远流出版公司2009年版。
[2] 卜正民：《塞尔登的中国地图》，中信出版社2015年版。

第三节　历史军事地理

虽然在严格意义上，史念海教授不是历史军事地理研究的开创者，但不可否认他对这一领域的研究做出了巨大的贡献，发表了大量关于历史军事地理的论文，如《论诸葛亮的攻守策略》[①]，以及收录在《河山集》三集中的《陕西省在我国历史上的战略地位》《陕西北部的地理特点和在历史上的军事价值》《关中的历史军事地理》《秦岭巴山间在历史上的军事活动及其战地》等论文。

当前历史军事地理研究的主要内容是对军事事件发生的地点以及发生的空间过程的复原，典型的研究如对垓下之战[②]、赤壁之战[③]地点的研究；对刘邦进出汉中的路线以及对战争过程的复原等[④]；此外还有对某些重要军事要地的地理位置及其历史变迁和军事价值的研究，如潼关[⑤]、函谷关[⑥]和太行八陉[⑦]等[⑧]。

在军事地理研究中，关于长城的研究最为长盛不衰，且也是在民众中最具有影响力的。近代以来，随着内忧外患的加剧，关于长城的学术

[①] 史念海：《论诸葛亮的攻守策略》，《河山集》，生活·读书·新知三联书店1963年版，第280页。

[②] 较新的研究有辛德勇《论所谓"垓下之战"应正名为"陈下之战"》，《中国社会科学院历史研究所学刊》第1集，社会科学文献出版社2001年版，第79页；施丁《陈下之战、垓下之战是两事——与陈可畏、辛德勇商榷》，《中国史研究》2003年第1期。

[③] 这方面的研究众多，可以参见张修桂《赤壁古战场历史地理研究》，《复旦学报》（社会科学版）2004年第3期；陈可畏《赤壁考》，《史学月刊》1984年第3期。

[④] 辛德勇：《论刘邦进出汉中的地理意义及其行军路线》，《传统文化与现代化》1997年第4期。

[⑤] 如侯甬坚《北方军事地理枢纽——潼关》，《文史知识》1992年第6期。

[⑥] 如史念海《函谷关和新函谷关》，《西北史地》1984年第3期；辛德勇《汉武帝"广关"与西汉前期地域控制的变迁》，《中国历史地理论丛》2008年第2辑；宋杰《秦对六国战争中的函谷关和豫西通道》，《首都师范大学学报》（社会科学版）1997年第3期，等等。

[⑦] 王尚义：《刍议太行八陉及其历史变迁》，《地理研究》1997年第1期。

[⑧] 上述研究的综述可以参见华林甫《中国历史地理学·综述》，山东教育出版社2009年版，第399页。

研究开始出现。1933年长城抗战之后，长城研究进入了第一个高潮，很多学者参与到长城研究之中，不过发表的论著主要以普及知识为主，真正的研究性论著并不是很多。这一时期主要的研究成果大都集中在两本杂志——《地学报》和《禹贡》中。其中张维华先后在《禹贡》中发表了一系列研究论文，这些论文后来汇集成《中国长城建置考》[①]。除了张维华的论著外，这一时期较有影响的论著有寿鹏飞的《历代长城考》[②]、王国良的《中国长城沿革考》[③] 以及王国维的《金界壕考》。此外在当时的西北考察热潮中，一批学者对西北地区的长城进行了调查和研究，如黄文弼1930年在罗布泊发现了汉代烽火台；夏鼐、向达等也先后考察了汉代长城，重点考察了玉门关和阳关遗址，向达撰写了《两关杂考》[④] 等论文。

1949—1979年，长城研究的热潮逐渐减弱，除了一些零散的考察报告之外，基本没有重要的研究论著问世。[⑤] 1979年，由文化部文物局召开了中国第一次"长城保护和研究工作座谈会"，多学科的专家、学者出席了会议。这次会议之后，长城研究进入了第二个高潮。这一时期国家文物局对长城考察和研究十分重视，组织古代长城经过的省市对长城进行了大规模普查，同时对开展群众性的长城调查和研究给以大力支持，各级政府和文物主管、研究单位也都给予重视及经费方面的支持，许多文研单位也把长城研究和调查作为自己的工作任务，组织人员进行研究和考察或派员对群众学术团体的工作进行指导，考古、军事、经济、历史、地理、文化等各学科的学者也被吸引参加。形成了在国家文物局的领导下，专业人员与群众社团相结合，吸引多学科的学者参加长城研究的局面。长城沿线各省的文物部门根据实地调查大都提交了调查报告，以这些报告为基础，出

[①] 张维华：《中国长城建置考》，中华书局1979年版。
[②] 寿鹏飞：《历代长城考》，铅印本1941年版。
[③] 王国良：《中国长城沿革考》，商务印书馆1931年版。
[④] 向达：《两关杂考》，《唐代长安与西域文明》，河北教育出版社2001年版，第365页。
[⑤] 这一时期值得注意的代表论著有：黄麟书《秦皇长城考初稿》，香港珠海书院1959年版；顾颉刚编《甘肃秦长城遗迹》，中华书局1963年版；罗哲文《长城史话》，中华书局1963年版。

版了《中国长城遗迹调查报告集》①。

1984年，邓小平同志提出"爱我中华，修我长城"的口号之后，中国出现了空前的长城热，很多知名学者，如史念海教授②、陈守忠③等都发表了研究论文和调查报告，以罗哲文、成大林、高旺、冯永谦等为代表的学者出版了大量学术研究著作和画册。最为重要的就是出版了《长城百科全书》④，这本百科全书基本上是对当时研究成果的总结。但是自1996年以后，长城学术研究逐渐冷寂，甚至在研究中出现了一些常识性的错误，如将南阳盆地周围山区清代以来修建的堡寨认定为楚方城。⑤

进入21世纪之后，长城的保护、研究和管理现状引起国内外各界的极大关注，但在研究方面则没有取得太大的突破，虽然于2016年出版了《中国长城志》⑥，但各卷水平参差不齐，只能看成对以往乏善可陈的研究的总结。

总体来看，对于长城的研究长期停滞在对其位置和修建年代的考订上，缺乏从历史和地理角度进行的解释性研究。由于在各朝各代长城的修建、维护和防御都是长期和浩大的工程，因此除了军事之外，还涉及财政、人口迁移、民族融合等问题，由此存在很大的研究空间。

---

① 文物编辑委员会编：《中国长城遗迹调查报告集》，文物出版社1981年版。
② 史念海：《黄河中游战国及秦时诸长城遗迹的探索》，《河山集》二集，生活·读书·新知三联书店1981年版，第435页；史念海：《鄂尔多斯高原东部战国时期秦长城遗迹探索记》，《河山集》二集，生活·读书·新知三联书店1981年版，第471页；史念海：《洛河右岸战国时期秦长城遗迹的探索》，《河山集》三集，人民出版社1988年版，第374页；史念海：《再论关中东部战国时期秦魏诸长城》，《河山集》四集，陕西师范大学出版社1991年版，第601页；史念海：《西北地区诸长城的分布及其历史军事地理》，《河山集》七集，陕西师范大学出版社1999年版，第249页；史念海：《论西北地区诸长城的分布》，《长城国际学术研讨会论文集》，吉林人民出版社1994年版，第168页，等等。
③ 陈守忠：《河陇史地考述》，兰州大学出版社1993年版；陈守忠：《甘肃境内秦长城遗迹调查及考证》，《西北史地》1984年第2期，等等。
④ 罗哲文主编：《长城百科全书》，吉林人民出版社1994年版。
⑤ 如《中国长城权威专家初步认定周家寨"楚长城"》，《南阳晚报》2002年5月14日；《长城专家董耀会公布"惊世大发现"，南阳楚长城是最早的长城》，《人民日报》2001年3月12日；《河南发现楚长城》，《人民日报》2000年6月19日。
⑥ 《中国长城志》，江苏凤凰科学技术出版社2016年版。

与长城相关的一个得到广泛关注的军事历史地理的研究主题就是明代的九边，这方面的研究成果众多①，且其中一些研究将九边的地理问题与明代边防的粮食供应、环境变化、行政区划等联系起来，如李大海的《明代九边延绥巡抚始设与辖区新探》②、赵毅等的《九边防卫与明帝国的财政体制变迁——以九边军费为探讨中心》③。

此外，堡寨以及明代的卫所也是历史军事地理研究中的一个重要内容，这方面历史地理领域的研究多注重堡寨和卫所的空间分布、功能和形态的演变，如程龙的《论北宋西北堡寨的军事功能》④、郝文军的《明清时期晋东南堡寨聚落地理研究》⑤、赵毅等的《九边防卫与明帝国的财政体制变迁——以九边军费为探讨中心》⑥、孙昌麒麟的《江南沿海卫所城市平面形态比较及分类探析——基于旧日军大比例尺实测图的考察》⑦、何一民的《明代卫所军城的修筑、空间分布与意义》⑧ 等⑨。

总体而言，除了一些明代卫所、九边的研究之外，历史军事地理的研究中缺乏从地理角度来解释军事事件、军事措施和军事方针和历史进程之间的关系，这方面少有的代表作当属程龙的《北宋西北战区粮食补给地

---

① 如胡凡《论明代九边延绥镇之形成》，《中国史研究》2008 年第 2 期；赵现海《明代九边长城军镇史——中国边疆假说视野下的长城制度史研究》，社会科学文献出版社 2012 年版；王文娟等《明朝长城防御体系考述》，《中国边疆史地研究》2012 年第 4 期。

② 李大海：《明代九边延绥巡抚始设与辖区新探》，《中国边疆史地研究》2012 年第 4 期。

③ 赵毅：《九边防卫与明帝国的财政体制变迁——以九边军费为探讨中心》，《社会科学辑刊》2011 年第 5 期。

④ 程龙：《论北宋西北堡寨的军事功能》，《中国史研究》2004 年第 1 期。

⑤ 郝文军：《明清时期晋东南堡寨聚落地理研究》，博士学位论文，陕西师范大学，2015 年。

⑥ 赵毅等：《九边防卫与明帝国的财政体制变迁——以九边军费为探讨中心》，《社会科学辑刊》2011 年第 5 期。

⑦ 孙昌麒麟：《江南沿海卫所城市平面形态比较及分类探析——基于旧日军大比例尺实测图的考察》，《都市文化研究》第 14 辑，上海三联书店 2016 年版，第 203 页。

⑧ 何一民：《明代卫所军城的修筑、空间分布与意义》，《福建论坛》（人文社会科学版）2015 年第 1 期。

⑨ 较早的研究综述，可以参见邓庆平《明清卫所制度研究评述》，《中国史研究动态》2008 年第 4 期。

理》① 和《北宋粮食筹措与边防：以华北战区为例》② 两书。这两部军事地理著作主要从地理环境入手，分析北宋在西北和华北采取的军事措施和粮草的筹集、运输以及战争补给等问题，且由此造成的正面和负面影响，以及对整体战略的影响。辛德勇教授在《北宋西北战区粮食补给地理研究》序言中称"程龙博士的研究范围、视角和方法，已经彻底超越了传统研究领域的限制，充分体现了中国历史军事地理研究在当代的发展方向，从这一意义上讲，也代表了这一分支学科在当今的最高水平"③，这是相当中肯的评价④。

第四节　历史地名

历史地名属于传统沿革地理的研究范畴，也是历史地理学的基础之一，这一领域的研究主要以考释古代地名的演变过程、今天所在的位置以及阐述古代地名学的成就为主要对象，其代表性成果除了大量考订性的论文之外，主要是地名辞典，如时代较早的有民国时期刘钧仁的《中国地名大辞典》⑤、臧励龢等的《中国古今地名大辞典》⑥ 等，1949 年后编纂的较有影响力的则有谭其骧、章巽的《辞海·历史地理分册》⑦、复旦大学历史地理研究所的《中国历史地名辞典》⑧、魏嵩山的《中国历史地名

---

① 程龙：《北宋西北战区粮食补给地理》，社会科学文献出版社 2006 年版。
② 程龙：《北宋粮食筹措与边防：以华北战区为例》，商务印书馆 2012 年版。
③ 辛德勇：《序言》，程龙《北宋西北战区粮食补给地理研究》，社会科学文献出版社 2006 年版。另见辛德勇《〈北宋西北战区粮食补给地理研究〉序言》，《书品》2006 年第 3 期。
④ 程龙两部著作的书评参见潘春辉、何玉红《粮食补给地理研究的三个维度——评〈北宋西北战区粮食补给地理〉、〈北宋粮食筹措与边防：以华北战区为例〉》，《地理学报》2013 年第 8 期。
⑤ 刘钧仁：《中国地名大辞典》，国立北平研究院出版部 1930 年版。
⑥ 臧励龢等：《中国古今地名大辞典》，商务印书馆 1930 年版。
⑦ 谭其骧、章巽：《辞海·历史地理分册》，上海辞书出版社 1982 年版。
⑧ 复旦大学历史地理研究所：《中国历史地名辞典》，江西教育出版社 1988 年版。

大辞典》[1]、戴均良等的《中国古今地名大词典》[2],最新的则是史为乐主编的《中国历史地名大辞典》[3] 及其增订本[4],其增订本收录词条 6 万余条,是目前收录古代地名最多的辞典。

此外,在编绘《中国历史地图集》时,研究人员考释了大量古代地名,不过至今这批研究资料只出版有《〈中国历史地图集〉释文汇编·东北卷》[5]。

不过,随着数字化时代的到来,以及带有考订文本的 CHGIS 的发布,作为工具书的地名辞典的价值逐渐降低,毕竟工具书的使用方式是检索,而不是阅读,因此今后可以考虑将已经出版的具有代表性的地名辞典数字化,以检索软件的形式发布。目前复旦大学历史地理研究所在其网站上已经提供了基于 CHGIS 的古代地名的检索工具,并附带有释文。[6]

还有少量地名汇编著作,如陈桥驿的《水经注地名汇编》[7],该书对《水经注》所记载的各类地名进行了系统的整理和分析,将全部地名归入 65 类;每一类地名都按卷次排列,首先列举经文,然后在每一条经文下列举该经文的注文内所出现的该类地名;备注栏中则列举了版本情况以及前人的相关考证、研究成果等。类似的还有陈佳荣的《古代南海地名汇释》[8] 等。

地名学史方面的著作则有徐兆奎、韩光辉的《中国地名史话》[9],孙冬虎、李汝雯的《中国地名学史》[10],华林甫的《中国地名学源流》[11] 和

---

[1] 魏嵩山:《中国历史地名大辞典》,广东教育出版社 1995 年版。
[2] 戴均良等:《中国古今地名大词典》,上海辞书出版社 2005 年版。
[3] 史为乐主编:《中国历史地名大辞典》,中国社会科学出版社 2005 年版。
[4] 史为乐主编:《中国历史地名大辞典》增订版,中国社会科学出版社 2017 年版。
[5] 谭其骧主编:《〈中国历史地图集〉释文汇编·东北卷》,中央民族学院出版社 1988 年版。
[6] http://yugong.fudan.edu.cn/LocQry/index.php.
[7] 陈桥驿:《水经注地名汇编》,中华书局 2012 年版。
[8] 陈佳荣:《古代南海地名汇释》,中华书局 1986 年版。
[9] 徐兆奎、韩光辉:《中国地名史话》,中国国际广播出版社 2016 年版。
[10] 孙冬虎、李汝雯:《中国地名学史》,中国环境科学出版社 1997 年版。
[11] 华林甫:《中国地名学源流》,湖南人民出版社 1999 年版。

《中国地名学史考论》[1]。此外，还有一些研究综述[2]。

地名研究是研究其他历史和地理问题的基础，以此为基础可以进行历史时期区域开发、城市拓展、环境变迁、移民等问题的研究，虽然这方面的研究取得了不少重要的成果，但运用得依然不够充分。这方面的代表作当属谭其骧的《晋永嘉丧乱后之民族迁徙》[3]一文，在文中，谭其骧教授指出了在研究东晋南朝人口南迁中侨置地名的价值，即"是时于百姓之南渡者，有因其旧贯，侨置州、郡、县之制。此种侨州、郡、县详载于沈约《宋书·州郡志》，萧子显《南齐书·州郡志》，及唐人所修之《晋书·地理志》中。吾人但须整齐而排比之，考其侨寄之所在地及年代等等。则当时迁徙之迹，不难知其大半也"。此外周振鹤和游汝杰在《方言与中国文化》中探讨了以地名如何用于文化景观、移民、经济史、历史交通地理、民族史、历史民族地理的研究[4]。

总体而言，地名除了其自身天然的时间属性和空间属性（固定的和流动的，即地名的移置）之外，还是文化、权力、身份认同、记忆及其构建、历史构建的表达，而这些领域应当是今后历史地名研究的重点。

第五节　历史区域地理

区域研究是地理学和历史地理学的核心之一，并流行一时，"从二十世纪二十年代到六十年代，区域地理学在美国地理学扮演着基础的角色，

---

[1] 华林甫：《中国地名学史考论》，社会科学文献出版社2002年版。

[2] 相关的研究综述有牛汝辰《清代中国边疆地名研究综述》，《中国边疆史地研究》1989年第1期；林德春《满语地名研究述略》，《吉林师范大学学报》（人文社会科学版）2011年第5期；徐兆奎、韩光辉《中国地名史话》，第八章"民国时期的地名"中的"四、民国时期有关地名的一些著作"，第217页。

[3] 谭其骧：《晋永嘉丧乱后之民族迁徙》，《燕京学报》1934年第15期；谭其骧：《长水集》（上），人民出版社1987年版，第199页。

[4] 周振鹤、游汝杰：《方言与中国文化》，第六章"从地名透视文化内涵"，上海人民出版社1986年版，第134页。

而无论是在此前还是在此后，区域地理学也都是非常重要的工作。人们定义区域、将区域绘于图上、撰写区域的论文，并在大学里讲授区域"①，但自20世纪50年代之后，区域的研究在西方地理学中已经日趋衰落，虽然近年来受到计量、学科联合趋势的影响逐渐复兴，但区域研究已不再是地理学的核心。

区域的研究同样也是我国历史地理学的传统之一，相关的研究在本书的各个部分进行了介绍，本节不再具体讨论。不过在以往中国历史区域地理的研究中，基本上都没有界定什么是"区域"或者其研究的区域是如何划分的。何为区域？罗威廉在《帝国晚期的江南城市》一书导言中认为"首先，什么是'区域'？我在这里用的'区域'的概念，自施坚雅以来在中国研究中经常被使用。'区域'并不是指一个由一些关键因素如语言、宗教或大宗经济产品所构成的具有同一性和一致性的地带，而是指由一些层级地位会发生变化的地区所组成的系统，它们是一种建立在相互依赖的交换关系上的较强的模式。一个区域，其主要特点并不是内部的同质性（尽管在一些次等因素如方言上会相同），而是在功能上的差异性"②。当然，上述罗威廉所论述的只是界定区域的一种方法，在我国历史地理中的区域研究，基本上以地貌单元或者行政区划作为划分方式，这种划分方式也具有一定的合理性。但是，无论以何种方式划分的区域，必定要具有一定的研究意义，即这种划分出来的区域与其他区域相比存在什么特色？③ 如果不能回答这一问题的话，那么区域研究的意义何在，总体性的研究岂不是更具有学术价值？如果仅仅是为了进行总体研究，而将全国划分成不同的区域，虽然确实有利于资料的掌握，但是这种以地貌或者行政单元的划分方式，是否掩盖了研究对象本身存在的区域差异？因此，今后在进一步进行区域研究之前，非

---

① ［美］杰弗里·马丁：《所有可能的世界——地理学思想史》，成一农、王雪梅译，上海世纪出版集团2008年版，第625页。
② ［美］罗威廉：《导言：长江下游的城市与区域》，［美］林达·约翰逊主编：《帝国晚期的江南城市》，成一农译，上海人民出版社2005年版，第1页。
③ 当然，在以往的一些研究中有时也会提出一些本区域的特色，但是大部分特色都是作者推测的，并没有进行过详细的论证。

常有必要探讨"区域"本身的问题。

在不多的国内历史地理学者对界定"区域"的方法进行的讨论中,值得参看的有①:鲁西奇的《历史地理研究中的"区域"问题》②,该文在承认"区域"的特异性和一致性的基础上,分析了中国历史地理学界划分与设定区域的四种情况,即"先秦时期(主要是战国时)诸国的疆域""行政区""民族聚居区域"和"某些特殊的地理景观特征",指出这些划分方式带有很大的主观随意性,提出"历史地理研究中的区域划分应以自然地理区划作为基本构架",划分区域是要考虑区域的历史性,"在设定研究区域时,应注意保持区域的完整性"以及"区域的现实性";而对于区域历史地理的研究内容,他认为包括"重建历史时期的区域地理环境系统""探讨历史时期区域地理的变化规律"和"总结区域开发的历史经验与教训,为现实服务"。关于对区域概念以及历史地理学中区域的概念更完整的讨论参见他的《区域历史地理研究:对象与方法——汉水流域的个案考察》一书的绪论"区域历史地理研究的思路与方法"③。

侯甬坚在《区域历史地理申论——构建中国历史地理学科体系的重要环节》④ 中总结了当时学界以及他对区域历史地理学的一些思考,即"(1)打破自然地理和人文地理之间的界线;(2)关注区域地理中的人地关系;(3)以论题形式,研究区域空间组织结构;(4)分区、分类、分级研究区域历史地理的特性、类型和等级体系;(5)研究区域的空间发展过程(诸如形式、幅度和一体化过程等);(6)研究不同时期和地区的区际关系"。且认为"尽管作为历史地理学的一

---

① 关于区域历史地理理论的研究综述,参见侯甬坚《区域历史地理申论——构建中国历史地理学科体系的重要环节》,《陕西师范大学学报》(哲学社会科学版)1994年第1期;张文华《二十余年来区域历史地理理论研究概述》,《中国史研究动态》2013年第2期;熊梅《地理学区域研究与区域历史地理学的取向》,《地理科学进展》2013年第8期。

② 鲁西奇:《历史地理研究中的"区域"问题》,《武汉大学学报》1996年第6期。

③ 鲁西奇:《区域历史地理研究:对象与方法——汉水流域的个案考察》,广西人民出版社2000年版,"绪论·区域历史地理研究的思路与方法"第1页。

④ 侯甬坚:《区域历史地理申论——构建中国历史地理学科体系的重要环节》,《陕西师范大学学报》(哲学社会科学版)1994年第1期。

个组成部分,目前有关区域历史地理的全面论述几乎没有,好的预见性理论也极为贫乏"。

虽然定位为教材,但李孝聪的《中国区域历史地理》[①]是当前唯一一部通论性的中国区域历史地理著作,在该书的"导言"中也对"区域"提出了自己的认识,即"区域存在中心—腹地结构或核心区与边缘区的划分。中心的意义在于它在经济、政治和社会方面比腹地更占有优势,从而将区域按一定的层次和规模等级关系组织起来。不同的地理类型区,如文化区、经济区,可以具有不同的中心—腹地结构,而政治、文化对经济又有不可忽视的影响,使许多不同性质的中心—腹地结构重合性,核心区与边缘地带是互动的";"各类型的区域可能有不同的边界,可能有相同的边界,依地域分异的性质而定"。在区域研究中,李孝聪强调要从现代自然地理区划入手,由此复原历史自然地理与人文地理景观,阐述区域地理的历史变化过程。在该书中,"核心"与"腹地"是观察和研究区域的切入点,同时强调城市是区域开发、发展的展现。

在中国的区域史和区域历史地理研究中,不可避免地要提到"施坚雅模式","施坚雅模式"的核心内容主要分为两点:一是区域的划分方式,其将中国划分为九个本质上较为独立的宏观区域,在这九个区域中,物质和服务在内部的交换比在邻近区域间的交换更有意义,即这是一种基于内部依赖交换关系的划分区域的方式[②];二是区域内部的城市按照市场层级构建为一种层级结构,其中位于顶端的中心都会整合区域,在宏观区域内将交换系统化,资源从市场结构中较低的层级向较高的层级流动,从区域边缘向中心流动[③]。

---

① 李孝聪:《中国区域历史地理》,北京大学出版社2004年版。
② 关于施坚雅宏观区域理论的来源,刘永华认为:1976年之后,施坚雅在市场系统之上形成了他的宏观区域理论,他的这一理论是受到罗兹曼(Gilbert Rozman)的《清代中国与德川时期日本的城市网络》(Urban Networks in Ching China and Tokugawa Japan)的影响,并引入了"中心—边缘"理论。参见刘永华《传统中国的市场与社会结构——对施坚雅中国市场体系理论和宏观区域理论的反思》,《中国经济史研究》1993年第4期。
③ 参见[美]林达·约翰逊主编《帝国晚期的江南城市》,成一农译,上海人民出版社2005年版,第233页。

王芳在《〈中国帝国晚期的城市〉对中国学者的借鉴作用》[1] 一文中介绍了施坚雅理论传入中国的大致过程，即施坚雅（G. W. Skinner）主编的《中华帝国晚期的城市》（The City in Late Imperial China）1977 年由美国斯坦福大学出版。1980 年，陈桥驿撰写了《读〈中国王朝时代晚期的城市〉的两篇书评》，第一次向中国学术界介绍了这本著作，同时还译载了国外学者的两篇书评，即美国芝加哥大学教授诺顿·金斯伯格（Norton Ginsbury）的《中国王朝时代晚期的城市》与日本爱知大学副教授秋山元秀的《施坚雅编〈中国王朝时代晚期的城市〉》。1981 年，《历史地理》创刊号上发表了加拿大不列颠哥伦比亚大学教授赛明思（Marwyn S. Samuels）撰写的《评〈中国王朝时代晚期的城市〉》。陈桥驿于 1985 年再次撰写了《评〈中华帝国晚期的城市〉》[2]。1986 年，《国外中国学研究译丛（1）》译载了施坚雅的《中国城市与地方系统的等级》[3] 一文，将中心地理论和市场层级的概念介绍到中国。《中华帝国晚期的城市》的中文译本在 2001 年由中华书局出版。

在此期间，施坚雅对中国经济史、城市史、社会史以及区域历史地理的研究都产生了巨大的影响。在施坚雅影响力逐渐扩大的同时，也有很多学者对其理论提出了批评和评论，对于这些批评，史建云在《对施坚雅市场理论的若干思考》[4] 一文中进行了反思，提出"美国学者施坚雅的市场理论在中外学术界影响巨大，几乎到了凡研究中国市镇史、集市史者都无法回避的程度，然而，其与中国的实际情况存在差距又是一个十分明显的事实。因而形成了一个怪圈：研究市镇、集市的学者，几乎没有什么人全盘接受施坚雅的观点，甚至可以说，不少人以为，如果不对施氏理论批评上几句，就不够水平。但另一方面，这些批评实际上又没能摆脱施坚雅

---

[1] 王芳：《〈中国帝国晚期的城市〉对中国学者的借鉴作用》，《杭州师范学院学报》（人文社会科学版）2001 年第 4 期。

[2] 陈桥驿：《评〈中华帝国晚期的城市〉》，《杭州大学学报》（哲学社会科学版）1985 年第 1 期。

[3] ［美］施坚雅：《中国城市与地方系统的等级》，黄飞虎译，《国外中国学研究译丛（1）》，甘肃人民出版社 1986 年版，第 96 页。

[4] 史建云：《对施坚雅市场理论的若干思考》，《近代史研究》2004 年第 4 期。

的影响，多多少少顺着施氏理论的模式走，其中一些批评对施氏理论缺乏真正的理解"。不过也确实存在一些对施坚雅理论具有真知灼见的认识和批评，如刘永华的《传统中国的市场与社会结构——对施坚雅中国市场体系理论和宏观区域理论的反思》①、陈倩的《从韦伯到施坚雅的中国城市研究》② 和王铭铭的《市场与社会结构理论批判》③ 等。

总体来看，施坚雅模式对区域史和区域历史地理研究的影响主要有三个方面。

1. 定量研究和建立模型

施坚雅理论的基础就是基于统计、分析的定量运算，并建立模型，这实际上也代表了西方学术研究的一种方式，但在这方面，施坚雅的研究对中国学术，包括城市史和历史城市地理的研究影响短暂。虽然中国史学界在80年代曾经出现过计量的热潮，但并没有维持多久，很快就退回到传统的注重文字描述的研究模式，只是近年来计量的方法才又在史学和历史地理学研究中逐渐兴起，但是否能产生影响力则有待观察。

虽然施坚雅的人口统计数据确实存在问题，如曹树基在《清代北方城市人口研究——兼与施坚雅商榷》④ 中认为施坚雅人口数据的来源很不可靠，并进一步对其用来构建城市等级理论的模式进行了批评，认为"按照正常的研究程序，在引出济弗的观点后，应该通过中国的实例来对济弗的理论进行证实或证伪。然而，施坚雅却将他自己通过设定人口等级所推得的城市人口数（而不是实际的人口数）代入济弗的模型，然后对各区域的城市中心地级别——规模进行讨论和比较。这是一种自我循环式论证"，然后在研究了乾隆四十一年（1776）及光绪十九年（1889）北方各省区人口及城市人口之后，曹树基认为"总之，无论是清代中期还是

---

① 刘永华：《传统中国的市场与社会结构——对施坚雅中国市场体系理论和宏观区域理论的反思》，《中国经济史研究》1993年第4期。
② 陈倩：《从韦伯到施坚雅的中国城市研究》，《重庆大学学报》（社会科学版）2007年第3期。
③ 王铭铭：《市场与社会结构理论批判》，《社会人类学与中国研究》，广西师范大学出版社2005年版。
④ 曹树基：《清代北方城市人口研究——兼与施坚雅商榷》，《中国人口科学》2001年第4期。

清代末年，中国都不存在一个统一的城市人口等级模式。上一级城市人口与下一级城市人口之间的关系，在区域之间表现为非常复杂的关系，城市等级与人口数量之间的关系呈现较大的差异。对于城市人口的推算，必须在区域的框架中进行。试图建立一个统一模式的做法，从根本上说来是错误的。试图先建立一个统一的模式，再来寻找区域差异的做法，也是错误的"。按照曹树基的分析，施坚雅在这方面的研究中实际上违背了他自己提出了宏观区域理论。大概正是由于对施坚雅统计数据的质疑，再加上中国古代确实缺乏可以用来进行计量的统计数据，因此使得计量分析在中国史学，包括历史地理学研究中的影响力不大。但数字记录和文字叙述都是对事实的描述，只不过很多研究者将这两者人为地对立起来。尤其是在综合的整体性研究中，由于研究的是整体特征，因此数字往往比文字更能准确地描述事实。而且，正是由于我们不了解计量的方法，使得我们在研究中有时会出现一些低级错误，最为典型的误用就是长期以来在历史学和历史地理学研究中经常使用的平均数。由于平均数并不能反映一组数字的离散情况，因此在统计学中较少使用平均数来进行分析。举一个简单的例子，99 和 1 的平均数是 50，51 和 49 的平均数也是 50，虽然平均数相同，但是两组数据代表的实际情况差异很大。因此，今后的城市史和历史城市地理的研究，尤其是那些宏观和区域的研究，应当重视计量方法的使用。

施坚雅理论中最容易引起人诟病的就是"六边形市场区域"模型（虽然是针对市场的，但也适用于城镇的分布），一些学者认为在现实中很难找到这样的实例。但这实际上是混淆了模型与实证研究之间的差异，对此史建云《对施坚雅市场理论的若干思考》一文有着很好的评价，"然而，这里我们首先需要明确的是，建立数学模型，利用抽象的模型方法研究历史到底有没有合理性。我们可以否认建立这类模型的必要性，毕竟，实证分析才是最可靠、最能说明问题的。也可以否认建立这类模型的可能性，因为中国现存史料中可供建立数学模型、进行数学分析的数据不够多。但如果持这类观点，与施坚雅之间就根本不存在对话的基础，彼此的游戏规则不同，完全没有必要去进行任何争论。如果我们承认数学模型、数理统计和其他各种各样的数学方法作为分析工具有一定的合理性，那么，假定市场区域是圆形，无疑要比假定它是方形、三角形、菱形、平行四边形或别的什么形状更为合理。事实上，有不少中国学者认为中国农村的市场区域基本上是圆形的。而当多个圆形挤在一起，互不重叠亦无空隙时，它们就会自然而然地变成正六边形。既要建立数学模型，又纠缠于市场区域应该有几条边或几个角，事实上并无多大意义。一个一个地描述具体的市场区域的形状，对个案研究十分重要，但以此对施氏理论模型提出批评，在我看来，同样没有多大意义"①。这一批评是非常中肯的，也是极为正确的，当然在中国的学者培养中没有建立"模型"的训练，因此也确实难以理解"模型"的本质。

2. 市场层级和中心地理论

与宏观区域、计量和模型式相比，施坚雅对中国历史学和区域历史地理研究影响最大的当属市场层级和中心地理论，很多研究或将研究结论与中心地理论进行比照，或吸收市场层级和中心地理论作为研究的论据。如张萍在《黄土高原原梁区商业集镇的发展及地域结构分析——以清代宜川县为例》一文中以清代宜川县商业集镇的发展进程及其在空间上的分布为例，探讨了陕北黄土原梁沟壑区部分典型县域的集镇发展及地域分布规律，认为在黄土高原地区的黄土原梁沟壑区，一些典型县域传统集镇的区域分布符合中心地理论，集镇在空间上的扩展受这一规律的制约。② 又如覃影用施坚雅的"中心地学说"来解释其所研究的叙永厅的位置和职能。③ 冯贤亮在《城市重建及其防护体系的构成——十六世纪倭乱在江南的影响》一文中对其所研究的对象"按照施坚雅对清代中国城市的界定，分出上位治所（首都、省会、府州治、直隶州治）、中位治所（府州的非附郭县治）、下位治所（直隶州属县、非直隶厅治）三类"④。但也有学者对施坚雅提出的市场结构进行了批判，如前文提到的刘永华的《传统

---

① 史建云：《对施坚雅市场理论的若干思考》，《近代史研究》2004 年第 4 期。
② 张萍：《黄土高原原梁区商业集镇的发展及地域结构分析——以清代宜川县为例》，《中国历史地理论丛》2003 年第 3 辑。
③ 覃影：《边缘地带的双城记——清代叙永厅治的双城形态研究》，《西南民族大学学报》（人文社科版）2009 年第 11 期。
④ 冯贤亮：《城市重建及其防护体系的构成——十六世纪倭乱在江南的影响》，《中国历史地理论丛》2002 年第 1 辑。

中国的市场与社会结构——对施坚雅中国市场体系理论和宏观区域理论的反思》和王铭铭的《市场与社会结构理论批判》。其中王铭铭提出"受宏观历史图景的启示,我们对施坚雅的区系理论产生了两个很值得进一步探索的批评:第一,既然在中华文明发轫初期,区系结构早已生成,那么清代便不是中国区系空间结构的'生成期'。由于施坚雅试图考察的是中国区系结构的生成动力和发展规律,因此他似乎不应该从中华帝国晚期入手,更不应忽视中国上古史和考古学的发现;第二,区系不仅是施坚雅所说的经济现实结构,而且还是本土文化的世界观(宇宙观、地理观)的组成部分,而施坚雅并未看到这种区系组合的多重性"①,并在结论中对施坚雅的宏观区域从根本上提出了质疑"从而,以此类的'集镇'与'核心地点'构成的'宏观区域'不是'经济空间'一词可以概括的。从上古到晚古,中国的区域不只是经济空间,还是社会、行政、文化—象征的空间场域。至于经济空间是否是决定后几类空间的东西,答案也将是否定的,因为这几类空间实际是一体化的,它们也是中国社会构造与转型的共同动因"②。但是这些批判都是从社会学或者人类学角度出发的,而在区域历史地理的研究中依然对此缺乏反思。

3. 宏观区域理论

在一些区域历史地理的研究中,喜欢套用施坚雅的宏观区域理论,但这些研究实际上并没有真正理解施坚雅以及其他西方学者或者西方理论中所谓的"区域",如张芸等的《从明代贵州的卫所城镇看贵州城市体系的形成机理》③,虽然在开篇引用了施坚雅在《十九世纪中国的地区城市化》一文中强调的各区域间城市化进程上的差异,但实际上作者并没有真正理解施坚雅"区域"的概念,而仅仅以施坚雅的宏观区域理论为"帽子"以证明其以"贵州"作为研究对象的合理性。

总体而言,虽然当前区域历史地理的著作很多,但在大多数研究中并

---

① 王铭铭:《市场与社会结构理论批判》,《社会人类学与中国研究》,广西师范大学出版社 2005 年版,第 139 页。
② 同上书,第 147 页。
③ 张芸等:《从明代贵州的卫所城镇看贵州城市体系的形成机理》,《西南民族大学学报》(人文社科版)2009 年第 10 期。

没有真正理解"区域",也没有认真讨论其所研究的"区域"何以成为"区域"。

第六节 历史文化地理

历史文化地理曾经是历史地理学研究中的热门,有影响力的研究方向大致如下。

第一,研究历史时期各类人物或者人才的地理分布情况,如史念海的《两〈唐书〉列传人物本贯的地理分布》①、华林甫的《论唐代宰相籍贯的地理分布》②、杜文玉的《唐代宦官的籍贯分布》③、肖华忠的《宋代人才的地域分布及其规律》④ 以及范金民的《明清江南进士数量、地域分布及其特色分析》⑤ 等。此外,在后文介绍的历史文化地理的区域综合研究论著中,这方面的研究通常也占有一定的篇幅。

这一领域的研究方法就是从史料中尽可能抽取与其研究对象相关的资料,然后复原到地理空间中,然后归纳空间分布特点及其演变过程,并对原因加以阐释。随着《中国历代人物传记数据库》⑥ 的发布,再结合GIS(CHGIS),以往的这种空间分布及其演变过程的复原研究已经显得过于简单了,或者至少没有太高的学术价值。同样的问题就是,我们为什么要去研究人才的地域空间分布?在学术研究中,应当是学术问题引导复原和对数据的使用,而不是相反,而这也是当前和今后《中国历代人物传记数据库》所面对的问题。在数据日益丰富和易得的今天,这是所有空间分布研究所急需考虑的问题。

---

① 史念海:《两〈唐书〉列传人物本贯的地理分布》,尹达主编:《纪念顾颉刚学术论文集》(下),巴蜀书社1990年版,第571页。
② 华林甫:《论唐代宰相籍贯的地理分布》,《史学月刊》1995年第3期。
③ 杜文玉:《唐代宦官的籍贯分布》,《中国历史地理论丛》1998年第1辑。
④ 肖华忠:《宋代人才的地域分布及其规律》,《中国历史地理论丛》1993年第3辑。
⑤ 范金民:《明清江南进士数量、地域分布及其特色分析》,《南京大学学报》(哲学·人文·社会科学版)1997年第2期。
⑥ http://opendata.pku.edu.cn/dataset.xhtml?persistentId=doi:10.18170/DVN/XQAM6B.

第二，历史方言地理的研究。这方面的代表作就是周振鹤和游汝杰的《方言与中国文化》①，该书系统地讨论了方言与历史地理的其他领域，尤其是与文化和人文地理的关系，如第二章"方言与移民的关系"、第三章"方言地理与人文地理"、第四章"历史方言地理的拟测及其文化背景"、第五章"语言化石与栽培植物发展史"等。在该书的"后记"中，作者提出"另有些重大问题尚未展开讨论，如方言渊源和民族融合；方言和文字；方言与文化的地域差异和时代差异等等"。但在该书出版之后，将方言作为切入点进行的历史文化地理的高质量的研究并不多，其中值得注意的有周振鹤的《中国洋泾浜英语的形成》②，该文揭示了在中西文化接触过程中，中国洋泾浜英语的出现、发展、传播以及定型的整个形成过程；此外还有周振鹤《中国历史文化区域研究》中的第一编"语言文化区"、张伟然《湖南历史文化地理研究》中的第三章"湖南的方言与民歌"、张伟然《湖北历史文化地理研究》中的第一章"楚语的演替与湖北历史时期的方言区域"等著作中的相关章节。

第三，历史宗教地理。这方面的代表论著主要有：周振鹤的《秦汉宗教地理略说》③、张伟然的《南北朝佛教地理的初步研究》（上、下）④、辛德勇的《唐高僧籍贯及驻锡地分布》⑤、李映辉的《唐代佛教地理》⑥以及何海燕的《唐代道教地理研究》⑦等⑧。

以往历史宗教地理研究的主要内容集中于与宗教有关的要素，如宗教人士的籍贯、活动地域、碑刻资料等的空间分布及其变迁的复

---

① 周振鹤、游汝杰:《方言与中国文化》，上海人民出版社1986年版。
② 周振鹤:《中国洋泾浜英语的形成》，《复旦学报》（社会科学版）2013年第5期。
③ 周振鹤:《秦汉宗教地理略说》，《中国文化研究集刊》第3辑，复旦大学出版社1986年版，第56页。
④ 张伟然:《南北朝佛教地理的初步研究》（上），《中国历史地理论丛》1991年第4辑；张伟然:《南北朝佛教地理的初步研究》（下），《中国历史地理论丛》1992年第1辑。
⑤ 辛德勇:《唐高僧籍贯及驻锡地分布》，《唐史论丛》第4辑，三秦出版社1988年版，第287页。
⑥ 李映辉:《唐代佛教地理》，湖南人民出版社2004年版。
⑦ 何海燕:《唐代道教地理研究》，博士学位论文，北京大学城市与环境学院，2000年。
⑧ 关于历史佛教地理学的研究综述可以参见张伟然《中国佛教地理研究史籍述评》，《地理学报》1996年第4期；景天星《近百年的中国佛教地理研究》，《宗教学研究》2017年第2期。

原，并以此为基础归纳分布规律，探讨空间分布形成的原因，李映辉的《唐代佛教地理》即是这方面的典型。但如前文所述，随着相关数据库的建立以及 GIS 技术的使用，简单的空间分布及其变迁的复原已经不再是学术水平的展现，且复原本身，随着历史学和地理学价值取向的变化，也逐渐失去了原有学术价值。更为重要的是，任何地理要素空间分布的形成都有着非常复杂的原因，且大多数在文献中缺乏直接的记载，因此这方面的研究似乎只能被看作常识的归纳，并没有太高的说服力和学术价值。因此，今后历史宗教地理应该首先考虑这一领域在历史学和地理学中的学术定位，而这种定位必然不仅仅只是为了复原一种文化现象。

第四，历史文化区的综合研究。这方面的论著大多出现在 20 世纪 90 年代之后，代表作有卢云的《汉晋文化地理》[1]、张伟然的《湖南历史文化地理研究》[2]《湖北历史文化地理研究》[3]、张晓虹的《文化区域的分异与整合——陕西历史文化地理研究》[4]、司徒尚纪的《广东文化地理》[5]和《岭南历史人文地理——广府、客家、福佬民系比较研究》[6] 以及蓝勇的《西南历史文化地理》[7]。另外，历史文化区的综合性研究则有周振鹤的《中国历史文化区域研究》[8]。

最近几年历史文化地理研究中正在发生的转向，就是张伟然倡导的对古代文化区域的认知过程、认知机理的探讨，代表作就是他的《中古文学的地理意象》[9] 一书，该书分为四章，第一章"唐人心目中的文化区域"，属于感觉文化区的研究，但需要强调的是这是我们今人复原的古人

---

[1] 卢云：《汉晋文化地理》，陕西人民出版社 1991 年版。
[2] 张伟然：《湖南历史文化地理研究》，复旦大学出版社 1995 年版。
[3] 张伟然：《湖北历史文化地理研究》，湖北教育出版社 2000 年版。
[4] 张晓虹：《文化区域的分异与整合——陕西历史文化地理研究》，上海书店出版社 2004 年版。
[5] 司徒尚纪：《广东文化地理》，广东人民出版社 1993 年版。
[6] 司徒尚纪：《岭南历史人文地理——广府、客家、福佬民系比较研究》，中山大学出版社 2001 年版。
[7] 蓝勇：《西南历史文化地理》，西南师范大学出版社 1997 年版。
[8] 周振鹤：《中国历史文化区域研究》，广东人民出版社 1993 年版。
[9] 张伟然：《中古文学的地理意象》，中华书局 2014 年版。

的感知文化区；第二章"地名与文学作品的空间逻辑"，围绕"江汉"和"洞庭"两个地名，强调认知文学作品中的空间关系时空间逻辑的重要性；第三章"类型化文学意象的地理渊源"，即考察文学作品的地理背景以及在空间中的流传；第四章"'禽言'与环境感知中的生态呈现"，以鸟声为中心，着重探讨地理意象的动态变化。

"文化"是历史学和地理学所关注的重要内容，毕竟任何人类活动都可以归纳为"文化"，因此历史文化地理有着其无可替代的学术价值，但目前历史文化地理面对的问题就是，如何在历史学界和地理学界确定其研究价值，也即如何通过历史文化地理的研究呼应目前历史学和地理学所主要关注的问题。

最后，张伟然在《中古文学的地理意象》的"前言"以及在《云南大学学报》（社会科学版）发表的专题视点《历史文化地理研究的"软"与"硬"》中对历史文化地理的研究脉络进行了很好归纳。①

第七节 中国古代的地理学思想

中国古代地理学思想的研究长期以来是我国历史地理学研究的冷门，少量的研究主要是对某些古代学者或者某一时期地理学思想的某一方面的归纳，如关于某些古代学者的地理学思想的研究有谭其骧教授主编的《中国历代地理学家评传》②、周振鹤的《王士性的地理学思想及其影

---

① 张伟然：专题视点《历史文化地理研究的"软"与"硬"》，《云南大学学报》（社会科学版）2018年第1期。在文中作者提出"我们可以按照现代科学概念，设定种种文化指标，勾画出古代的文化区域，然而，这些所谓区域是否符合古人的亲身感受？如果不符合，这种研究结论到底有多少学术意义？"但问题在于即使我们复原的区域符合古人的亲身感受，即使通过古代文化认知的研究复原了古人心目中的文化区域，那么除了做到"复原"之外，我们是否能提出进一步的学术意义？毕竟历史学和地理学研究中复原只是基础，而绝不是目的。

② 谭其骧主编：《中国历代地理学家评传》第1、2卷，山东教育出版社1990年版；第3卷，山东教育出版社1993年版。

响》①、吴宏岐的《司马迁的地理学思想及其历史地位》②、王青芝的《〈五洲地理志略〉的编纂及其思想》③ 等；关于某一时期的地理学思想或者地理学思想的某一方面的研究，则有曹婉如的《十七、十八世纪中国自然地理学思想的特征》④、龚胜生的《中国先秦两汉时期的医学地理学思想》⑤、杜芝明的《宋朝边疆地理思想研究》⑥ 以及李辉的《我国古代地理学"三形"思想初探》⑦ 等；而关于中国古代地理学思想的综合性研究则有侯仁之教授的《中国古代地理学简史》⑧、杨吾扬的《地理学思想简史》⑨ 等。

唐晓峰指出了以往我国历史地理学思想史研究中需要注意的问题，即"历史研究往往是一种'回溯性'的认识，人们容易用今天的价值或者概念去塑造一批古人，进而夸大今天选定的概念在历史时代的影响力"；"中国古人关于地理学原本有一个体系框架……但是，西方现代科学地理学自19世纪中晚期开始，逐渐占据了人们头脑中地理学思维的统治地位，科学地理学框架遂成为唯一被认可的地理学框架，于是几乎所有的地理学观察都从这个框架出发。在这个背景下，考察古代地理学成就时，自觉或不自觉地，也以科学框架为准则了。在科学地理学框架中，客观的、规律性的问题是核心内容，而禹迹、五服、华夏等观念有较多的主观性质，缺乏科学性，故不算'真正的'地理学，因此在地理学史考察的时候被舍弃"。⑩

关于中国古代地理学思想的专著并不多，代表了当前古代地理学思想

---

① 周振鹤：《王士性的地理学思想及其影响》，《地理学报》1993年第1期。
② 吴宏岐：《司马迁的地理学思想及其历史地位》，《中国历史地理论丛》1998年第2辑。
③ 王青芝：《〈五洲地理志略〉的编纂及其思想》，《史学史研究》2012年第1期。
④ 曹婉如：《十七、十八世纪中国自然地理学思想的特征》，《科学通报》1960年第20期。
⑤ 龚胜生：《中国先秦两汉时期的医学地理学思想》，《中国历史地理论丛》1995年第3辑。
⑥ 杜芝明：《宋朝边疆地理思想研究》，博士学位论文，西南大学，2011年。
⑦ 李辉：《我国古代地理学"三形"思想初探》，《自然科学史研究》2006年第1期。
⑧ 侯仁之：《中国古代地理学简史》，科学出版社1962年版。
⑨ 杨吾扬：《地理学思想简史》，高等教育出版社1989年版。
⑩ 唐晓峰：《从混沌到秩序——中国上古地理思想史述论》，中华书局2010年版，第14、16页。

研究前沿的当属唐晓峰和潘晟的研究成果。

唐晓峰努力从现代或者西方地理学的新"范式"中解脱出来，在中国古代思想文化的背景下去还原或者认识中国古代地理思想。在书中唐晓峰将中国古代地理学思想的核心定义为"王朝地理学"，而上古时期正是"王朝地理学"形成的时期，也即从混沌走向秩序的时期，由此形成"王朝地理学"影响了中国后世的历史进程，即"在王朝地理学中，地理不是被动的记述，而是主动的规划，所以郡县地理的本质是空间政治方略"①；"以往的以山川为纲（如《禹贡》），或以列国为纲（如《货殖列传》）的叙述方式，退为次要形式。以郡县为纲，以山川城邑人口物产为目的的地理叙述体系，成为王朝官方文献的规范……叙述层次是从京师到周边，从高层到低层，主次轻重分明"②。由此构成了一种基于行政区划的等级差异。③ 除了具体观点之外，该书还在"绪论"中阐述了地理学思想在地理学研究以及历史学研究中的价值，这篇"绪论"应当是历史地理学者所必读的，其中指出的问题也是长期以来历史地理学研究所忽视的，如不重视地理学思想史的研究等，以及前文提及的唐晓峰对以往中国地理学思想史研究中存在的问题的批评。此外，在第十二章"王朝地理之学"的"余论"中，唐晓峰简要归纳了中国古代王朝地理学的特点及其影响，"在强调王朝地理的时候，在概念上'地理'是秩序本身，而不是通常理解的历史环境、历史舞台"；"王朝地理，是一个社会历史过程，它包含一系列的历史事件，也包含一系列的观念建构"；"王朝地理体系的定型成熟，使中国人有了一个极为稳定的人间世界。中国人生活在自己日益习惯的这个世界里……"这些实际上都是非常好的历史地理研究的出发点。

潘晟的《宋代地理学的观念、体系与知识兴趣》④ 一书在很多方面继

---

① 唐晓峰：《从混沌到秩序——中国上古地理思想史述论》，中华书局 2010 年版，第 288 页。
② 同上书，第 291 页。
③ 相关的书评参见孙俊、潘玉君《〈从混沌到秩序：中国上古地理思想史述论〉述评》，《地理学报》2012 年第 8 期。
④ 潘晟：《宋代地理学的观念、体系与知识兴趣》，商务印书馆 2014 年版。

承了唐晓峰的思想，试图从中国古代知识分类体系中研究宋代的地理思想，并且做出了很好的尝试以及取得了令人瞩目的成果。但不可否认的是，所有对于古代的研究不可避免地带有我们今人的色彩，尤其是对思想史的研究，因此该书中的某些研究明显能看到今人为古人框定的框架，如将地图绘制与政治建立起密切的联系，所谓"权威性系统地理知识的生产"等。近年来潘晟还在以往学界几乎没有涉及的地理术数领域进行了大量研究[1]，地理术数以往被认为属于"风水"，即迷信思想，但不可否认的是这同样是古人认识世界的视角之一，而且是在中国古代社会影响甚广的一种地理学思想，因此其研究可谓填补了以往的空白。

第八节　历史聚落地理

除了在本书第二篇第四章介绍的城市历史地理和本章第三节历史军事地理部分介绍的堡寨和卫所的研究之外，以往关于历史聚落的研究大致集中在城镇和乡村两大类型上。

在以往历史聚落地理的研究中，乡村历史地理的研究数量不多，比较有代表性的有尹钧科的《北京郊区村落发展史》[2]，该书从按照时代顺序对北京郊区村落的发展历史进行了复原，主要探讨：不同时期形成的村落；各个时期发生迁移以及消失的村落；影响该时期村落发展的主要因素；各个时期村落与北京城市发展之间的关系；各个时期村落发展的特点及其在北京郊区村落发展中的地位。

此外，鲁西奇还在《城墙内外：古代汉水流域城市的形态与空间结构》的第一部分"《水经注》所见汉水流域的城邑聚落及其形态"中对魏晋南北朝时期汉水流域城邑、聚落情况进行了研究，其首先从今本《水

---

[1] 参见潘晟《宋代地理术数区域分布的初步考察》，《中国历史地理论丛》2017年第1辑；潘晟《中古时期地理术数在吐蕃的传播——以〈西藏王臣记〉为中心的考察》，《社会科学战线》2014年第11期；潘晟《汉唐地理数术知识的演变与古代地理学的发展》，《中国社会科学》2011年第5期。

[2] 尹钧科：《北京郊区村落发展史》，北京大学出版社2001年版。

经注》入手，复原了魏晋南北朝时期汉水流域城邑、聚落的分布情况，认为自汉末至南北朝后期，世家大族和普通著籍民户大多居住于城壁坞堡及其附近，即属于城居的状态，而未著籍的蛮、流则散布在山野间，以散居为主。作为比较研究的基础，作者在结论中通过分析马王堆帛书地图和长沙走马楼三国吴简，提出两汉时期汉水流域特别是汉水中游及上游汉中盆地的居住形态主要以"散就田业"的散居为主。这一部分的研究主要针对的是以宫崎市定为代表的日本学者提出的两汉至南北朝中国乡村地区的聚落形态由城居向村居演变的观点。虽然已有学者对这一观点提出了质疑，但该本书则是第一次从实证的角度予以反驳。鲁西奇在《汉宋间长江中游地区的乡村聚落形态及其演变》① 一文中，按照西方的理论，将农村聚落的形态分为集聚型和散漫型两种，提出"两者的根本区别并不仅在于人口多少及其空间规模的大小，更在于各个民居之间及其与所依赖的田地、山林、湖泽之间是呈现出集聚、互相靠近的趋向，还是表现出离散的趋向"。这一研究方向和研究视角非常独特和新颖，而且作者也结合考古、简牍以及文献等大量资料来论证这一问题，但是关于这一时期村落的考古资料非常缺乏，判断村落的形态具有很大的难度，作者实际上主要依据的依然是人口数据，"大部分时间范围内、大部分地区的乡村聚落都是平均规模在十户、二十户左右的散村"，因此作者得出的结论仍有讨论的余地。

古代城镇不仅是历史地理关注的问题，而且也是历史学长期关注的问题，从事这方面研究的多是历史学的研究者②，历史地理学的研究者这方面的切入点基本集中在城镇产生的地理要素、城镇的分布及其原因、对城镇化的讨论以及城镇体系几个方面，基本类似于城市历史地理的研究，因此城市历史地理存在的问题，城镇历史地理也大致存在。如城镇历史地理的代表作有樊树志的《明清江南市镇探微》③，近年来则有江伟涛的《近

---

① 鲁西奇：《汉宋间长江中游地区的乡村聚落形态及其演变》，《历史地理》第23辑，上海人民出版社2008年版，第128页。
② 任放：《二十世纪明清市镇经济研究》，《历史研究》2001年第5期；范毅军：《明清江南市场聚落研究的回顾与展望》，《新史学》1998年第9卷第3期。
③ 樊树志：《明清江南市镇探微》，复旦大学出版社1990年版。

代江南城镇化水平新探——史料、方法与视角》[1]，此外还有大量硕士、博士学位论文。从研究地域来看，城镇历史地理的研究区域主要集中在江南地区，在历史学研究中，城镇的研究通常与资本主义萌芽或者近代化联系起来，而历史地理对城镇的研究除了为历史学的研究确定地理框架之外，目前似乎并未能很好切入历史学关注的核心，因此研究成果很少得到历史学的重视。

第九节　历史人口地理

中国历史人口地理的研究开始于民国时期，代表作为谭其骧教授1931年的硕士学位论文《中国内地移民史·湖南篇》，该文1933年在《地理杂志》上登载时改名为《湖南人由来考》[2]和《湖南人由来考续》[3]，以及刊发在《燕京学报》上的《晋永嘉丧乱后之民族迁徙》[4]；大约同时代的还有胡焕庸的《中国人口之分布》[5]，其中提出的黑河—腾冲一线后来被称为"胡焕庸线"，至今依然得到地理学界的认同。

此后，历史人口地理的研究长期停滞，直至葛剑雄的《西汉人口地理》[6]出版。从20世纪80年代开始，断代人口地理的研究蓬勃展开，不过主要的研究重点集中在唐代，出版了大量著作，如费省的《唐代人口地理》[7]、翁俊雄的《唐初政区与人口》[8]《唐朝鼎盛时期政区与人口》[9]

---

[1]　江伟涛：《近代江南城镇化水平新探——史料、方法与视角》，社会科学文献出版社2017年版。
[2]　谭其骧：《湖南人由来考》，《地理杂志》1933年第6卷第9期。
[3]　谭其骧：《湖南人由来考续》，《地理杂志》1933年第6卷第10期。
[4]　谭其骧：《晋永嘉丧乱后之民族迁徙》，《燕京学报》1934年第15期。
[5]　胡焕庸：《中国人口之分布》，《地理学报》1935年第2卷第2期。
[6]　葛剑雄：《西汉人口地理》，人民出版社1986年版。
[7]　费省：《唐代人口地理》，西北大学出版社1996年版。
[8]　翁俊雄：《唐初政区与人口》，北京师范学院出版社1990年版。
[9]　翁俊雄：《唐朝鼎盛时期政区与人口》，首都师范大学出版社1995年版。

和《唐后期政区与人口》①，此外冻国栋的《唐代人口问题研究》② 一书中也有大量篇幅涉及唐代人口的分布和迁移等问题。其他重要的论著还有韩光辉的《北京历史人口地理》③、何炳棣的《1366—1953年中国人口研究》④ 等。

较早的通论性质的历史人口地理的研究成果，则有史念海的《中国历史人口地理和历史经济地理》⑤ 以及葛剑雄的《中国人口发展史》⑥。其中葛剑雄的《中国人口发展史》除叙述了中国历史时期人口数量的发展以及变化特点之外，在上编"中国历史上的人口调查制度与现存资料"中还介绍了各种可以用于人口地理研究的资料及其特点和局限。

基于大量以往的研究，葛剑雄等学者合作于21世纪初出版了6卷本的《中国人口史》⑦。在这套丛书的"导论"中，葛剑雄对"人口"的定义、人口史与其他相关学科的关系、中国人口史的研究领域和具体内容以及研究中国人口史的基本方法和资料进行了讨论，这是对中国人口史研究理论的较为完整的阐述。

与人口的空间分布相对应的还有人口的迁移，这在上述中国人口史和历史人口地理的研究中也多有涉及，只是较为简单。关于历史时期人口迁移的权威研究，则是在谭其骧教授支持下，葛剑雄、曹树基和吴松弟撰写的6卷本的《中国移民史》⑧。在丛书撰写过程中，还出版了简编本《简

---

① 翁俊雄：《唐后期政区与人口》，首都师范大学出版社1999年版。
② 冻国栋：《唐代人口问题研究》，武汉大学出版社1993年版。
③ 韩光辉：《北京历史人口地理》，北京大学出版社1996年版。
④ 何炳棣：《1366—1953年中国人口研究》，葛剑雄译，上海古籍出版社1989年版。
⑤ 史念海：《中国历史人口地理和历史经济地理》，（台湾）学生书局1991年版。
⑥ 葛剑雄：《中国人口发展史》，福建人民出版社1991年版。
⑦ 《中国人口史》6卷本分别为葛剑雄的第1卷《导论、先秦至南北朝时期》（复旦大学出版社2002年版）、冻国栋的第2卷《隋唐五代时期》（复旦大学出版社2002年版）、吴松弟的第3卷《辽宋金元时期》（复旦大学出版社2000年版）、曹树基的第4卷《明时期》（复旦大学出版社2000年版）、曹树基的第5卷《清时期》（复旦大学出版社2001年版）和侯杨方的第6卷《1910—1953》（复旦大学出版社2001年版）。
⑧ 《中国移民史》6卷分别为：第1卷《导论和大事年表》，其中导论由葛剑雄撰写，大事年表由葛剑雄、吴松弟、曹树基编制；葛剑雄的第2卷《先秦至魏晋南北朝时期》、吴松弟的第3卷《隋唐五代时期》、吴松弟的第4卷《辽宋金元时期》、曹树基的第5卷《明时期》和曹树基的第6卷《清民国时期》（福建人民出版社1997年版）。

明中国移民史》①。在《中国移民史》第一卷的"导论"中，葛剑雄对移民的定义、中国移民史的分期、历代移民的类型和特点、研究中国移民史的意义以及研究中国移民史的基本方法和手段（包括资料）进行了介绍，是对中国移民史研究理论的较为完整的阐述。

这两套丛书之后，历史时期中国人口地理和移民史的研究主要关注于一些局部或者区域性的移民或者人口的研究，近年来的主要进展表现在 GIS 技术的引入，这方面的代表成果有：路伟东的《清代陕甘人口专题研究》②和《晚清西北人口五十年（1861—1911）：基于宣统"地理调查表"的城乡聚落人口研究》③，除了在处理各类人口数据基础上，探讨人口分布及其变化，进而分析背后的原因以及与其他因素的互动的传统研究理路之外，其研究还使用了 GIS 技术，而且不仅仅用来绘制分布图，还用来进行数据分析，如对陕甘人口重心及其移动的分析。④

中国历史人口地理的核心问题就是人口数据的处理，与现代相对准确、标准的人口统计数据不同，中国历史上的人口数据不仅模糊、不准确，而且对于统计单位以及统计标准通常缺乏说明，因此往往会引发各种争议，如对"丁"的含义的讨论等，对于相关问题讨论的典型文章如侯杨方的《中国人口史研究的几个关键性问题与前瞻——兼评何炳棣的中国人口研究》⑤。此外，从学者撰写的《中国人口史》的书评也可以看出人口史研究关注的核心问题实际上是对古代人口数据的处理⑥，《中国移

---

① 葛剑雄、曹树基、吴松弟：《简明中国移民史》，福建人民出版社 1993 年版。
② 路伟东：《清代陕甘人口专题研究》，上海世纪出版集团、上海书店出版社 2011 年版。
③ 路伟东：《晚清西北人口五十年（1861—1911）：基于宣统"地理调查表"的城乡聚落人口研究》，复旦大学出版社 2017 年版。
④ 还可以参见路伟东《GIS 支撑下的长时段区域人口变动规律分析——以 1776 年至 1953 年陕甘地区人口为例》，《历史地理》第 30 辑，上海人民出版社 2014 年版，第 314 页。
⑤ 侯杨方：《中国人口史研究的几个关键性问题与前瞻——兼评何炳棣的中国人口研究》，《历史地理》第 27 辑，上海人民出版社 2013 年版，第 172 页。
⑥ 参见樊树志《中国人口史研究的新高度——评葛剑雄主编的〈中国人口史〉》，《中国图书评论》2003 年第 9 期；虞云国《泱泱大国的人口史巨著——评 6 卷本〈中国人口史〉》，《史林》2003 年第 4 期。

民史》的相关书评也展现了相似的关注①。

不可否认的是，中国古代缺乏现代意义上的研究所需要的各类人口数据，无论我们运用任何技术、方法手段，实际上都无法完美、正确地复原古代任何时期的人口数据，对今天的人口数据也存在多种认识，也证明了这一点，也即我们并无可能真正正确地了解古代与人口和移民有关的数据，虽然我们当前的研究看起来比之前进步了很多，比如对于文献中记载的"丁"的认识，但我们依然无法确定我们距离正确数据有多远。面对这一现实情况，在历史人口地理的研究中，我们必须要扭转传统的研究思路。

我们首先要明确复原历史人口数据并不是历史人口地理和人口史研究的最终目的，历史人口地理和人口史研究的主要目的更多地要展现一种趋势，即明了中国古代人口数量增减的过程以及移民的方向、输出地、输入地、对人口分布的影响等。这些研究虽然是建立在各类人口数据复原基础上的，但这种数据并不一定要极为精确，只要能最终反映出基本趋势就可以，因此并不需要斤斤计较于数据；甚至，在某种情况下，所有数据都存在相同的偏差，那么也完全可以反映出基本的趋势，因此数据本身的误差则成为次要的问题。而且，上述趋势性的研究，会被用来作为区域开发、文化传播等研究的基础，而这些研究对于数据的准确性更不敏感。因此，在历史学转向解释，同时地理学也早就不拘泥数据的绝对准确的现代，历史人口地理也应当不再斤斤计较于人口数据的绝对准确，而同样应当向解释和宏观问题转向。

推荐书目

史念海：《河山集》，生活·读书·新知三联书店1963年版。

史念海：《河山集》三集，人民出版社1988年版。

史念海：《河山集》六集，山西人民出版社1997年版。

---

① 典型的如包伟民《试评六卷本〈中国移民史〉——兼评学术批评的规范问题》，《历史研究》2001年第3期；孟彦弘《〈中国移民史〉的史料及史实问题》，《历史研究》2001年第3期。

韩茂莉：《中国历史农业地理》，北京大学出版社2012年版。

张萍：《地域环境与市场空间——明清陕西区域市场的历史地理学研究》，商务印书馆2006年版。

张萍：《历史商业地理学的理论与方法及其研究意义》，《陕西师范大学学报》（哲学社会科学版）2012年第4期。

吴松弟：《港口—腹地和中国现代化进程》，齐鲁书社2005年版。

马琦：《清代黔铅的产量与销量：兼对以销量推算产量方法的检讨》，《清史研究》2011年第1期。

严耕望：《唐代交通图考》，上海古籍出版社2007年版。

万明：《整体视野下的丝绸之路——以明初中外物产交流为中心》，《"丝绸之路与文明的对话"学术讨论会论文集》2006年。

卜正民：《维梅尔的帽子》，（台湾）远流出版公司2009年版。

程龙：《北宋西北战区粮食补给地理》，社会科学文献出版社2006年版。

谭其骧：《晋永嘉丧乱后之民族迁徙》，《长水集》（上），人民出版社1987年版。

［美］罗威廉：《导言：长江下游的城市与区域》，［美］林达·约翰逊主编：《帝国晚期的江南城市》，成一农译，上海人民出版社2005年版。

鲁西奇：《区域历史地理研究：对象与方法——汉水流域的个案考察》，广西人民出版社2000年版。

李孝聪：《中国区域历史地理》，北京大学出版社2004年版。

史建云：《对施坚雅市场理论的若干思考》，《近代史研究》2004年第4期。

刘永华：《传统中国的市场与社会结构——对施坚雅中国市场体系理论和宏观区域理论的反思》，《中国经济史研究》1993年第4期。

［美］施坚雅主编：《中华帝国晚期的城市》，叶光庭等译，中华书局2000年版。

周振鹤、游汝杰：《方言与中国文化》，上海人民出版社1986年版。

张伟然：《中古文学的地理意象》，中华书局2014年版。

张伟然：《湖南历史文化地理研究》，复旦大学出版社1995年版。

唐晓峰：《从混沌到秩序——中国上古地理思想史述论》，中华书局2010年版。

潘晟：《宋代地理学的观念、体系与知识兴趣》，商务印书馆2014年版。

葛剑雄等：《中国人口史》6卷，复旦大学出版社2000—2002年版。

葛剑雄、曹树基、吴松弟：《中国移民史》6卷，福建人民出版社1997年版。

第三篇

历史自然地理

第 六 章

历史时期气候的变迁

第一节 学术史

虽然早在民国时期，就出现了对历史时期气候变迁的研究，且取得了一定的成果[1]，但对后来历史时期气候变迁的研究产生巨大影响以及具有现代意义的历史时期气候变迁的研究当属竺可桢在1972年发表的《中国近五千年来气候变迁的初步研究》[2]。这篇具有划时代意义的论文，认为由于不同历史时期遗存下来的材料存在差异，因此历史时期气候变迁的研究也应当相应地存在差异，大致可以分为四个时期，即考古时期（约公元前3000年至前1100年）、物候时期（公元前1100年至公元1400年）、方志时期（公元1400年至1900年）以及之后的仪器观测时期；且该文基于不同时期的材料，对5000年来气候的变化趋势、规律等进行了分析。1982年出版的《中国自然地理·历史自然地理》中的气候一节[3]，主要基于竺可桢的这篇论文以及其他研究，虽然在具体结论上与竺可桢的存在差异，但在研究方法以及材料的使用上与竺可桢的基本一致。

此后，随着现代地理学的发展，对于数据的发掘成为研究重点之一。

---

[1] 如竺可桢《中国历史上气候之变迁》，《东方杂志》1925年第22卷第3期；蒙文通《中国古代北方气候考略》，《史学杂志》1930年第2卷第3、4期等。
[2] 竺可桢：《中国近五千年来气候变迁的初步研究》，《考古学报》1972年第1期。
[3] 中国科学院《中国自然地理》编辑委员会：《中国自然地理·历史自然地理》，科学出版社1982年版，第6页。

在技术手段尚未取得重要进步的初期，历史地理学者和地理学者着重发掘和使用的是文献中的材料，且这些资料集至今也被历史地理学者和地理学者所使用。如从 20 世纪 50 年代，一些省区就开始编纂自然灾害史料汇编①；到 70 年代，中央气象局和各省市气象局组织研究力量以地方志为主要文献汇编气象灾害资料②。

80 年代后期以后，相关历史文献的整理进一步展开。如复旦大学历史地理研究所对明初以前的历史文献资料进行了搜集整理工作，摘抄历史气候记录约 3 万条，并进行了相关的考订工作；中科院地理所对清代和民国时期的资料进行了系统的抄录整理。最主要的工作有："（1）在中央气象局的主持下，气候工作者们进行了全国性协作，系统地整编了以地方志为主要来源的我国近 500 多年的旱涝记载。（2）各省气象局在 500 年旱涝记载基础上，对有关资料进行了补充，整理了各省的历史气候记载。（3）系统地整编了我国 4 个地区的《晴雨录》。（4）系统地整理和摘录了中国古代文献。（5）整理了我国 100 个地区近 500 年的受灾县次记录。（6）系统地整理和摘录了我国的清代档案（雨雪分寸、农业收成、粮价等）和民国档案、报纸。（7）整理了一系列的明清日记。（8）摘录了我国历史时期降尘记载等。"③ 而目前已经出版的最完整、最系统的历史气候数据集则是《中国三千年气象记录总集》④，搜集相关记录 22 万多条。

还出版了一些图集，其中最有影响力的就是《中国近五百年旱涝分布图集》⑤，此外还有《中国西北地区近 500 年旱涝分布图集》⑥ 等。

随着文献材料的发掘、整理和汇编，一些学者开始考虑文献资料的缺

---

① 如福建省文史研究馆《福建省历史上自然灾害记录》，1964 年油印本。
② 如陕西省气象局气象台《陕西省自然灾害史料》，1976 年；《内蒙古历代自然灾害史料》编辑组编《内蒙古历代自然灾害史料》，1982 年。
③ 中国科学院资源环境科学与技术局、国际地圈生物圈计划中国全国委员会：《过去 2000 年中国环境变化综合研究预研究报告》，1999 年，第 39 页（未出版）。上述总结则引自刘炳涛、满志敏《中国历史气候研究述评》，《史学理论研究》2014 年第 1 期。
④ 张德二：《中国三千年气象记录总集》，凤凰出版社 2004 年版。关于这一数据集的介绍参见张德二《中国历史气候文献记录的整理及其最新的应用》，《科技导报》2005 年第 8 期。
⑤ 中央气象局气象科学研究院主编：《中国近五百年旱涝分布图集》，地图出版社 1981 年版。
⑥ 白虎志等：《中国西北地区近 500 年旱涝分布图集》，气象出版社 2010 年版。

陷以及使用方式。如牟重行的《中国近五千年气候变迁的再考证》① 一书，他认为竺可桢《中国近五千年来气候变迁的初步研究》由于时代条件限制在分析使用历史文献中存在不少缺陷和问题，主要问题有：对文献误解或疏忽；所据史料缺乏普遍指示意义；推论勉强等。并认为由于选择的气候证据本身存在不确定性，因此其勾勒的中国年温度变化轮廓大体上难以成立。其指出的问题中第一点是任何研究都无法避免的，而第三点涉及逻辑和方法，就文献的使用而言，关键在于第二点，简言之，即某一区域的物候资料或者方志资料无法代表更为广大的区域甚至全国的情况，而且也无法证明其在时段上的普遍代表性。

蓝勇在《采用物候学研究历史气候方法问题的讨论——答〈再论唐代长江上游地区的荔枝分布北界及其与气温波动的关系〉一文》中也对利用古代文献研究气候变化存在的问题进行了剖析，即"从这个角度讲，我对历史地理学界以前的历史气候研究均持一种审慎怀疑的态度，这自然包括对我本人以往的研究的怀疑了。看来，自然规律的体现往往多是长时段的，这一两年的冷暖与那几年的冷暖，可能仅是一种气候正常值变化。所以，历史气候的研究一定要有长时段的宏观视角。要利用长时段角度来研究历史气候，自然必须充分利用现代科学技术手段才能解决一些历史气候问题，如利用树木年轮、地衣测量、盐湖沉积、植物孢粉、地层岩芯、冰芯、冰雪线等变化综合研究来分析历史气候。所以，我认为以后在历史自然地理研究中文献研究只能作为这些研究的补充和印证，而不能像今天技术结论作为文献研究的补充和印证"②。

葛全胜和张丕远的《历史文献中气候信息的评价》一文"对我国史料中所载气候信息进行了评价。结论是：①对于史料所载的某一气候事件，我们将其状态分辨取越细，所获取的信息越少；②在分析过程中，对误差要求低些，所获取的信息反而高些；③就已记录的气候事件而言，官方组织的记载所提供的气候信息最多，私人笔札次之，方志类书最次"③。

---

① 牟重行：《中国近五千年气候变迁的再考证》，气象出版社1996年版。
② 蓝勇：《采用物候学研究历史气候方法问题的讨论——答〈再论唐代长江上游地区的荔枝分布北界及其与气温波动的关系〉一文》，《中国历史地理论丛》2011年第2辑。
③ 葛全胜、张丕远：《历史文献中气候信息的评价》，《地理学报》1990年第1期。

满志敏的《历史旱涝灾害资料分布问题的研究》①一文指出,从史料的时间分布来看,存在资料随时间指数性增长,以及资料数量有明显波动的特点;从地域分布来看,也存在地区分布不均的特点。政治中心和经济、文化发达地区留下的资料通常较多,而偏远、落后以及非文化中心留下的资料较少,因此在研究中应当尽量消除资料分布上的这种差异。

在以往的一些研究中,确实不太注意资料分布的偏差或者没有对这种偏差进行纠正,如龚胜生等的《先秦两汉时期疫灾地理研究》②一文,其结论是先秦两汉时期疫灾频度为5.74%。其中春秋战国为1.64%;西汉为7.33%;东汉为15.90%;公元前2世纪为4%,公元前1世纪为9%,公元1世纪为12%,公元2世纪为15%。疫灾发生的季节除秋季较少外,春、夏、冬季的概率差不多。在周期性规律上,该时期经历了两个大的疫灾稀少期和三个大的疫灾频繁期。在空间分布上,疫灾分布与人口分布有高度相关性,总体来说,先秦两汉时期的疫灾是北方甚于南方,但随着时间推移,南方疫灾比重不断提高,反映了南方人口与经济的发展。作者的这一结论确实是依据现存文献得出的,但在中国古代,尤其是秦汉时期,历史数据的缺失,历史资料遗存的偶然性,不同区域间史料保存情况的差异,以及不同人对史料中数据的定义、理解等都会对统计样本产生影响,尤其是在样本量很小的情况下,"偶然性"的数据往往会对统计分析的结果产生极大的影响。该文作者其实已经意识到了这点,而且从行文中也可以看出之前也有学者对于这一研究中统计数据的可靠性提出了疑问,作者虽然也进行了反驳,但仍不能圆满回答这些疑问。史料留存的不平衡是一种客观事实,也是需要我们正视的问题,如果仅仅只使用现存史料来进行计量分析,而弃史料本身存在的问题于不顾的话,反而会使得计量方法受到质疑。

杨煜达《清代档案中气象资料的系统偏差及检验方法研究——以云

---

① 满志敏:《历史旱涝灾害资料分布问题的研究》,《历史地理》第16辑,上海人民出版社2000年版,第280页。

② 龚胜生等:《先秦两汉时期疫灾地理研究》,《中国历史地理论丛》2010年第3辑。

南为中心》①一文提出，在一个系统的档案史料中，有可能存在系统偏差，因此需要校正。并通过将葛全胜、张丕远在《历史文献中气候信息的评价》中提出的方法作为"理证法"，结合基于其他材料的"对证法"以及以资料自身为基础的"本证法"分析了清代云南的气候档案材料，认为其中存在系统性偏差，并对系统性偏差产生的原因进行了探讨。更为重要的是，作者对理证法、对证法和本证法的优缺点进行了分析，即"理证法由于对单条史料的价值判断有着无可替代的作用而成为所有检验的基础工作……对于对证法来说，保证对应资料不是选精拔萃而是有完整性和一定的长度是非常重要的。而所谓的本证法则是通过比较同一系统内部不同时期的内容和数量的变化来讨论系统本身可能的变化。这几种方法互相补充，对这些检验方法的综合使用可以较好地发现单一资料系统内部可能存在的系统偏差问题"。

杨煜达等人撰写的《近三十年来中国历史气候研究方法的进展——以文献资料为中心》②，作者首先对近三十年来历史气候研究中文献资料的收集整理，资料中存在问题的甄别和处理，温度序列、干湿序列的重建及其他相关历史气候研究领域中研究方法的进展做了回顾总结。然后讨论了研究中史料和方法之间的关系，提出研究方法的进步主要体现在更有效地提取和利用历史文献中的有效信息，尽量减少重建过程和结果的不确定性，同时一定的方法总是适用于一定的资料，并认为新资料的继续开拓和研究方法的发展完善将进一步推动研究的进步。

满志敏《我的中国历史气候变化研究之路》③指出"从目前研究状况来看，无论是资料发掘和处理手段都有大量工作要做。这大体可分为三个方面：其一，信息辨析和校正。文献中的历史气候资料，大部分是记录的事件，是一种代用资料。这些事件本身不是气候学定义上的气候统计值，

---

① 杨煜达：《清代档案中气象资料的系统偏差及检验方法研究——以云南为中心》，《历史地理》第22辑，上海人民出版社2007年版，第172页。

② 杨煜达、王美苏、满志敏：《近三十年来中国历史气候研究方法的进展——以文献资料为中心》，《中国历史地理论丛》2009年第2辑。

③ 满志敏：《我的中国历史气候变化研究之路》，《中国社会科学报》2010年9月28日第14版。

需要寻找和证明代用资料与气候统计现象之间的关系。其二，发掘新的资料序列。历史气候研究重要的研究工作是建立气候要素变化的事件过程，气候序列可以从许多方面来描述，除了冷暖干湿等比较常见的内容外，还有其他内容。其三，提高序列的分辨率和气候要素的空间分辨率。许多气候要素和现象在空间上有很大的差异性，如何描述这些空间分布特征，可能比建立一些时间序列更困难，也更有挑战意义"。

总体而言，历史时期气候变迁的研究中，对于文献材料的处理和使用，已经从早期的定性逐渐转向定量分析，且已经意识到在使用文献时，需要尽量消除文献记载上的各种主观或者客观的误差。

在使用文献材料的同时，地理学者还开始大量使用孢粉分析、湖波沉积物等技术手段来重建历史时期的气候，这方面的成果日益增加，如李贶家等的《豫北平原全新世孢粉记录气候变化与古文化演替》[1]、李育和王乃昂等的《石羊河流域全新世孢粉记录及其对气候系统响应争论的启示》[2]。不过由此也出现了技术手段得出的结论与通过历史文献分析得出的结论不符的情况，这方面典型就是在著名期刊 Nature 刊发的德国科学家小组的论文，这篇论文通过对湖泊沉积物分析发现 700—900 年间夏季风减弱由此导致了长期的干旱，并由此使得中国唐朝灭亡；而中国学者张德二在 Nature 上发文认为这一结论与通过文献认定的结果不符，在公元 700—900 年间，中国仍呈现干时段与湿时段相互交替出现的特点，而不是总体趋向于干旱。其中，公元 711—770 年、811—1050 年是湿期，公元 771—810 年是干期，因此唐朝灭亡前的最后 30 年正处于多雨期而不是干旱期。[3] 由于 Nature 刊发的德国科学家小组的论文使用的是"代用指标"，因此对于代用指标的合理性、解释性也有学者提出了质疑。[4] 虽然

---

[1] 李贶家等：《豫北平原全新世孢粉记录气候变化与古文化演替》，《吉林大学学报》（地球科学版）2015 年第 5 期。

[2] 李育、王乃昂等：《石羊河流域全新世孢粉记录及其对气候系统响应争论的启示》，《科学通报》2011 年第 2 期。

[3] 上述争论可以参见张德二《关于唐代季风、夏季雨量和唐朝衰亡的一场争论——由中国历史气候记录对 Nature 论文提出的质疑》，《科学文化评论》2008 年第 1 期。

[4] 张家诚：《Nature 上有关中国唐朝历史气候的讨论及其启示》，《科学文化评论》2008 年第 1 期。

Nature 刊发的德国科学家小组的论文可能确实存在问题，但我们不能否认孢粉分析、湖波沉积物等技术手段的价值，以及文献材料自身存在的各种不确定性，虽然正如前文所述，研究者正在通过各种手段尽量消除这种不确定性。

需要指出的是，上述技术手段的使用者大多为地理学者，即现代的地理学研究者在使用文献数据的同时，早已开始结合现代技术手段来研究历史时期的气候变迁，而采用这一技术手段的历史地理学者数量依然很少，在这方面历史地理学者已经大为落后。这是一个需要正视和亟待解决的问题，否则长此以往，历史地理学者在这一领域将会逐渐失去发言权。

随着研究成果的积累，历史气候变迁的研究开始与历史学相结合，试图用气候变化来解释一些历史事件，甚至历史的演进。上文提到的 *Nature* 上刊发的论文就是典型代表。此外，在历史学界具有影响力的还有公元3—6世纪的寒冷期导致北方游牧民族南下，由此造成的中国的"五胡乱华"和长期的分裂。值得注意的是，这方面的论文大部分是由非历史学和非历史地理学的研究者撰写的，其中大部分研究是简单的相关性分析或者简单的因果式的讨论，上面所举的唐代后期的干旱导致唐朝的灭亡，以及3—6世纪的寒冷期导致中国的长期分裂即是典型，类似的研究还有王铮的《历史气候变化对中国社会发展的影响——兼论人地关系》[1] 等。

但这样简单的因果关系或者只是通过数据分析得出相关性结论的研究已经开始受到了质疑，如方修琦等在《冷暖—丰歉—饥荒—农民起义：基于粮食安全的历史气候变化影响在中国社会系统中的传递》[2] 一文"选取中国过去 2000 年（210BC—1910AD，对应西汉至清朝）30 年分辨率的温度距平，以及 10 年分辨率的粮食丰歉等级、饥荒指数和农民起义频次等重建序列，统计分析冷暖变化的影响在生产子系统、人口子系统和社会子系统中传递的差异。结果显示：（1）30 年时间单元的冷暖变化与粮食丰歉呈显著正相关（相关系数 0.338，$P<0.01$）、与饥荒呈显著负相关

---

[1] 王铮：《历史气候变化对中国社会发展的影响——兼论人地关系》，《地理学报》1996 年第 4 期。

[2] 方修琦等：《冷暖—丰歉—饥荒—农民起义：基于粮食安全的历史气候变化影响在中国社会系统中的传递》，《中国科学》2015 年第 6 期。

（相关系数 -0.301，$P<0.05$），与农民起义呈显著负相关（-0.277，$P<0.05$），而饥荒轻重与粮食丰歉、农民起义频次之间的统计相关性很低。(2) 30 年暖单元中多出现粮食丰收或常年的年代（86.5%），对应着中度和轻度饥荒的年代较多（76%），发生农民起义的年代数占33.3%；30 年冷单元中多粮食歉收和常年的年代（70.7%），对应着中度和重度饥荒的年代较多（77.6%），同时有 51.7% 的年代发生了农民起义。(3) 23 条主要的可能影响传递路径中有 13 条以'冷'为起点（其中 7 条传递到农民起义），10 条以'暖'为起点（只有 3 条传递到农民起义），其中具有气候意义的影响传递路径包括：冷→歉收→重度饥荒→多起义、冷→歉收→中度饥荒→多起义、暖→丰收→轻度饥荒→无起义、暖→丰收→中度饥荒→无起义、暖→常年→轻度饥荒→无起义、暖→常年→中度饥荒→无起义等。(4) 冷暖变化影响的传递是一个错综复杂的过程，其中饥荒是受人类社会调节空间最大的环节，随着社会层次的提升，冷暖变化的影响由直接变为间接且逐级衰减；冷时段中（100%）有10.4% 的年代出现多起农民起义，可能与气候变化影响有关；暖时段中（100%）有 47.9% 的年代无农民起义出现，可能与气候变化影响有关"，即强调面对气候变化时人的响应机制。而在《粮食安全视角下中国历史气候变化影响与响应的过程与机理》一文中，方修琦等更是指出"气候变化影响的驱动—响应关系不能归结为简单的因果关系，诸如耕地、人口、政策、外来势力都会对气候变化的影响起着放大或抑制的作用"[1]。不过，这样的气候变化与社会、经济之间复杂关系的研究刚刚开始，在方法上还存在极大的欠缺，至少从表面上看只是将以往简单的因果推演复杂化。

第二节　研究中存在的问题以及展望

总体来看，以往历史气候变化研究的驱动力在于对数据的发掘、对于

---

[1] 方修琦等：《粮食安全视角下中国历史气候变化影响与响应的过程与机理》，《地理科学》2014 年第 11 期。

数据的纠偏以及对数据的整理、加工和分析，属于"复原"的范畴，不过从历史气候变化研究之初，就开始试图将"复原"的结果与一些历史问题关联起来，试图用气候变化来解释一些历史现象，而解释的方式直至今日绝大部分属于因果关系的分析，如上文所举的用唐代后期的气候变化来解释唐朝的灭亡。

有些学者对以往因果关系的分析，在方法层面上进行了总结，典型的如裴卿的《历史气候变化与社会经济发展的因果关系实证研究评述》[①]，其提出"讨论因果关系的研究，不能简单和盲目地建立因果关系，为了确保因果关系的科学性和严谨性，现有因果关系的实证研究遵循 5 个标准去系统地探索这个机制：1) 该种关系能被合理地解释；2) 变量之间有较强的相关性；3) 原因变量和结果存在一致性；4) 原因先于结果发生；5) 原因变量的使用有强预测"。虽然其否定了简单的"因果关系"，但其提出确立科学、严谨的"因果关系"的 5 个标准也是存在问题的，其中第 4 个标准是时间方面的，在目前的主流认识论中是成立的，但已经受到了量子物理学的挑战，而且即使成立，其自身并不具有说服力。第 2、3、5 的标准实际上属于统计学层面的，统计学的分析得出的只能是现象上存在某种关联，而这种关联不一定是因果关系，"在地理学研究中使用数学概念和统计方法取得的好处很多。数学提供了清晰的方法，避免了追溯因果关系中存在的老问题。计算中不同的公式可以用来描述随着时间变化的变量，但是它们却不能说明前因和后果。给定任何一个时间一种现象的条件，就可能可以描述它之前或者之后的状态。函数方面的理论可以规定当 A 存在的时候，B 也存在，但并不涉及彼此的因果关系"[②]，由此第 1 个标准是构成科学、严谨的"因果关系"的关键，即能被合理的解释，但问题在于什么是"合理"？这本身就难以确定标准，而且在地理学中对于早就开始放弃对简单因果的讨论，尤其是那种对于宏观现象或者大尺度问题的研究中，直接、单一的因果关系极少存在，"前因必有后果。在十八世

---

① 裴卿：《历史气候变化与社会经济发展的因果关系实证研究评述》，《气候变化研究进展》2017 年第 4 期。

② [美] 杰弗里·马丁：《地理学思想史》，成一农等译，上海人民出版社 2008 年版，第 591 页。

纪中，大卫·休姆认为，除非通过检验同一事物序列的无数的重复例证，否则这种因果关系是不可能显示出来的……因果规则并没有被放弃，但是现在一般认为简单的因果关系不存在，事实上，地球上事物和事件的交织关系，要比过去意识到的复杂得多"①。

可能正是因为意识到了这一问题，一些研究者开始将人类的响应机制纳入考虑中，即气候变化虽然会对社会、经济、文化等造成影响，但作为具备能动性的人，尤其是作为有组织的群体，如乡村、城镇，乃至国家，在面对气候变化及其带来的自然灾害时，出于各种因素，如制度、文化、习俗，甚至偶发因素，会有着不同的反应，由此也就造成了不同的结果。

这种研究构想的初衷是好的，但由于当前从事气候变化研究的学者多是地理学出身，缺乏讨论历史问题的训练和能力，因此一些以"响应"为标题的论文，实际上缺乏对人以及人群基于制度、文化、习俗等对气候变化的响应及其过程的深入剖析。如史威等的《长江三峡地区全新世环境演变及其古文化响应》②，其结论"本区史前古文化的主要形成发展期与大暖期持续阶段相对应，其中耕作业相对发达的大溪文化繁荣期出现在大暖期中的鼎盛阶段（约 6—5ka BP），大溪文化前后处于低潮及表现为衰退现象的古文化则对应气候环境的不稳定期，总体上，研究区古文化响应气候环境变化的主要方式是通过改变其生业结构的途径来实现的"；吴永红等的《河西走廊全新世气候变迁与古文化响应》的结论是"而在温暖期期间，有几次明显的小气候波动，分别在 6800，5000aBP 左右，而在此期间，全新世古文化也随着气候的突然变化有相应的发展"。上述这种分析方式，依然是对"气候变化导致生产方式的变化"这种简单的因果结论的老调重弹。

甚至是这种方法的提倡者方修琦本人在具体研究中依然逃离不了传统的简单的因果分析，如在刘璐、苏筠、方修琦撰写的《中国西汉至清代

---

① ［美］杰弗里·马丁：《地理学思想史》，成一农等译，上海人民出版社 2008 年版，第 639 页。

② 史威等：《长江三峡地区全新世环境演变及其古文化响应》，《地理学报》2009 年第 11 期。

北方农牧民族战争及其与温度变化的关联》①一文中,作者提出:"气候变化作为战争事件背景,对战争有间接影响。冷期时,农耕、游牧双方实力均有减弱,形成退让态势,战争频次相对较少;暖期游牧民族多次发动战争,可能是由人口膨胀导致的生活资料匮乏、游牧民族强盛时社会结构性需求扩大引起的,同时暖期的气候环境为游牧民族南下提供了良好的物质基础,战争掠夺所带来的低成本高收益也诱使游牧民族引发与农耕民族的战争。"虽然其提出的因果关系不同于传统认为的冷期导致北方游牧民族南下的结论,但其自身也只是提出了另外一种基于没有经过论证的"猜想"的因果关系。在方修琦等人撰写的《1917年海河流域洪涝灾害的社会响应过程》②中,作者在介绍了1917年洪涝灾害发生的过程之后,只是简单地列举史料说明"受到洪涝灾害的影响,灾民本身会出现响应,灾民会逃难求生,如进入城市;也会为了获取生活用品而盗窃或抢劫。政府、社会和教会等救灾组织针对洪涝灾害对各个系统造成的影响,采取了响应的措施。针对人口系统的问题,救灾组织首先发放急赈,稍后采取设收容所、发放赈济物品措施,并组织卫生防疫等工作;而针对生产系统,则采取发放贷款,恢复生产;经济系统的问题,采取平抑物价及以工代赈;工程设施方面则修补河堤和修缮道路,以及成立顺直水利委员会组织海河流域的治理工程。灾害还产生了长期效应,例如逃难灾民引起城市的人口增加,成为经济发展的劳动力,参与城市文化的形成,也可能成为城市的贫民阶层;顺直水利委员会参与治理了海河流域的各条河流,还设置观测站及绘制地形图,成为后来流域治理的基础;各项河道治理工程减少了海河流域的泛滥"。虽然考虑的因素更为复杂一些,但依然局限于传统的认知当中,缺乏对响应机制的具体分析,也缺乏对不同人群之间互动关系以及不同人群对灾害的认知的分析,依然属于对因果关系的讨论,只是将多种简单的因果关系串联或者并联在一起。

虽然历史气候变迁本身的研究不是历史学者,甚至不是历史学出身的

---

① 刘璐、苏筠、方修琦:《中国西汉至清代北方农牧民族战争及其与温度变化的关联》,《北京师范大学学报》(自然科学版)2016年第4期。

② 方修琦等:《1917年海河流域洪涝灾害的社会响应过程》,《灾害学》2017年第3期。

历史地理学者的特长，但是对古代社会和人群对历史气候变化的响应的分析则是历史学者所擅长的，不过遗憾的是，目前从事或者注意到这一领域的历史学者和历史地理学者并不多，且长期以来历史学者在这方面的研究中也多依赖于简单的因果关系的分析，如岳翔宇的《气候变化、农业低产与重农理论——以晁错"贵粟论"为中心》一文，虽然作者"并不主张气候变冷对重农理论具有决定作用，因为文化、社会、经济、军事和思想家个人经历等因素也都在这些理论的产生与发展过程中有至关重要的作用，所以气候变化与其他影响理论演化的因素之间是互补、共振而非替代关系。本文的目的在于，通过对汉初气温低谷时期晁错提出'贵粟论'这一案例的分析，从气候变化是否以及如何影响重农理论发展这一现有研究较少涉足的角度考察古代重农思想家的创见，丰富关于古代重农学说演进机制的解释"，但整篇论文的核心论证方式依然是建立在因果关系之上的。[1] 此外，在萧凌波《清代气候变化的社会影响研究：进展与展望》[2]中对相关研究的分析中，也可以看到以往研究中对"因果关系"的讨论依然是重中之重，且无论是之前提到的方修琦的研究还是萧凌波的"展望"中提到的希望建立的"气候变化影响链条"，其本质上依然依赖于简单的因果分析，只是将简单的因果关系串联和并联在一起。

总体而言，今后历史时期气候变迁的研究，历史地理学者应当学习和借鉴现代地理学获取数据的手段和方法，并与传统文献相结合，而两者的关系，正如蓝勇所指出的"以后在历史自然地理研究中文献研究只能作为这些研究的补充和印证，而不能像今天技术结论作为文献研究的补充和印证"。同时，将历史时期的气候变迁与历史事件和现象结合起来，并进行解释性的研究，是历史地理学这一领域今后研究的一个主要方向，但应当放弃简单的或者复合式的"因果关系"的论证方式，而应考虑到历史的复杂性，从而在这一领域引入历史学的理论方法，虽然我国历史学在这方面的思考同样也非常欠缺。

---

[1] 岳翔宇：《气候变化、农业低产与重农理论——以晁错"贵粟论"为中心》，《历史研究》2015年第3期。

[2] 萧凌波：《清代气候变化的社会影响研究：进展与展望》，《中国历史地理论丛》2016年第2辑。

推荐书目

方修琦等：《冷暖—丰歉—饥荒—农民起义：基于粮食安全的历史气候变化影响在中国社会系统中的传递》，《中国科学》2015年第6期。

葛全胜、张丕远：《历史文献中气候信息的评价》，《地理学报》1990年第1期。

杨煜达：《清代档案中气象资料的系统偏差及检验方法研究——以云南为中心》，《历史地理》第22辑，上海人民出版社2007年版。

杨煜达、王美苏、满志敏：《近三十年来中国历史气候研究方法的进展——以文献资料为中心》，《中国历史地理论丛》2009年第2辑。

中国科学院《中国自然地理》编辑委员会：《中国自然地理·历史自然地理》，科学出版社1982年版。

竺可桢：《中国近五千年来气候变迁的初步研究》，《考古学报》1972年第1期。

第七章

历史时期河流、湖泊和海岸线的变迁

第一节 黄河

黄河是中国的母亲河，但在历史时期其在下游频繁地决堤、迁徙，造成了严重的危害，这一威胁在中华人民共和国成立后仍长期存在，由此也引起了历史地理学者的广泛关注，试图梳理黄河下游河道迁徙的历史以及黄河在历史上曾经出现的安流局面并归纳出原因和规律，以为现实服务。比较有代表性的著作如岑仲勉的《黄河变迁史》[1]、水利部黄河水利委员会的《黄河水利史述要》[2] 和中国水利史研究会的《黄河水利史论丛》[3] 等。

谭其骧教授在1962年发表了《何以黄河在东汉以后会出现一个长期安流的局面》[4] 一文，正如其副标题"从历史上论证黄河中游的土地合理利用是消弭下游水害的决定性因素"所指出的，在文中谭其骧教授通过分析认为黄河下游在东汉之后经历了千年的安流局面，与黄河中游土地利

---

[1] 岑仲勉：《黄河变迁史》，人民出版社1957年版。
[2] 水利部黄河水利委员会：《黄河水利史述要》，水利出版社1982年版。
[3] 中国水利史研究会编：《黄河水利史论丛》，陕西科技出版社1987年版。
[4] 谭其骧：《何以黄河在东汉以后会出现一个长期安流的局面》，《学术月刊》1962年第2期。

用方式的改变所造成的水土流失程度大为减少存在直接联系，并针对当时黄河下游频繁出现险情的局面，提出"健全的方针应该不是消极地单纯地耕地退耕，而是积极地综合地发展农、林、牧，结合着农、林、牧生产的提高和收益的增加，逐步移转或减缩耕地，变土地的不合理利用为合理利用"，并提出了"四化"的措施，即"山区园林化""沟壑川台化""坡地梯田化""耕地水利化"。虽然也有学者提出反对意见[1]，但谭其骧教授的观点基本被学界广为接受，而且也对直至今日的黄河中上游水土保持工作产生了重要的影响。

对于黄河下游河道在历史时期的变迁，虽然有着长期的研究传统，且民国时期就已经有学者进行过梳理，但这方面最有影响力则是谭其骧教授和邹逸麟做出的成果。在《西汉以前的黄河下游河道》[2] 中，谭其骧教授对西汉之前的黄河河道进行了系统的梳理，提出了十二点认识，如"汉以前至少可以上推到新石器时代，黄河下游一直是取道河北平原注入渤海的"；"黄河下游在战国筑堤以前，决溢改道是屡见不鲜的事"；"黄河下游河道见于先秦文献记载的有二条：一《禹贡》河，二《山经》河"；"《汉志》河具体经流虽到汉代才见于著录，却是见于记载的最早一条黄河下游河道，并且是春秋战国时代长期存在着的河道"；"战国筑堤以前，黄河下游曾多次改道，先后走过上述这些河道"；"约在前四世纪四十年代左右，齐与赵魏各在当时的河道即《汉志》河的东西两岸修筑了绵亘数百里的堤防，此后《禹贡》、《山经》河即断流，专走《汉志》河"

---

[1] 如任伯平和赵淑贞发表了一系列文章，认为少数民族内迁造成的土地利用方式的改变，从而使得黄河泥沙减少导致黄河长期安流的形成不能成立，并进一步提出黄河长期安流的主要原因依然在于王景对黄河的治理以及建造的一系列的水利工程。参见赵淑贞、任伯平《关于黄河在东汉至唐时期长期安流问题的研究》，《山西大学师范学院学报》（哲学社会科学版）1998 年第 1 期；赵淑贞、任伯平《关于黄河在东汉以后长期安流问题的研究》，《人民黄河》1997 年第 8 期；赵淑贞等《北魏时期黄河下游水患问题的再探讨》，《人民黄河》1999 年第 4 期；任伯平《关于黄河在东汉以后长期安流的原因——兼与谭其骧先生商榷》，《学术月刊》1962 年第 9 期。有学者对他们的质疑提出了反驳，如王守春《论东汉至唐代黄河长期相对安流的存在及若干相关历史地理问题》，《历史地理》第 16 辑，上海人民出版社 2000 年版，第 295 页；段伟《试论东汉以后黄河下游长期安流之原因》，《灾害学》2003 年第 3 期。

[2] 谭其骧：《西汉以前的黄河下游河道》，《历史地理》创刊号，上海人民出版社 1981 年版，第 48 页。

等，基本被后来的研究者所遵从。

邹逸麟在《黄河下游河道变迁及其影响概述》①中，基于前人的研究成果，将历史时期黄河河道的迁徙分为四期，即"春秋战国时代至北宋末年由渤海湾入海时期"；"从金元至明嘉靖后期下游河道分成数股汇淮入海时期"；"明嘉靖后期至清咸丰四年下游河道单股会淮入海时期"和"清咸丰五年以后河道由山东利津入海时期"。而在邹逸麟、谭其骧和史念海合撰的《中国自然地理·历史自然地理》"黄河"②中，则将历史时期黄河河道的变化分为了九个时期，即"战国筑堤以前""战国筑堤以后至西汉末年（公元前4世纪至公元初年）""东汉至北宋前期（公元11—1047年）""北宋后期（1048—1127年）""金代（1128年至13世纪中叶）""元代至明初（13世纪中叶至1390年）""明洪武二十四年至嘉靖二十五年（1391—1546年）""明嘉靖二十六年至清咸丰四年（1547—1854年）""清咸丰五年至解放前夕（1855—1949年）"。

关于黄河局部河道的研究也有大量的论文，其中在研究方法上有创新性的就是满志敏的《北宋京东故道流路问题的研究》③一文，该文除使用传统的文献资料之外，还结合卫星影像、高程数据，复原了北宋景祐元年横陇决河之前的京东故道的走向。这应当代表了历史时期黄河河道研究的新趋势，但时至今日，历史地理学界利用这种方法进行的研究依然屈指可数。

还有历史时期黄河水文方面的研究，从事这方面研究的主要是地理学者，代表作如史辅成的《黄河流域暴雨与洪水》④和史辅成等人的《黄河历史洪水调查、考证和研究》⑤。《黄河历史洪水调查、考证和研究》一书利用各类文献资料，结合实地调查，考察了历史时期洪水的流量、冲淤变

---

① 邹逸麟：《黄河下游河道变迁及其影响概述》，《复旦学报》1980年历史地理增刊。
② 中国科学院《中国自然地理》编辑委员会：《中国自然地理·历史自然地理》，科学出版社1982年版，第38页。
③ 满志敏：《北宋京东故道流路问题的研究》，《历史地理》第21辑，上海人民出版社2006年版，第1页。
④ 史辅成：《黄河流域暴雨与洪水》，黄河水利出版社2002年版。
⑤ 史辅成等：《黄河历史洪水调查、考证和研究》，黄河水利出版社2002年版。

化、洪水来源、洪水过程、洪水总量等问题。历史地理学者这方面的研究成果数量不多，主要研究者是潘威等，其论文如《1766年以来黄河上中游汛期径流量变化的同步性》[1]《1766年以来黄河中游与永定河汛期径流量的变化》[2]，利用清代的桩水位记录以及其他以往不太受到重视的记录，并结合近现代器测水文资料，对黄河上中游与永定河径流量的变化进行了测量，其得出的结论具有很高的可信度。

此外，在一些黄河水利的研究中希望将历史时期黄河河道的治理与当时的时代背景、地方行政的运作等问题联系起来，但这方面的研究大多只是在描述完黄河水利工程以及相关的治黄事件之后，对与之相关联的制度进行了描述，而没有将两者之间有机地关联起来，也没有展示两者之间内在的复杂的互动过程。这方面研究较好的就是潘威的《清代前期黄河额征河银空间形态特征的初步研究——以乾隆五十七年的山东为例》[3] 一文（具体参见本书第四篇第十一章的介绍），以往对于清代河工经费的研究，通常都强调河道部门严重的贪腐、挪用、侵占等造成河工经费不足，由此对黄河下游河道的治理造成了极大的负面影响，而潘威通过研究认为清代河银征收制度本身就存在问题，其内在的矛盾造成了河银征收上的困难。

最后，历史时期黄河河道变迁的研究曾得到学界广泛关注，主要是因为很长时间内黄河下游河道的不稳定及其泛滥以及地上河对黄河下游地区造成的长期持续的威胁，因此这方面的研究具有极强的现实意义，不过随着中华人民共和国成立以来黄河上中游及其主要支流上大量水库的修建，黄河下游已经多年未出现具有极大威胁的洪水，因此近年来这方面的研究开始脱离了历史地理学主流的视野。

---

[1] 潘威等：《1766年以来黄河上中游汛期径流量变化的同步性》，《地理科学》2013年第9期。

[2] 潘威等：《1766年以来黄河中游与永定河汛期径流量的变化》，《地理学报》2013年第7期。

[3] 潘威：《清代前期黄河额征河银空间形态特征的初步研究——以乾隆五十七年的山东为例》，《中国历史地理论丛》2014年第4辑。

第二节　长江以及其他河流、水体

除了黄河之外，以往研究中关注较多的水体就是长江以及洞庭湖和鄱阳湖。

传统认为，古代文献中的"江"大多指的是长江，但石泉认为古文献中的"江"并不是长江的专指，提出：古代"四渎"中的江并不是长江，而是今天鲁东南的沂河；淮水在古代也被称为"江"；汉水及荆楚地区某些河流在古代也被称为"江"[1]。当然，这一观点也受到了学界的质疑，相关文章颇多，如赵苇航、孙仲明的《长江与扬子江名称初考》[2]等，此后石泉又提出了反驳[3]，赵苇航和孙仲明则又给予了回应[4]。但从论证的角度来看，石泉的论证在史料和逻辑角度更为翔实、严密。

长江的水患主要出现在中游荆江的"九曲回肠"，因此对于这段河道的形成和历史演变，学界给予了关注，这方面做出主要贡献的是张修桂，如他的《长江宜昌至城陵矶段河床历史演变及其影响》[5] 以及《云梦泽的演变与下荆江河曲的形成》[6] 等论文[7]。

与此同时，作为长江蓄洪的洞庭湖和鄱阳湖也是以往研究关注的重点，这方面研究中影响力最大的当属谭其骧教授的《云梦与云梦泽》[8]，

---

[1] 石泉：《古文献中"江"不是长江的专称》，《文史》第6辑，中华书局1979年版，第81页。

[2] 赵苇航、孙仲明：《长江与扬子江名称初考》，《地名知识》1980年第3期。

[3] 石泉：《关于"江"和"长江"在历史上名称与地望的变化问题》，《地名知识》1981年第2、3期。

[4] 赵苇航、孙仲明：《关于"江"和"长江"的地名渊源》，《扬州师院学报》（自然科学版）1983年第2期。

[5] 张修桂：《长江宜昌至城陵矶段河床历史演变及其影响》，《历史地理研究》第2辑，复旦大学出版社1990年版，第12页。

[6] 张修桂：《云梦泽的演变与下荆江河曲的形成》，《复旦学报》（社会科学版）1980年第2期。

[7] 这方面的研究收入张修桂的《中国历史地貌与地图研究》第一篇"长江中下游河湖地貌演变"中（社会科学文献出版社2006年版，第17页）。

[8] 谭其骧：《云梦与云梦泽》，《复旦学报》历史地理增刊1980年。

该文提出古籍中的"云梦"不一定指的是"云梦泽",进而对云梦泽的位置及其变化进行了分析,否定了长期存在的云梦泽的"跨江说",并提出"大江和汉水的含沙量都很巨大,历史时期随着江汉上游的逐步开发,江汉所挟带下来沉积在江汉盆地上的物质也与日俱增,所以总的趋势是水体逐渐缩小,陆地逐渐扩展。但是,江汉地区的近代构造运动是在不断下降。这一因素抵消了一部分泥沙堆积的造陆运动,所以水体缩小陆地扩展这种趋势并不是发展得很快的,也并不总是直线发展的";"长江含沙量一般说来与日俱增,但其在荆江段的泛滥排沙则有时主要在北岸,有时主要在南岸,这对于江汉之间的地貌变迁影响极大。自宋以前,荆江段九穴十三口多数都在北岸,洪水季节水沙主要排向北岸,所以古云梦泽区的变迁倾向主要是水体的缩减,陆地的扩张,而同时期在大江南岸的洞庭湖区则由于下降速度超过填淤速度,相应地便由战国两汉时期夹在沅湘之间一个不很大的面积,扩大到《水经注》时代的周围五百里,更进一步扩大到宋代的周围八百里。元明以后,北岸穴口相继堵塞,南岸陆续开浚了太平、调弦、藕池、松滋四口,荆江水沙改为主要排向南岸,由四口输入洞庭湖。自此洞庭湖即迅速填淤。北岸江汉间则由于来沙不多,淤积速度赶不上下沉速度,以致近数百年来,水体面积又有所扩展"。此后张修桂对这一问题进行了更为深入的分析,发表了《洞庭湖演变的历史过程》[①]等文。同时石泉对云梦和云梦泽的地理位置的演变进行了系统研究,大部分成果收入《古代荆楚地理新探》[②]一书中,此后在1996年又出版了《古云梦泽研究》[③]一书,进一步否定了云梦泽江北一统说。

近年来,李青淼和韩茂莉对"云梦"和"云梦泽"等词汇出现的时间和含义进行了梳理,认为"'云'和'梦'的称法春秋末期已有出现,'云'为专名,地望在汉水东岸京山县境,'梦'为通名,指包含湖泽及周边荒野的综合地貌;'云梦'的说法出现在战国中后期,仍是一种综合地貌,所指地域范围大于早期的'云'地,并包含'云'地,且指代范

[①] 张修桂:《洞庭湖演变的历史过程》,《历史地理》创刊号,上海人民出版社1981年版,第99页。

[②] 石泉:《古代荆楚地理新探》,武汉大学出版社1988年版。

[③] 石泉、蔡述明:《古云梦泽研究》,湖北教育出版社1996年版。

围逐步扩大;'云梦泽'一词可能出现于西汉中期以后,最初仅指湖体本身,地望局限于汉华容县南境,但同期保留了'云梦'的说法,不久二者相互混淆,构成了后世的'大云梦泽'说"①。

与洞庭湖相比,关于历史时期鄱阳湖的研究数量较少,代表性的论文就是谭其骧和张修桂的《鄱阳湖演变的历史过程》②,除了分析鄱阳湖的历史变迁之外,该文还指出鄱阳湖日益萎缩的原因在于赣江的来沙,并提出了解决措施,即"我们认为,根据鄱阳湖演变的历史过程和今后发展的趋势,应当采取果断的措施,控制赣江南支、中支及北支的流量,加大赣江主支的泄洪量,把赣江来沙直接送入长江,同时严格控制高滩围田,严禁围湖造田,以便达到最大限度地延缓鄱阳湖的萎缩进程,造福子孙万代"。

此外,1998 年,长江遇到了百年一遇的洪水,引起了学术界对历史时期长江含沙量的关注,发表了一些研究论著,如周宏伟的《历史时期长江清浊变化的初步研究》③ 和刘沛林的《历史上人类活动对长江流域水灾的影响》④ 等。

由于复旦大学地处上海,而上海城市的历史发展与黄浦江密不可分,因此复旦大学历史地理研究所的很多研究人员展开了对黄浦江水系历史演变的研究,且成果颇为丰富,如满志敏的《黄浦江水系形成原因述要》⑤,该文提出"黄浦江水系是太湖流域的一个有机组成部分,其发育的过程与太湖流域水文环境变化密切相关。由于北宋开始的海平面上升,太湖地区水文环境发生重要变化,湖群扩张,三路排水格局转为吴淞江一路,吴淞江曲流发育。这个变化是黄浦江水系开始发育的动力。13 世纪末海平面下降,又导致了太湖地区的水文环境发生相应改变。吴淞江的迅速淤

---

① 李青淼、韩茂莉:《云梦与云梦泽问题的再讨论》,《湖北大学学报》(哲学社会科学版) 2010 年第 4 期。
② 谭其骧、张修桂:《鄱阳湖演变的历史过程》,《复旦学报》1982 年第 2 期。
③ 周宏伟:《历史时期长江清浊变化的初步研究》,《中国历史地理论丛》1999 年第 4 辑。
④ 刘沛林:《历史上人类活动对长江流域水灾的影响》,《北京大学学报》1988 年第 6 期。
⑤ 满志敏:《黄浦江水系形成原因述要》,《复旦学报》1997 年第 6 期。

浅，推动黄浦江水系的全面成熟和发展"。傅林祥的《吴淞江下游演变新解》①对吴淞江下游河道的演变过程重新进行了梳理，提出了其演变的四大阶段，即在宋代以前，其下游始终是与陆境同步东移的河口段，江面宽阔，可以宣泄太湖来水；北宋初年至南宋末，入海口形成的清洲，将入海口一分为二，北宋末南宋初，今吴淞口成为主要入海口；从南宋末至元末，下游河沙形成沙洲，河床被一分为二，且日益狭窄，基本走向与今天的苏州河相同；明代，吴淞江成为黄浦江的支流，进一步淤塞。此外，潘威和满志敏的《大河三角洲历史河网密度格网化重建方法——以上海市青浦区1918—1978年为研究范围》②一文"以2004年上海市青浦区为研究范围，基于GIS技术构建格网体系，提取1918年和1978年两份军用地形图中的湖荡面积、河网密度、河流长度等指标，比对两者相关指数的分布状况和变化程度发现1918—1978年本区河网密化最主要的原因在于开挖新渠的同时大量保留地表原有水体。通过本个案研究总结出大河三角洲历史河网面貌的复原方法包括图形资料实测情况判断、实际分辨率分析、误差来源探讨、调校误差、格网体系构建等步骤"。

海河是华北平原上的重要水系，相关的研究有谭其骧教授的《海河水系的形成和发展》③一文，对海河水系的形成过程及其演变和原因进行了相近的分析。黄盛璋在《中国历史自然地理》④中负责撰写"海河"一节，除分析了海河水系的形成过程及其变化，构成海河水系的各条河流自身的变化过程之外，还对主要河流的河性和河型的变迁进行了研究，其研究构成了治理海河的基础。相关研究还有张修桂的《海河流域平原水系演变的历史过程》⑤等。

---

① 傅林祥：《吴淞江下游演变新解》，《学术月刊》1998年第8期。
② 潘威、满志敏：《大河三角洲历史河网密度格网化重建方法——以上海市青浦区1918—1978年为研究范围》，《中国历史地理论丛》2010年第2辑。
③ 谭其骧：《海河水系的形成和发展》，《历史地理》第4辑，上海人民出版社1986年版，第1页。
④ 中国科学院《中国自然地理》编辑委员会：《中国自然地理·历史自然地理》，科学出版社1982年版，第152页。
⑤ 张修桂：《海河流域平原水系演变的历史过程》，《历史地理》第11辑，上海人民出版社1993年版，第89页。

中国境内河流、湖泊众多，除了上述河流之外，以往的研究还涉及太湖[1]、淮河[2]、华北平原的湖泊[3]、珠江[4]、辽河[5]、松花江[6]、塔里木河[7]、额济纳河[8]、罗布泊[9]等。

第三节　历史时期海岸线的变迁

历史时期海岸线的研究也曾经是历史地理学关注的主题，较早发表这方面研究成果的当属侯仁之教授，他的《历史时期渤海湾西部海岸线的变迁》[10]一文，在梳理前人研究成果之后，根据文献材料以及一些考古材料，对历史时期渤海湾西部海岸线的变化进行了推测。

在渤海湾海岸线的研究中影响力最大的当属对西汉时期大海侵的研究，最早注意到这一现象的就是谭其骧教授，他在《历史时期渤海湾西岸的一次大海侵》[11]一文中，在文本文献的基础上结合了之前进行了的考古工作[12]，提

---

[1] 如张修桂《太湖演变的历史过程》，《中国历史地理论丛》2009年第1辑等。

[2] 如韩昭庆《黄淮关系及其演变过程研究》，复旦大学出版社1999年版等。

[3] 如邹逸麟《历史时期华北大平原湖沼变迁述略》，《历史地理》第5辑，上海人民出版社1987年版，第25页。关于黄淮海平原水系变迁的，还可以参见邹逸麟主编《黄淮海平原历史地理》第四章"黄淮海平原的水系变迁"、第五章"黄淮海平原湖沼的演变"，安徽教育出版社1997年版，第87页等。

[4] 如曾昭璇、黄少敏《浙江三角洲地貌研究》，广东高等教育出版社1987年版；曾昭璇《珠江水系下游河道变迁》，《华南师院学报》（自然科学版）1997年第1期；周源和《珠江三角洲水系的历史演变》，《复旦学报》1980年历史地理学增刊；等等。

[5] 如林汀水《辽河水系的变迁与特点》，《厦门大学学报》1992年第4期等。

[6] 如谢永刚《关于松花江河源问题及其主流认定过程的历史研究》，《中国历史地理论丛》1998年第4辑等。

[7] 如王守春《历史时期塔里木河下游河道的一次大变迁》，《干旱地理》1996年第4期等。

[8] 如景爱《额济纳河下游环境变迁的考察》，《中国历史地理论丛》1994年第1辑等。

[9] 如中国科学院新疆分院、罗布泊综合科学考察队《罗布泊科学考察与研究》，科学出版社1987年版等。

[10] 侯仁之：《历史时期渤海湾西部海岸线的变迁》，《地理学资料》1957年第1期。

[11] 谭其骧：《历史时期渤海湾西岸的一次大海侵》，《人民日报》1965年10月8日。

[12] 如李世瑜《古代渤海湾西部海岸遗迹及地下文物的初步调查研究》，《考古》1962年第12期；王颖《渤海湾西部贝壳堤与古海岸线问题》，《南京大学学报》（自然科学版）1964年第8卷第3期；天津市文化局考古发掘队《渤海湾西部古文化遗址调查》，《考古》1965年第2期。

出文献中记载的海侵是确实存在的，发生时间是在西汉中叶之后，到东汉末年，海陆形势已基本恢复了海侵以前的局面，但留下了大量的泻湖和沼泽地带，直至唐末这一状况才逐渐改善；而海侵的范围则包括"今天津、宁河、宝坻、武清、静海、黄骅六市县的各一部分或大部分的地区"。这篇文章发表后引起了学术界的广泛关注，以此为基础，一些历史问题也得到了可信的回答，如曹操"东临碣石"的"碣石"的具体位置，以及唐初唐太宗征高丽的路线等。此后，还有大量学者进行过这方面的研究，如韩嘉谷的《西汉后期渤海湾西岸的海侵》[1]《再谈渤海湾西岸的汉代海侵》[2]，尤其是后面一篇论文对一些对西汉时期大海侵提出质疑的论文[3]提出了反驳。

除了渤海湾之外，历史地理学者对于历史时期海岸线变迁的研究还关注于上海地区的成陆过程，较早发表这方面研究成果的是谭其骧教授，即《关于上海地区的成陆年代》[4]《再论关于上海地区的成陆年代》[5] 以及《上海市大陆部分的海陆变迁和开发过程》[6] 等文，这些研究在文献材料的基础上，结合考古遗址和墓葬，对上海地区不同区域的成陆过程进行了叙述。此后张修桂在这些研究的基础上对这一问题进行了进一步的探讨，发表了《上海地区成陆过程概述》[7]《上海地区成陆过程研究中的几个关键问题》[8] 等论文。在《上海地区成陆过程概述》中提出："上海地区成陆过程如下：距今六七千年间，冈身地带西侧的浅冈、沙冈海岸线形成；三千年前，岸线稳定在冈身地带东侧的东冈、横径冈一线；一千七百年前，岸线推进至盛桥、北蔡、航头的下沙沙带；一千年前，海岸东移至里护塘一线；距今六百年，白龙港—马厂间的西沙沙带海岸形成；其东则为六百年来成陆的新浦东。在上海陆地向东扩展的过程中，南部杭州湾北岸

---

[1] 韩嘉谷：《西汉后期渤海湾西岸的海侵》，《考古》1982年第3期。
[2] 韩嘉谷：《再谈渤海湾西岸的汉代海侵》，《考古》1997年第2期。
[3] 如陈雍《渤海湾西岸东汉遗存的再认识》，《北方文物》1994年第1期。
[4] 谭其骧：《关于上海地区的成陆年代》，《文汇报》1960年11月15日。
[5] 谭其骧：《再论关于上海地区的成陆年代》，《文汇报》1961年3月10日。
[6] 谭其骧：《上海市大陆部分的海陆变迁和开发过程》，《考古》1973年第1期。
[7] 张修桂：《上海地区成陆过程概述》，《复旦学报》1997年第1期。
[8] 张修桂：《上海地区成陆过程研究中的几个关键问题》，《历史地理》第14辑，上海人民出版社1998年版，第1页。

自东晋以后发生严重北坍,元明时期始反坍为涨;北部长江南岸自元明以来也有不等量的陆地坍江现象。"在《上海地区成陆过程研究中的几个关键问题》一文中则对上海成陆过程中的"关于下沙沙带的形成年代问题""关于下沙捍海塘的地望问题""关于里护塘的始筑年代问题""关于旧瀚海塘的位置与年代问题"进行了分析,并再次叙述了上海地区的成陆过程。

此外还有对杭州湾[1]等地区海岸线变迁的研究,这方面的成果主要集中在陈吉余撰写的《历史自然地理》第五章"历史时期的海岸变迁"[2]中。

此外,邹逸麟主编的《黄淮海平原历史地理》对渤海湾和苏北海岸的变迁进行了归纳。[3]

上述只是历史地理学者进行的研究,与此同时,地理学者利用地理学手段对海岸线的变迁进行了更为系统的研究,如杨达源的《中国东部全新世海面变化的研究》[4],提出"分析现有我国全新世海面遗迹的指示意义及其分布的时空变化,得出中国东部全新世海面变化的基本图像是:近万年来海面变化的总趋势是不断上升,早期上升速度比较快,导致沿海平原地区海岸线全面地向陆后退,海侵沉积掩覆晚更新世末期的陆相沉积。中全新世以来的海面,表现为在波动中缓慢上升,并渐趋于稳定,主要的波动有6次;中全新世开始时,海面上升速度的迅速减慢,大量陆源碎屑物质不再为增加的海洋水层所吞没,而营建陆地,出现沿海平原海岸线的向海推进;海岸线向海推进过程中,出现停顿或短暂的反向后退,但局部性的海岸线推进过程中的停顿或短暂的反向,可能主要是由泥沙的补给发生变化所致。中全新世以来6次大的海面波动,主要反映在河口地貌发育

---

[1] 如施伟勇等《杭州湾淤泥质海岸岸线变化及其动态模拟》,《海岸科学进展》2012年第1期。

[2] 中国科学院《中国自然地理》编辑委员会:《中国自然地理·历史自然地理》,科学出版社1982年版,第227页。

[3] 参见邹逸麟主编《黄淮海平原历史地理》第六章"黄淮海平原海岸的变迁",安徽教育出版社1997年版,第188页。

[4] 杨达源:《中国东部全新世海面变化的研究》,《海洋科学》1984年第2期。

的周期性变化；不存在比近几千年来的波动海面高几米的所谓中全新世高温期高海面"。又如王靖泰的《中国东部晚更新世以来海面升降与气候变化的关系》[1] 提出"简言之，中国东部沿海及大陆架上，海面升降的实质是气候—海面变动，即冰期与间冰期或冰后期的冰盖消长是海面升降的主要机制。海面变化的'冰川控制论'揭示了冰期、间冰期的交替出现与海面升降变化之间的关系，这个理论已被越来越多的事实所证明，并为多数人所接受"。关于气候和海平面变化的研究还有施雅风的《中国气候与海平面变化研究进展》[2] 等，海岸变化的综合研究则有赵希涛的《中国海岸演变研究》[3] 等。

总体来看，在历史时期河流、水体和海岸线的研究中，随着现代地理学在传统文献的基础上，更为重视各种地理学方法、数据的使用，传统的只是利用文献材料的历史地理学者已经逐步退出了这一领域的研究，多年来未再出现重要的具有影响力的成果，坚持在这一领域中的只是少量既掌握历史文献也了解地理学方法和数据处理方式的学者，如满志敏和潘威。这也是本书一直强调的历史地理学目前存在的问题的展现。

推荐书目

满志敏：《北宋京东故道流路问题的研究》，《历史地理》第 21 辑，上海人民出版社 2006 年版。

潘威：《清代前期黄河额征河银空间形态特征的初步研究——以乾隆五十七年的山东为例》，《中国历史地理论丛》2014 年第 4 辑。

潘威、满志敏：《大河三角洲历史河网密度格网化重建方法——以上海市青浦区 1918—1978 年为研究范围》，《中国历史地理论丛》2010 年第 2 辑。

石泉：《古文献中"江"不是长江的专称》，《文史》第 6 辑，中华书局 1979 年版。

---

[1] 王靖泰：《中国东部晚更新世以来海面升降与气候变化的关系》，《地理学报》1980 年第 4 期。
[2] 施雅风：《中国气候与海平面变化研究进展》，海洋出版社 1990 年版。
[3] 赵希涛：《中国海岸演变研究》，福建科技出版社 1984 年版。

石泉:《古代荆楚地理新探》,武汉大学出版社 1988 年版。

谭其骧:《海河水系的形成和发展》,《历史地理》第 4 辑,上海人民出版社 1986 年版。

谭其骧:《历史时期渤海湾西岸的一次大海侵》,《人民日报》1965 年 10 月 8 日。

谭其骧:《上海市大陆部分的海陆变迁和开发过程》,《考古》1973 年第 1 期。

谭其骧:《何以黄河在东汉以后会出现一个长期安流的局面》,《学术月刊》1962 年第 2 期。

谭其骧、张修桂:《鄱阳湖演变的历史过程》,《复旦学报》1982 年第 2 期。

谭其骧:《云梦与云梦泽》,《复旦学报》1980 年历史地理增刊。

张修桂:《中国历史地貌与地图研究》,社会科学文献出版社 2006 年版。

邹逸麟:《黄河下游河道变迁及其影响概述》,《复旦学报》1980 年历史地理增刊。

邹逸麟主编:《黄淮海平原历史地理》,安徽教育出版社 1997 年版。

第 八 章

历史自然地理其他专题

第一节 环境变迁

虽然环境变迁的研究产生的时间较早，但其只是最近十多年才成为新兴的研究领域，在最近几年中可以说成为历史学、地理学和历史地理学的研究热点之一，在历史地理学界也发表了大量论文，如韩茂莉等的《全新世以来西辽河流域聚落环境选择与人地关系》[①]，通过对全新世以来西辽河流域三次农业垦殖过程的研究，提出流域内聚落环境选择存在首选地与次属地的区别，其中400—600米等高区的坡地属于首选地，这里不仅是历次农业垦殖期的人口主要迁入地，也是人类活动持续期较长的地带；400—600米等高区以外的区域多属次属地，二次移民是次属地农业垦殖的开端，这种人口迁移的现象在清代光绪之后最为突出。这种针对某一区域，在大样本条件下，运用现代地理学的研究方法进行分析从而得出的结论具有很强的可信度。又如余新忠的《清代城市水环境问题探析：兼论相关史料的解读与运用》[②]，首先对清代城市水环境污染的史料进行了分析，发现这些史料中的一部分反映出中国城市水质的污染问题清代就已经存在，至晚清已颇为严重；而另一部分则反映出清代城市水环境就是到了

[①] 韩茂莉等：《全新世以来西辽河流域聚落环境选择与人地关系》，《地理研究》2010年第5期。

[②] 余新忠：《清代城市水环境问题探析：兼论相关史料的解读与运用》，《历史研究》2013年第6期。

晚清仍相当不错。面对这些矛盾的史料，作者提出不能仅就记载的字面含义来理解史料，而要将那些记载置于具体的时空和语境中来认识，唯有如此，才可能比较全面并尽可能"真实"地呈现清代城市水环境的状貌。

相关著作也极为众多，如何彤慧、王乃昂的《毛乌素沙地：历史时期环境变化研究》[1]、韩昭庆的《荒漠、水系、三角洲：中国环境史的区域研究》[2]、高升荣的《明清时期关中地区水资源环境变迁与乡村社会》[3]、张全明的《两宋生态环境变迁史》[4]、侯仁之主编的《中国北方干旱半干旱地区历史时期环境变迁研究文集》[5]、陕西师范大学西北历史环境与经济社会发展研究中心和中国历史地理研究所编的《人类社会经济行为对环境的影响和作用》[6]、王建革的《农牧生态与传统蒙古社会》[7]和李玉尚的《海有丰歉：黄渤海的鱼类与环境变迁（1368—1958）》[8]等。

在研究成果日益增多的同时，一些学者开始考虑学科层面的问题，在这方面思考较多的是侯甬坚。在《"生态环境"用语产生的特殊时代背景》[9]一文中，侯甬坚探讨了"生态环境"一词提出的过程及其背景，并对以往"生态环境"一词的使用是否存在错误提出了自己的看法，认为这一词语属于具有相对独立性的政府用语（法定名词），而非严格的科技名词，主要使用于国家行政管理层面，而学术研究中则要尊重学

---

[1] 何彤慧、王乃昂：《毛乌素沙地：历史时期环境变化研究》，人民出版社2010年版。

[2] 韩昭庆：《荒漠、水系、三角洲：中国环境史的区域研究》，上海科学技术文献出版社2010年版。

[3] 高升荣：《明清时期关中地区水资源环境变迁与乡村社会》，商务印书馆2017年版。

[4] 张全明：《两宋生态环境变迁史》，中华书局2016年版。

[5] 侯仁之主编：《中国北方干旱半干旱地区历史时期环境变迁研究文集》，商务印书馆2006年版。

[6] 陕西师范大学西北历史环境与经济社会发展研究中心、中国历史地理研究所编：《人类社会经济行为对环境的影响和作用》，三秦出版社2007年版。

[7] 王建革：《农牧生态与传统蒙古社会》，山东人民出版社2006年版。

[8] 李玉尚：《海有丰歉：黄渤海的鱼类与环境变迁（1368—1958）》，上海交通大学出版社2011年版。

[9] 侯甬坚：《"生态环境"用语产生的特殊时代背景》，《中国历史地理论丛》2007年第1辑。

者自己的理解和创作。侯甬坚的《环境史研究异于环境变迁领域的研究》①一文认为环境变迁研究关注的是自然环境（或人类生存环境）的变化，因而属于地球科学相关学科；而环境史研究是以阐明人类社会与自然环境关系为主旨，因此属于人文科学范畴内历史学科的工作。即，就学科性质而言，环境变迁属于地理学的范畴；环境史则属于历史学的范畴。不过在具体研究中，直至今日，在各种研究中"环境史""环境变迁"依然混用。在《"环境破坏论"的生态史评议》②中，侯甬坚对在学术界长期流传的"环境破坏论"流行的原因进行了分析，并提出应当建立"把人类的生存利益提到极其突出的地位"的具有划时代意义的生态史观，并且在关注人类命运之中关注环境的生态品质以及在各类生态系统中细化研究过程。

此外，在2010年第1期的《历史研究》上发表了一组"中国环境史研究"的专题论文，即蓝勇的《对中国区域环境史研究的四点认识》③、王先明的《环境史研究的社会史取向——关于"社会环境史"的思考》④、王利华的《浅议中国环境史学建构》⑤、钞晓鸿的《文献与环境史研究》⑥、邹逸麟的《有关环境史研究的几个问题》⑦、朱士光的《遵循"人地关系"理念，深入开展生态环境史研究》，对"环境史"的学理问题提出了一些认识。

王利华在《浅议中国环境史学建构》中认为环境史的研究"非但不能抛开以往的史学命题，而且应当积极地切入这些命题。唯有这样，环境史家才能从绵长深厚的中国史学传统中汲取营养，并在其学术发展脉络中找到合适的位置，发挥应有的作用。笔者坚信，环境史对于中国史研究的

---

① 侯甬坚：《环境史研究异于环境变迁领域的研究》，《中国社会科学报》2010年9月9日第11版。
② 侯甬坚：《"环境破坏论"的生态史评议》，《历史研究》2013年第3期。
③ 蓝勇：《对中国区域环境史研究的四点认识》，《历史研究》2010年第1期。
④ 王先明：《环境史研究的社会史取向——关于"社会环境史"的思考》，《历史研究》2010年第1期。
⑤ 王利华：《浅议中国环境史学建构》，《历史研究》2010年第1期。
⑥ 钞晓鸿：《文献与环境史研究》，《历史研究》2010年第1期。
⑦ 邹逸麟：《有关环境史研究的几个问题》，《历史研究》2010年第1期。

许多重大问题，不仅可以提供特殊的视角，而且可能具有更强的解释力"，其认为在环境史研究视角中，应当强调，人与环境"共同演出了'历史戏剧'"，且"环境史家所关注的是社会文化发展和自然生态变迁的共同场域，不曾与人类活动发生联系的自然事物和现象，则不在环境史研究之列"。

蓝勇在《对中国区域环境史研究的四点认识》中对以往研究存在的一些误解提出了质疑，如认为"人类不合理的开发破坏生态环境，历史时期人类生态环境远比现在好"就是一种过于简化和错误的认识。且认为"历史时期人类所处的环境变化甚大"；"清中后期以来，人口基数的大大增加、外来生物的推广、晚清以来近代工业的出现、20世纪后期城市化进程加快、燃料换代、现代科技广泛运用、现代环境意识出现等等因素，使环境变化受到更多参数的影响，环境变化的复杂性也更为明显"，为此需要利用"人类学方法，从区域研究入手分析中国的生态环境史"；"历史时期中国环境的变迁绝不是呈现古代生态环境比近现代更好的直线发展趋势，人类较大的经济、军事、政治活动往往会对生态环境造成十分复杂的影响，环境变迁并非直线发展"；以及"人类活动影响下生态环境的回归不可能是完全的回归"。

王先明的《环境史研究的社会史取向——关于"社会环境史"的思考》提出由于现在的研究已经认识到"社会史研究不仅需要考虑各种社会因素的相互作用，而且需要考虑生态环境因素在社会发展变迁中的'角色'和'地位'；不能仅仅将生态环境视为社会发展的一种'背景'，而是要将生态因素视为社会运动的重要参与变量，对这些变量之于社会历史的实际影响进行具体实证的考察。因此，社会的历史也就存在着采用生态学理论方法加以考察的必要性与可能性"，也即在以往环境史研究中侧重于"自然史"的取向的同时，也应当重视"社会史"的取向。

邹逸麟在《有关环境史研究的几个问题》一文中认为"研究我国环境史，应该探讨几个问题：第一，我国的环境（无论以全国还是局部地区为范围）是如何演变来的？第二，这种演变（不论积极或消极的）的原因（自然、人文）是什么？第三，这种演变究竟是必然的，还是或然的？第四，我们能在其中汲取哪些经验和教训，如何指导我们今后的环境行为？"且认为在研究中应当重视：人口与土地利用问题、历史时期水环境的变化、重视社会体制对环境的影响、将环境史的研究与社会史的研究结合起来以及"唐宋变革"与环境变化的关系。

此外，方修琦在《关于利用历史文献信息进行环境演变研究的几点看法》[①] 中，对基于历史文献记录进行历史时期环境演变的研究提出"四点看法：从地球系统科学与全球变化研究的前沿中寻找研究的主题，在诸多不确定中寻找确定性答案，构建历史文献信息共享的环境演变研究平台，培养文理兼备的复合型人才"。大致而言，就是环境演变的研究要寻找前沿问题才能有学术价值；由于各种因素造成文献记载的不确定性，因此不能对文献材料直接加以使用，必须要通过各种手段降低文献材料的不确定性。前文提到的钞晓鸿的《文献与环境史研究》一文也涉及了文献记载中存在的各种问题，但其所提出的"若欲深刻理解、充分把握文献的内容，则需了解文献内容以外的信息，如作者情况、写作背景、信息来源、文献性质、版本流传等等。只有查勘比对、综合分析，才能防范其有意无意的偏差与错误"，这实际上并无助于从根本上解决文献资料偏差和错误的问题，因为由于不同研究者对于"作者情况、写作背景、信息来源、文献性质、版本流传"有着不同认知，从而也会产生更为多样的认知。

无论是环境史还是环境变迁都是近年来发展迅速的学科，但目前的大部分研究在理论、方法层次与传统一些没有冠以环境史或者环境变迁名号的研究并无本质区别，因此当前亟待解决的一个问题就是要重新审视环境史和环境变迁研究的理论和方法，当然构建理论和方法是中国学者的弱点，但如果在理论和方法上没有认知的话，那么环境史和环境变迁的研究与传统的研究并不会发生本质性的差异。再次强调的是，理论和方法并不是对"思考""常识"的总结和归纳。

---

① 方修琦：《关于利用历史文献信息进行环境演变研究的几点看法》，《中国历史地理论丛》2007 年第 2 辑。

第二节 历史时期的自然灾害

作为一个农业国家,以往关于历史时期自然灾害的研究主要集中在黄河等河流所引起的水灾上,这些研究大多散见在与历史时期黄河下游河道的迁徙有关的论著中。除了水灾之外,以往研究中对于其他自然灾害虽然有所关注,但研究成果较少。

如关于历史时期的台风,虽然地理学界早就涉足其中,但历史地理学的相关研究主要是由潘威进行的,近年来发表了多篇论文。如潘威等的《1644—1911年影响华东沿海的台风发生频率重建》[1],基于清代、民国多种历史文献中风、雨、潮现象和"飓、飚"的记载,重建了1644年至1911年影响今华东浙、沪、苏的台风频率序列,提出在所研究时段内,在多年代际尺度上,北半球及中国东部地区的增暖会影响华东沿海的台风发生频率。潘威与小林雄河合作完成的《基于历史文献资料的17世纪以来东北亚台风信息挖掘》[2],提出"中日两国,最早通过仪器观测描述的台风路径分别为1879年和1878年,历史时期的东北亚地区台风事件只能靠历史文献来推测",且"通过对台风个案的讨论,指出将致灾记录和感应记录相结合的可行性;利用仪器观测时期台风记录验证历史文献记载的有效性",并认为"相当一部分日记资料在古风暴研究中仍处于未被发掘状态。历史上流传至今的公用日记和各名家的家记,拥有较长的写作时间和较为均质的写作内容,可提高跨国界古风暴研究的时空分辨率"。而对于古代日记在历史时期台风研究中的价值,郑微微在《古代日记在历史台风研究中的利用方法探析》[3]一文中也进行了分析,并"以19世纪影

---

[1] 潘威等:《1644—1911年影响华东沿海的台风发生频率重建》,《长江流域资源与环境》2012年第2期。

[2] 小林雄河、潘威:《基于历史文献资料的17世纪以来东北亚台风信息挖掘》,《地理研究》2016年第7期。

[3] 郑微微:《古代日记在历史台风研究中的利用方法探析》,《中国历史地理论丛》2018年第3辑。

响浙北地区台风重建为例，讨论了利用古代日记识别区域台风影响和建立序列的方法。根据台风影响下的天气现象，借鉴现代台风影响标准，制定了适用于日记天气信息的影响台风辨识标准。依据标准，使用经过筛选的高分辨率日记天气信息，排除其他天气系统的影响，辨识出了1815—1905年影响浙北地区的130次台风，重建了影响台风频次序列。使用两种检验方式证明了资料和方法的有效性。重建结果分辨率与现代研究非常接近，经过插补基本可以实现两个时段序列研究的对接。利用古代日记对延长台风活动规律精确研究的时限、提高历史台风研究的科学性大有助益"。

关于历史上发生的地震，最为重要的研究成果当属国家地震局地球物理研究所与复旦大学历史地理研究所合作出版的《中国历史地震图集（远古至元时期）》[1]《中国历史地震图集（明时期）》[2]《中国历史地震图集（清时期）》[3]，这套图集以地震震中和等震线图为主，并附简要的文字说明及少量照片，不仅标出了每次地震的震中位置、震中烈度、烈度分布和震级，还对与地震记载有关的历史地理情况进行了描述。此外相关的工具书还有《中国地震资料年表》[4]《中国地震目录》[5] 以及《中国地震历史资料汇编》[6] 等。总体来看，历史地理学界对于历史时期地震的研究多集中在地震的空间分布上，如童圣江的《唐代地震灾害时空分布初探》[7]。比较有意思的就是于希贤的《历史时期气候变迁的周期性与中国地震活

---

[1] 国家地震局地球物理研究所、复旦大学历史地理研究所：《中国历史地震图集（远古至元时期）》，中国地图出版社1990年版。
[2] 国家地震局地球物理研究所、复旦大学历史地理研究所：《中国历史地震图集（明时期）》，中国地图出版社1986年版。
[3] 国家地震局地球物理研究所、复旦大学历史地理研究所：《中国历史地震图集（清时期）》，中国地图出版社1990年版。
[4] 中国科学院地震工作委员会历史组编：《中国地震资料年表》，科学出版社1956年版。
[5] 《中国地震目录》，地震出版社1960年、1971年和1983年版。
[6] 中国地震历史资料编辑委员会编：《中国地震历史资料汇编》（5卷），科学出版社1987年版。
[7] 童圣江：《唐代地震灾害时空分布初探》，《中国历史地理论丛》2002年第4辑。

动期问题的探讨》① 一文,将历史时期的地震活动期与气候变迁期进行比照,结论是"气候从温暖向寒冷方向转变的时期,地震活动趋于频繁,地震处于活动期。当气候处于寒冷期时,或者气候从寒冷期向温暖期转变时,地震活动处于相对的平静期"。不过,这样的比较似乎缺乏合理的理论支持。

作为一个农业国家,历史上与农业生产有关的虫灾,尤其是蝗灾也是以往历史时期自然灾害研究的重点,在民国时期邓云特的《中国救荒史》② 中就对历史上包括蝗灾在内的自然灾害的次数与频次进行了统计。中华人民共和国成立后这方面研究较早的是曹骥的《历代有关蝗灾记载之分析》③。而此后,在一些省市编纂的自然灾害史料中也通常包括了蝗灾,如广东省文史馆编的《广东省自然灾害史料》④、湖南历史考古研究所编的《湖南自然灾害年表》⑤ 等。进入80年代之后,历代蝗灾的研究更为细化,关注的主要是某些断代,如满志敏的《明崇祯后期大蝗灾分布的时空特征探讨》⑥ 一文,分析了明崇祯后期蝗灾的空间分布,并通过技术手段复原了这次蝗灾的空间扩散模型,并认为"东亚飞蝗迁飞的生态机制不仅是逃避不利生境而且是主动地开发暂时生境的证明",且在文中对相关资料的来源和处理方式进行了讨论,提出了一个资料解释的框架。此外,王培华的《试论元代北方蝗灾群发性韵律性及国家减灾措施》⑦ 和王培华、方修琦的《1238—1368年华北地区蝗灾的时聚性与重现期及其与太阳活动的关系》⑧ 都认为元代蝗灾发生具有周期性,其中

---

① 于希贤:《历史时期气候变迁的周期性与中国地震活动期问题的探讨》,《中国历史地理论丛》1997年第4辑。该文之前刊发在《教育革命》1977年第2期上。
② 邓云特:《中国救荒史》,商务印书馆1937年版。
③ 曹骥:《历代有关蝗灾记载之分析》,《中国农业研究》1950年第1期。
④ 广东省文史馆编:《广东省自然灾害史料》,1961年、1963年修订版,内部出版物。
⑤ 湖南历史考古研究所编:《湖南自然灾害年表》,湖南人民出版社1961年版。
⑥ 满志敏:《明崇祯后期大蝗灾分布的时空特征探讨》,《历史地理》第6辑,上海人民出版社1988年版,第232页。
⑦ 王培华:《试论元代北方蝗灾群发性韵律性及国家减灾措施》,《北京师范大学学报》(社会科学版) 1999年第1期。
⑧ 王培华、方修琦:《1238—1368年华北地区蝗灾的时聚性与重现期及其与太阳活动的关系》,《社会科学战线》2002年第4期。

大蝗灾的出现以11年左右为周期，特大蝗灾则以60年左右为周期，这种周期性似乎与太阳黑子活动存在关联性。宋正海主编的《中国古代自然灾异群发期》的第十二章"宋元时期蝗灾多发期和太阳黑子活动"[①]也持相近观点。

每年北方的沙尘暴造成了严重的破坏，因此对历史时期沙尘暴的研究也曾得到了广泛的关注，较早对此进行系统梳理的就是张德二，其在《我国历史时期以来降尘的天气气候学初步分析》中"根据我国史料中的降尘记载、历史气候资料和现代气象记录，给出了我国近三千年降尘地点分布图和近一千七百年降尘频数曲线"，并"指出：历史降尘地点与黄土分布及现代浮尘日数分布三者相近；降尘频繁期对应于冷干气候期；降尘由天气系统作用所致，沙尘的升空—运移—沉降皆与水平流场和垂直速度密切配合；我国西北干燥沙漠地带是沙尘的源地；我国黄土粉尘曾历经风力搬运过程"[②]。邓辉、姜卫峰的《1463—1913年华北地区沙尘天气序列复原及初步分析》基于对搜集到的1401条记录的分析，认为"华北地区1463—1913年沙尘天气的年内和年际变化具有如下特点：（1）70%左右的沙尘天气发生在春季，其中发生在4月份的沙尘天气大约占总数的30%；（2）在过去的451年间，华北地区沙尘天气的发生数量没有明显的增加或减少的趋势，10年滑动平均曲线则表现出30年至50年的准周期振荡；（3）历史时期沙尘天气序列与华北地区同期春季温度距平序列存在很显著的负相关，与华北中、北部地区的降水序列也存在显著的负相关"[③]。这两篇论文对中国沙尘天气的形成机制以及与气候的相关性进行了分析。王社教在《历史时期我国沙尘天气时空分布特点及成因研究》中基于史料，认为"从时间上看，我国沙尘天气的发生有愈来愈频繁的趋势，而且程度也越来越严重。沙尘天气发生的季节主要集中在春季。从

---

① 宋正海主编：《中国古代自然灾异群发期》第二编第十二章"宋元时期蝗灾多发期和太阳黑子活动"，安徽教育出版社2002年版，第208页。

② 张德二：《我国历史时期以来降尘的天气气候学初步分析》，《中国科学》（B辑）1984年第3期。

③ 邓辉、姜卫峰：《1463—1913年华北地区沙尘天气序列复原及初步分析》，《地理研究》2005年第3期。

空间分布上看，黄河流域和海河流域是多发区。另外，沙尘天气多发区域还存在着明显的位置移动，在10世纪前主要集中在西北地区，10世纪以后则主要集中在华北平原。历史时期我国沙尘天气的发生，首先是一种自然现象，但人类活动的加剧会破坏原有的地表植被，加速沙尘天气发生的频率，加重沙尘发生的程度"[1]。

第三节 历史时期的沙漠化

沙漠化是影响中国北方地区气候和农业的重要问题，自老一辈学者开始对这一问题就有着广泛的关注，如侯仁之教授对西北毛乌素沙地与乌兰布和沙漠变迁的研究[2]，其研究揭示了乌兰布和沙漠、毛乌素沙地形成的历史过程，证明这两处沙漠在历史上也曾经有过繁荣时期，"水草丰盛"，只是由于历史时期不合理的土地利用造成了沙漠的不断扩大。

历史时期沙漠的研究的关注点之一，就是沙漠形成过程中人与自然环境的关系，讨论比较集中的就是毛乌素沙地的成因。侯仁之教授认为在统万城初建的时候，这一带不仅没有流沙，而且水草丰美，但到北宋初年时，这里已经沙化的非常严重，但侯仁之教授没有对这一变化的原因得出结论，只是指出"为了更好地进行这项工作，现代科学技术的应用十分重要。如利用孢粉分析来研究这个逐渐缩小的古代湖泊的沉积地层，可以有助于了解过去这一带植被的分布和它所反映的气候变化的情况；而碳14的应用，在必要的时候，又可以得到更为精确的绝对年龄的测定。但是在目前来说，还必须借助于实地考察才能推动工作前进"[3]。在由中国科学院编著的《中国自然地理·历史自然地理》中则认为："毛乌素沙地沙

---

[1] 王社教：《历史时期我国沙尘天气时空分布特点及成因研究》，《陕西师范大学学报》（哲学社会科学版）2001年第3期。

[2] 侯仁之：《历史地理学的理论与实践》二"沙漠的历史地理考察"，上海人民出版社1979年版，第43页。

[3] 侯仁之：《从红柳河上的古城废墟看毛乌素沙漠的变迁》，《文物》1973年第1期。

漠化过程大约延续在唐代后的千余年间，而沙漠化的进程是由西北而东南逐渐推进。如以明长城为时间界限，长城以北沙漠化发生在9—15世纪（唐至宋）间；而长城沿线及长城以南近60公里的流沙则是明至解放前三百年内的产物"；"历史上毛乌素沙区东南部是我国许多少数民族交互活动的地方，经营方式——农耕、放牧也迭为交替，每次经营方式的更迭也都带来了生产的衰退，加速了自然条件的恶化，助长了沙漠化的速度"[①]。

随后，赵永复提出了不同的意见，认为毛乌素沙地及其流沙，可能在隋代之前就已经存在，甚至可能产生早至于汉代之前，因此这一沙地主要是自然因素的产物，而不是"人造沙漠"。但同时他还提出"当然，说毛乌素沙地主要是唐宋以前自然条件作用下的产物，这是指整个毛乌素沙地而言的，而不是说这个沙地历史上没有变迁……恰恰相反，它的变迁历来是很大的……而造成这些变迁的原因，除了自然条件的作用以外，也不能忽视人为因素的影响"[②]。对于这一认识，朱士光发文进行了反驳。[③] 此后侯甬坚、韩昭庆等学者都支持赵永复的观点，如侯甬坚"对北魏时期（AD386—534）历史文献记录进行断代考证研究，参用研究精度较高的第四纪地质实验分析资料，围绕鄂尔多斯高原景观问题按地理要素展开探讨，取得的结果是本时段内库布齐沙漠沙深，面积广大，毛乌素沙地已有风成沙丘，植被不丰，干燥气候条件下多个季节仍有雨雪冷湿天气，高原上呈现沙草并存的荒漠—荒漠草原景观，居住其上的人民在套上黄河支流发育地段务农，牧民和载畜量由北向南增多，东南缘边最为集中"[④]。韩昭庆则"以明代河套地区（相当于今鄂尔多斯市）以南长城修筑时间及地点作为时空坐标。讨论了毛乌素沙地长城沿线部分在明代的变迁，并联系战争对长城沿边垦殖活动的影响，分析了垦殖活动和沙地变迁关系。结

---

① 中国科学院《中国自然地理》编辑委员会：《中国自然地理·历史自然地理》，科学出版社1982年版，第252页。

② 赵永复：《历史上毛乌素沙地的变迁问题》，《历史地理》创刊号，上海人民出版社1981年版，第34页。

③ 朱士光：《评毛乌素沙地形成与变迁问题的学术讨论》，《西北史地》1986年第4期。

④ 侯甬坚：《北魏（AD386—534）鄂尔多斯高原的自然—人文景观》，《中国沙漠》2001年第2期。

论是：明代毛乌素沙地南界基本沿长城一线；河套地区持续不断的明代政府与游牧民族的冲突和战争极大地限制了沿边垦殖活动的范围，有限的垦殖不是明代长城沿线流沙形成的主要原因，流沙范围的扩大更可能是自然原因"①。而王晗则认为虽然清代毛乌素沙地南缘的土地垦殖随着农牧业开发逐步增强，但本区域的沙漠化进程在清代一直是比较平缓的，一直到民国时期，局部地区才出现较为明显的改变。且这一时期的边外垦殖活动，促成了农牧交错带的北移、错位，使得土地沙化有所扩大。②

而邓辉最新的研究则指出，"明代以来，毛乌素沙地及周边地区，人类活动的强度，一直是在不断增加的。但是，人类活动对自然环境的影响，在地带性和非地带性环境中的表现却是截然不同的。根据我们的研究，人类破坏地表植被、不合理的耕作和放牧活动，在非地带性隐域环境中产生的影响是很明显的，主要表现为流沙面积的增加和草地、湿地面积的减少。但是，人类活动对地带性显域环境的影响却并不显著，主要表现在受自然因素控制的流沙分布南界，自明代以来，基本没有变化"③。这是非常有新意的结论。④

除了毛乌素沙地之外，还有李并成对河西走廊⑤、朱震达等对北方地区⑥、景爱对呼伦贝尔和额济纳河⑦等地沙漠化的研究。此外王守春在

---

① 韩昭庆：《明代毛乌素沙地变迁及其与周边地区垦殖的关系》，《中国社会科学》2003年第5期。

② 王晗：《清代蒙陕农牧交错带土地垦殖过程研究——以怀远县伙盘地为例》，《苏州大学学报》2013年第1期。

③ 邓辉：《人类活动的影响导致了毛乌素沙地向南扩大吗？》，《陕西师范大学学报》（哲学社会科学版）2007年第5期；邓辉等：《明代以来毛乌素沙地流沙分布南界的变化》，《科学通报》2007年第21期。

④ 关于对这一争论的概述可以参见王晗《历史时期毛乌素沙地沙漠化成因论争》，《中国社会科学报》2018年4月10日。

⑤ 李并成：《河西走廊历史时期沙漠化研究》，科学出版社2003年版。

⑥ 朱震达、刘恕：《中国北方地区的沙漠化过程及其治理区划》，中国林业出版社1981年版。

⑦ 景爱：《呼伦贝尔草原的变迁》，《历史地理》第4辑，上海人民出版社1986年版；《平地松林的变迁与西拉木伦河上游的沙漠化》，《中国历史地理论丛》1988年第4辑；《额济纳河下游环境变迁的考察》，《中国历史地理论丛》1994年第1辑；《木兰围场破坏与沙漠化》，《中国历史地理论丛》1995年第2辑；《中国北方沙漠化的原因与对策》，山东科学技术出版社1996年版；《沙漠考古通论》，紫禁城出版社2000年版。

《历史时期我国沙漠变迁研究与历史地理学》[1]中对截止到20世纪80年代后期的研究进行了总结，其指出当时"对沙漠变迁原因的认识方面的分歧，即一种观点认为历史时期中国沙漠的扩大与人类活动有密切关系，另一观点则认为历史时期沙摸的变迁主要是自然界本身发展演变的过程"。

推荐书目

邓辉、姜卫峰：《1463—1913年华北地区沙尘天气序列复原及初步分析》，《地理研究》2005年第3期。

邓辉：《人类活动的影响导致了毛乌素沙地向南扩大吗?》，《陕西师范大学学报》（哲学社会科学版）2007年第5期。

邓辉等：《明代以来毛乌素沙地流沙分布南界的变化》，《科学通报》2007年第21期。

方修琦：《关于利用历史文献信息进行环境演变研究的几点看法》，《中国历史地理论丛》2007年第2辑。

韩昭庆：《明代毛乌素沙地变迁及其与周边地区垦殖的关系》，《中国社会科学》2003年第5期。

侯仁之：《历史地理学的理论与实践》，上海人民出版社1979年版。

侯甬坚：《北魏（AD386—534）鄂尔多斯高原的自然—人文景观》，《中国沙漠》2001年第2期。

侯甬坚：《"生态环境"用语产生的特殊时代背景》，《中国历史地理论丛》2007年第1辑。

侯甬坚：《"环境破坏论"的生态史评议》，《历史研究》2013年第3期。

蓝勇：《对中国区域环境史研究的四点认识》，《历史研究》2010年第1期。

李玉尚：《海有丰歉：黄渤海的鱼类与环境变迁（1368—1958）》，上

---

[1] 王守春：《历史时期我国沙漠变迁研究与历史地理学》，《中国历史地理论丛》1988年第3辑。

海交通大学出版社 2011 年版。

王培华、方修琦:《1238—1368 年华北地区蝗灾的时聚性与重现期及其与太阳活动的关系》,《社会科学战线》2002 年第 4 期。

张德二:《我国历史时期以来降尘的天气气候学初步分析》,《中国科学》(B 辑) 1984 年第 3 期。

第四篇

历史地理文献和技术手段

第 九 章

历史地理文献的整理和研究

虽然历史地理学属于地理学的范畴，但是在研究资料上，除了某些历史自然地理的研究领域之外，大多数的研究都将历史文献作为主要的资料来源，因此对相关历史文献的整理和研究是以往历史地理学研究的重要内容。

受到我国史学传统的影响，历史地理学对历史地理文献的整理大多集中于文本的"点校""考订""纠误"和"补遗"等，在过往数十年中积累了数量惊人的研究成果。此外，以往对相关历史文献也进行了大量整理和出版工作，尤其是近年出版了大量中国古代地理文献资料的汇编。上述这些历史地理文献的整理和研究工作，无疑对历史地理学的研究起到了一定的推进作用。

近年来，随着史料的数字化，很多中国古代地理学的文献资料也以图像或者文本的数字形式广为流传。虽然大数据和数据挖掘尚未真正进入史学和历史地理学领域，但在包括地理学在内的很多其他领域已开始使用，再加上近两年来人工智能的兴起，可能在不久的将来，我们对于文献的态度以及利用文献的方式也会发生根本性的变化。

第一节 古代地理文献的点校、整理和研究

一 正史地理志

历代正史地理志在沿革地理以及传统的历史地理学中被认为是不可忽

视的经典文献，因此持续不断地进行着整理和点校工作。在相关研究成果中，较为权威且使用最为普遍的就是中华书局点校版的二十四史及《清史稿》，以及近年出版的修订版的二十四史和《清史稿》，它们中与地理相关的部分的点校吸收了大量之前的研究成果。

中国古代学者对二十五史中地理志的整理、校补和研究成果大多收录在《二十五史补编》①《二十四史订补》②和《二十五史三编》③中。杨正泰在《〈二十五史补编〉地理篇简介》④中阐述了《二十五史补编》收录的近代之前学者对历代地理志的补充、考释以及它们的学术价值。

二十五史中的某些正史并没有地理志，民国之前的学者为某些正史增补了地理志，如仅清代学者为《三国志》撰写的地理志就有：洪亮吉的《补三国疆域志》、谢钟英的《三国疆域表》《补三国疆域志补注》《三国疆域志疑》和吴增仅的《三国郡县表附考证》⑤，相关的重要成果大都收录在《二十五史补编》《二十四史订补》或《二十五史三编》中。这一学术传统也为现代学者所继承，其中最具有代表性的就是王仲荦的《北周地理志》⑥和施和金的《北齐地理志》⑦。由于缺少地理志的正史往往是那些存在时间较短、政区变化极大但同时现存直接史料稀少的王朝的正史，因此这类地理志的编纂难度颇大，为了弥补文本资料的缺乏，编纂这些王朝地理志通常需要挖掘新的材料，如王仲荦除使用传统的志书、文本文献之外，还大量使用了碑刻材料。

清代罗汝楠曾将二十四史中的《汉书》至《明史》各地理志，即《汉书·地理志》《后汉书·郡国志》《晋书·地理志》《宋书·州郡志》

---

① 《二十五史补编》，中华书局1955年版。
② 《二十四史订补》，书目文献出版社1996年版。
③ 《二十五史三编》，岳麓书社1994年版。
④ 杨正泰：《〈二十五史补编〉地理篇简介》，《历史教学》1989年第5期。
⑤ 对这三者的介绍和评价，参见胡运宏《清儒补三国地理志成就探析》，《中国历史地理论丛》2009年第1辑。
⑥ 王仲荦：《北周地理志》，中华书局1980年版。
⑦ 施和金：《北齐地理志》，中华书局2008年版。这部著作的书评有张晋光《〈北齐地理志〉评介》，《地理研究》2010年第1期。

《南齐书·州郡志》《魏书·地形志》《隋书·地理志》《旧唐书·地理志》《新唐书·地理志》《旧五代史·郡县志》《新五代史·职方考》《宋史·地理志》《辽史·地理志》《金史·地理志》《元史·地理志》《明史·地理志》汇集在一起，编纂为《历代地理志汇编》，并且为了便于览观，分为甲、乙、丙、丁、戊、己、庚、辛、壬、癸十编。在编排上，正史地理志各为编首，并在其后附有后人的考订。[①]

由于对正史地理志的考释、校订积累了丰富的成果，因此谭其骧在《〈正史地理志汇释丛刊〉前言》中提出罗汝楠的汇编已经无法满足研究所需，因此应当将16部正史地理志的最善本汇为一编，且基于长期以来积累的研究成果进行校勘，出版《历代正史地理志汇释丛刊》[②]，但目前可以查到的已经出版的仅有《汉书地理志汇释》[③]《续汉书郡国志汇释》[④]《宋书州郡志汇释》[⑤]《两唐书地理志汇释》[⑥]《宋史地理志汇释》[⑦] 和《辽史地理志汇释》[⑧]。

除了上述研究之外，值得注意的还有对某部正史地理志史料价值和编排方式的认知，其中成果最为丰富的当属对《汉书·地理志》的研究。如史念海在《班固对于历史地理学的创建性贡献》一文中详细介绍了《汉书·地理志》的内容、史料价值以及对我国古代沿革地理产生的重要影响。[⑨] 由于《汉书·地理志》中缺乏对其编排体例的说明，且在编排上缺乏明显的规律，因此对其编排体例长期以来不断进行着讨论。如对于《汉书·地理志》各郡国之下所记首县是否为郡国治所，清代以来的学者颇有争论，不过自阎若璩以来大多数学者都认为首县并不一定是郡国的治所，由此进一步推论班固在编纂《汉书·地理志》时并无一定的体例。

[①] （清）罗汝楠：《历代地理志汇编》，国家图书馆出版社2011年版。
[②] 谭其骧：《〈正史地理志汇释丛刊〉前言》，《中国地方志》1991年第2期。
[③] 周振鹤：《汉书地理志汇释》，安徽教育出版社2006年版。
[④] 钱林书：《续汉书郡国志汇释》，安徽教育出版社2007年版。
[⑤] 胡阿祥：《宋书州郡志汇释》，安徽教育出版社2006年版。
[⑥] 吴松弟：《两唐书地理志汇释》，安徽教育出版社2002年版。
[⑦] 郭黎安：《宋史地理志汇释》，安徽教育出版社2003年版。
[⑧] 张修桂等：《辽史地理志汇释》，安徽教育出版社2001年版。
[⑨] 史念海：《班固对于历史地理学的创建性贡献》，《中国历史地理论丛》1989年第3辑。

而严耕望在《汉书地志县名首书即郡国治所辨》中则提出,《汉书·地理志》记载严谨,因此必然存在编纂体例,只是古代缺乏撰写体例的习惯;而且在西汉二百多年的历史中,郡国时有增省,区划不断变动,治所也会发生迁移,而《汉书·地理志》主要记载的是汉平帝时期的政区,因此不能用秦以及汉初和汉朝中期的材料来驳斥班固的记载。① 此外,侯甬坚在《〈汉书·地理志〉志例的整理及补充》基于谭其骧教授的《〈汉书·地理志〉选释》,归纳出汉志的 10 条志例,即"先郡后国,领县分属于其下""郡国部分,采用'地域毗连法'排队叙述""州不作严格的排序标准,郡国排序中只是尽可能兼顾州域,州属仅作为一项注记内容出现,并且还有不少遗漏""各郡国之下,首书之县多为其治所,其余则为散县""各郡国之沿革,仅上溯到秦时为止,不少犹有遗漏。县之沿革,所记并不一定的体例""各郡(国)县下附记王莽所改地名,却有遗漏""郡国之下,均列出户口数字,重要之县亦有列入""汉志之断代,郡、王国、侯国三部分各有其归属"等。② 李新峰的《试释〈汉书·地理志〉郡国排序》则提出《汉书·地理志》郡国的排序有着下列原则:第一,郡国序列各分排序相当的数个大区,各区内部也遵循相似的方位顺序,证明郡国分列方式有全国视野的分区、排序原型;第二,在合并郡国的"原始"排序中,边郡排序反映了武帝以前的状况,中原的郡国排序则有汉初的痕迹,可知《地理志》所根据的西汉后期册籍,源自众建诸侯、析分支郡之前的册籍;第三,中原地区郡国的特殊排序与秦的征服顺序吻合,汉边郡与秦边郡的排序也有继承关系,可推测汉初册籍直接继承了秦国按边疆方位与征服顺序排列各郡的册籍。总之,《汉书·地理志》的郡国排序,来自秦帝国建立之初的册籍。③ 赵志强在《从〈汉书·地理志〉体例看郡国沿革》中指出,班固撰写《汉书·地理志》所依据的原始资

---

① 严耕望:《汉书地志县名首书即郡国治所辨》,《严耕望史学论文选集》,中华书局 2006 年版,第 96 页。
② 侯甬坚:《〈汉书·地理志〉志例的整理及补充》,《历史地理学探索》,中国社会科学出版社 2004 年版,第 223 页。
③ 李新峰:《试释〈汉书·地理志〉郡国排序》,《北京大学学报》(哲学社会科学版) 2005 年第 1 期。

料著录之秦郡数目远不止36个，但班固拘泥于36之数，于是删减了若干郡目以自圆其说；司马彪撰写《后汉书·郡国志》，亦知秦郡总数不止36，因此去掉南海，增加了黔中、鄣郡，使得秦郡数目达到了37。[1]

总体而言，正史地理志的整理与研究有着长期的传统，成果也极为丰富，但随着历史地理学以及史学和地理学研究的多元化，以及随之而来的史料的多元化，正史地理志的整理与研究在最近十多年中热度显著下降。

二 历代地理总志

与正史地理志类似，长期以来作为政区考订和政区沿革最为主要材料的历代地理总志，因此得到了持续的关注，到目前为止，不仅最为重要和常见的官修地理总志基本都进行了整理和出版，甚至还出版了大量古代私人撰述的地理总志，且其中部分进行了整理和点校。

唐初李泰编纂的规模宏大的《括地志》早已散佚，清嘉庆二年（1797）孙星衍从唐宋文献中辑录出《括地志》的遗文8卷，此后又有学者进行过一些增补工作，近人贺次君以孙星衍的辑本为基础再次进行了搜集整理，最终完成了《括地志辑校》一书[2]，该书辑录佚文1130条，是迄今为止辑录条目最多的版本[3]。

《元和郡县图志》是我国现存最早且保存较为完整的地理总志，不过其中的地图在北宋时期就已经散佚，文字的部分目前只流传下来三十四卷。贺次君以光绪六年（1880）金陵书局初刊本为底本进行了点校、考订，并补充了缪荃孙辑录的《元和郡县图志缺卷逸文》三卷和清代学者张驹贤所作的考证。[4] 对于《元和郡县图志》的研究数量众多，如

---

[1] 赵志强：《从〈汉书·地理志〉体例看郡国沿革》，《中国历史地理论丛》2015年第2辑。

[2] （唐）李泰等著，贺次君辑校：《括地志辑校》，中华书局1980年版。

[3] 关于清代以来学者辑录《括地志》的情况和各个辑本的优劣，可以参见华林甫《〈括地志〉辑本校读》，《文献》1991年第1期。

[4] （唐）李吉甫撰，贺次君点校：《元和郡县图志》，中华书局1983年版。关于现存的《元和郡县图志》的版本以及清人的辑补可以参见程大炜《〈元和郡县图志〉清人辑补研究》，硕士学位论文，华东师范大学，2007年。

黄永年和贾宪保主编的《唐史史料学》地理卷中的《元和郡县志》①，主要从史料来源及价值方面对《元和郡县图志》进行了探讨；王文楚、邹逸麟的《我国现存最早的一部地理总志——〈元和郡县志〉》是现代关于《元和郡县图志》较早的研究，在参照前人，尤其是清人研究的基础上，提出该书成书于元和八年（813），次年又做了补充，此外该文还对《元和郡县图志》的体例、内容、价值以及缺陷进行了评价。②而孔明丽的《〈元和郡县图志〉研究述略》则对《元和郡县图》的研究成果进行了大致的梳理。③

已经影印或者经过点校出版的还有《太平寰宇记》④《元丰九域志》⑤《舆地广记》⑥《舆地纪胜》⑦《方舆胜览》⑧《大元混一方舆胜览》⑨《寰宇

---

① 黄永年、贾宪保主编：《唐史史料学》，陕西师范大学出版社1989年版。

② 王文楚、邹逸麟：《我国现存最早一部地理总志——〈元和郡县志〉》，《历史地理》创刊号，上海人民出版社1981年版，第231页。

③ 孔明丽：《〈元和郡县图志〉研究述略》，《理论界》2009年第6期。

④ 《宋本太平寰宇记》，中华书局2000年版；《太平寰宇记》，《日本宫内厅书陵部藏宋元版汉籍选刊》编委会编：《日本宫内厅书陵部藏宋元版汉籍选刊》，上海古籍出版社2012年版；而点校本则有王文楚等点校《太平寰宇记》，中华书局2007年版。对其版本和流传情况的研究可以参见郑立锋《乐史〈太平寰宇记〉版本流传考》，《历史地理》第30辑，上海人民出版社2014年版，第363页；王文楚《〈太平寰宇记〉成书年代及版本问题》，《复旦学报》（社会科学版）1996年第2期。

⑤ 魏嵩山、王文楚点校：《元丰九域志》，中华书局1984年版。版本方面的研究则有郑利锋《〈九域志〉版本流传考》，《史学史研究》2014年第1期。

⑥ 《宋本舆地广记》，国家图书馆出版社2017年版；点校本则有李勇先、王小红校注《舆地广记》，四川大学出版社2003年版。相关的研究有王小红《〈舆地广记〉成书时间考》，《宋文化研究》第10辑，线装书局2001年版，第305页；王小红《〈舆地广记〉历代著录与版本流传考》，《宋文化研究》第11辑，线装书局2002年版，第248页。

⑦ 《舆地纪胜》，江苏广陵古籍刻印社1991年版；《舆地纪胜》，中华书局1992年版；点校本则有李勇先点校《舆地纪胜》，四川大学出版社2005年版；赵一生点校《舆地纪胜》，浙江古籍出版社2012年版。

⑧ 《新编方舆胜览》，上海古籍出版社1986年版；（宋）祝穆编、（宋）祝洙补订：《宋本方舆胜览》，上海古籍出版社1991年版；《新编方舆胜览》，北京图书馆出版社2004年版；点校本则有施和金点校《方舆胜览》，中华书局2003年版。

⑨ （元）刘应李原编、（元）詹友谅改编，郭声波整理：《大元混一方舆胜览》，四川大学出版社2003年版。相关的研究有郭声波《〈大元混一方舆胜览〉作者及版本考》，《暨南史学》第2辑，暨南大学出版社2003年版，第184页；郭声波《〈大元混一方舆胜览〉的价值与缺陷》，《中国历史地理论丛》2005年第1辑。

通志》①《大明一统志》②和《大清一统志》③等。此外,《大元一统志》已经散佚,今人对保存在各类古籍中的条目进行了辑佚。④

不仅如此,随着如《续修四库全书》《四库全书存目丛书》《四库禁毁书丛刊》《四库未收书辑刊》以及《文渊阁四库全书》《丛书集成》(初编、续编、三编)等丛书的大量出版,以及《中华再造善本》等现代汇编的出版,历代地理总志已经非常容易获得。

三 地方志

中国古代留存下来大量的地方志,从"图经"到"方志"的转变是以往中国古代地方志研究的热点之一,相关论著数量较多,但在观点上大同小异,基本继承了四库馆臣的总结,即"古之地志,载方域、山川、风俗、物产而已,其书今不可见。然《禹贡》《周礼·职方氏》,其大较矣。《元和郡县志》颇涉古迹,盖用《山海经》例。《太平寰宇记》增以人物,又偶及艺文,于是为州县志书之滥觞。元、明以后,体例相沿。列传侔乎家牒,艺文溢于总集,末大于本,而舆图反若附录,其间假借夸饰以侈风土者,抑又甚焉。王士祯称《汉中府志》载木牛流马法,《武功县志》载织锦璇玑图,此文士爱博之谈,非古法也,然踵事增华,势难遽返"⑤。对于这方面研究的大致归纳可以参见潘晟的《图经源流再讨论》⑥

---

① 《寰宇通志》,国家图书馆出版社2014年版。
② 《大明一统志》,三秦出版社1990年版;《大明一统志》,国家图书馆出版社2009年版。相关研究有杜洪涛《〈大明一统志〉的版本差异及其史料价值》,《中国地方志》2014年第10期;巴兆祥《试述〈大明一统志〉的刊本及其历史贡献》,《中国地方志》2015年第1期;刘小龙《二十世纪以来的〈大明一统志〉研究》,《史志研究》2017年第2期。
③ 《嘉庆重修大清一统志》,中华书局1984年版;《大清一统志》,上海古籍出版社2008年版。相关研究参见张艳玲《三部〈大清一统志〉的比较研究》,硕士学位论文,中国社会科学院,2003年。
④ 赵万里校辑:《元一统志》,中华书局1966年版。此外,还有《玄览堂丛书续集》中辑清袁氏贞节堂钞本,以及《辽海丛书》中金毓黻辑残本15卷、辑本4卷。还可以参见齐永久《〈元一统志〉作者及其版本问题》,《中央民族学院学报》1981年第4期。
⑤ 永瑢等:《四库全书总目》卷68《史部·地理类一》,中华书局1965年版。
⑥ 潘晟:《图经源流再讨论》,《中国地方志》2010年第1期。

和王旭的《论宋代图经向方志的转变——以图的变化为中心》①等。值得注意的是,潘晟对唐代以前图经的性质提出了新的认知,即"认为目前的资料尚不足以推测汉隋之间图经的体例等问题,大体上仍属于王朝疆域地理资料搜集的一种手段。至于唐代,当地图造送制度正常运行的时候,亦可能要求随例造送文字性质的图经,两者属于不同形式的地理公牍,地图为正,图经为附属。图经之循例或不一定如闰年图那样固定。随着制度运行的涣漫,文字形式的图经因编造的技术性低,往往循例抄录即可,成为塞责之手段。但为解决地理地形问题,或将已绘之小幅地图附上,即成后世所谓先图后文的形式"②。由此图经与后世方志之间的关系似乎并不是之前认识的那么直接,对此还可以参看他的《宋代图经与九域图志:从资料到系统知识》③。

近年来,古代地方志方面最大的工作在于对其进行汇编和出版,其中规模最大的就是《中国地方志集成》,这是一套当前选收方志最多、涵盖地域最广的大型方志丛书,其中包括《乡镇志专辑》(32册254种)、《江西府县志辑》(87册99种)、《上海府县志辑》(10册22种)、《西藏府县志辑》(1册19种)、《江苏府县志辑》(68册109种)、《浙江府县志辑》(68册123种)、《安徽府县志辑》(63册88种)、《福建府县志辑》(40册79种)、《湖南府县志辑》(86册110种)、《湖北府县志辑》(67册113种)、《广东府县志辑》(51册109种)、《山东府县志辑》(95册180种)、《山西府县志辑》(70册173种)、《黑龙江府县志辑》(10册32种)、《吉林府县志辑》(10册49种)、《辽宁府县志辑》(23册55种)、《陕西府县志辑》(57册173种)、《甘肃府县志辑》(49册104种)、《宁夏府县志辑》(9册13种)、《青海府县志辑》(5册16种)、《北京府县志辑》(7册17种)、《天津府县志辑》(6册8种)、《河北府县志辑》(73册162种)、《海南府县志辑》(7册18种)、《贵州府县志辑》(50册126种)、《新疆府县志辑》(12册42种)、《内蒙古府县志

---

① 王旭:《论宋代图经向方志的转变——以图的变化为中心》,《史学史研究》2016年第2期。

② 参见潘晟《图经源流再讨论》,《中国地方志》2010年第1期。

③ 潘晟:《宋代图经与九域图志:从资料到系统知识》,《历史研究》2014年第1期。

辑》（17 册 35 种）、《云南府县志辑》（83 册 99 种）、《广西府县志辑》（79 册 155 种）、《河南府县志辑》（70 册 159 种）、《四川府县志辑》（70 册 176 种）、《重庆府县志辑》（35 册 78 种）。这套丛书分别由凤凰出版社、上海书店和巴蜀书社出版。不过，需要提及的是，由于影印方志时，通常将原书的 4 页缩印在 1 页上，因此有时会造成阅读上的困难。

在《中国地方志集成》之前，台湾的成文出版社还出版有《中国方志丛书》，该丛书影响力非常之大，很多图书馆都有收藏。这套丛书按 A 华中（01 江苏、02 浙江、03 安徽、04 江西、05 湖南、06 湖北、07 四川）、B 华北（08 山东、09 山西、10 河南、11 河北、12 陕西、13 甘肃）、C 华南（14 广东、15 广西、16 福建、17 云南、18 贵州）、D 西部（19 新疆、20 西康、21 青海、22 西藏）、E 塞北（23 宁夏、24 绥远、25 热河、26 察哈尔、27 蒙古）、F 东北（28 辽宁、29 安东、30 辽北、31 黑龙江、32 兴安、33 吉林、34 合江、35 松江、36 嫩江）、G 台湾（37 台湾）七大片区归类，共 5359 册。由于这套丛书对于所收方志的版本、成书时间和编纂者的著录有时存在错误，因此在使用时需要注意，必要时可以对照《中国地方志联合目录》以明确方志的版本和成书时间等信息。

除了这两套大型丛书之外，还出版有众多其他的方志丛书。现存宋元时期的方志数量有限，基本都以影印的形式收录在中华书局出版的《宋元方志丛刊》[①] 中。点校本则有《宋元珍稀地方志丛刊（甲编）》[②] 和《宋元珍稀地方志丛刊（乙编）》[③]，分别收录宋元方志 8 种和 10 种，以传世的善本为工作底本，校以他本，参以相关史籍、总集、文集、笔记、小说等。此外，还曾出版有《宋元浙江方志集成》[④]。

明代地方志则以《天一阁藏明代方志选刊》[⑤] 及其《天一阁藏明代方志选刊续编》[⑥]（后文简称《续编》）为代表，分别收录天一阁藏明代方志

[①] 《宋元方志丛刊》，中华书局 1990 年版。
[②] 王晓波等点校：《宋元珍稀地方志丛刊（甲编）》，四川大学出版社 2007 年版。
[③] 李勇先等点校：《宋元珍稀地方志丛刊（乙编）》，四川大学出版社 2009 年版。
[④] 《宋元浙江方志集成》，杭州出版社 2009 年版。
[⑤] 《天一阁藏明代方志选刊》，上海古籍书店 1981 年至 1982 年版。
[⑥] 《天一阁藏明代方志选刊续编》，上海书店 1990 年版。

107 种和 109 种。此外，2017 年，又出版了《天一阁藏历代方志汇刊》[①]，囊括天一阁所藏 515 部、3273 册历代方志。

其他有代表性的地方志丛书有：《日本藏中国罕见地方志丛刊》[②]及其《续编》[③]《四川大学图书馆藏珍稀四川地方志丛刊》[④]《上海乡镇旧志丛书》[⑤]《北京师范大学图书馆藏稀见方志丛刊》[⑥]《陕西省图书馆藏稀见方志丛刊》[⑦]《中国西藏及甘青川滇藏区方志汇编》[⑧]《西北稀见方志文献》[⑨]《中国西北稀见方志续集》[⑩]《西南稀见方志文献》[⑪]《福建师范大学图书馆藏稀见方志丛刊》[⑫]《华东师范大学图书馆藏稀见方志丛刊》[⑬]《明代孤本方志选》[⑭]《清代孤本方志选》[⑮]等。

需要注意的是，在已经出版的各种丛书和各藏书机构的珍稀古籍丛书中往往也收录有大量的地方志，如《北京图书馆古籍珍本丛刊》[⑯]和《故宫珍本丛刊》[⑰]等。

此外，还存在对已经散佚的方志的辑佚之作，典型的有《汉唐方志辑佚》[⑱]《宋辽金元方志辑佚》[⑲]和《永乐大典方志辑佚》[⑳]。

[①] 《天一阁藏历代方志汇刊》，国家图书馆出版社 2017 年版。
[②] 《日本藏中国罕见地方志丛刊》，书目文献出版社 1991 年版。
[③] 《日本藏中国罕见地方志丛刊续编》，北京图书馆出版社 2003 年版。
[④] 《四川大学图书馆藏珍稀四川地方志丛刊》，四川出版集团 2009 年版。
[⑤] 《上海乡镇旧志丛书》，上海社会科学院出版社 2004 年版。
[⑥] 《北京师范大学图书馆藏稀见方志丛刊》，北京图书馆出版社 2007 年版。
[⑦] 《陕西省图书馆藏稀见方志丛刊》，北京图书馆出版社 2006 年版。
[⑧] 《中国西藏及甘青川滇藏区方志汇编》，学苑出版社 2003 年版。
[⑨] 《西北稀见方志文献》，兰州古籍书店 1990 年版。
[⑩] 《中国西北稀见方志续集》，中华全国图书馆文献缩微复制中心 1997 年版。
[⑪] 《西南稀见方志文献》，兰州大学出版社 2003 年版。
[⑫] 《福建师范大学图书馆藏稀见方志丛刊》，北京图书馆出版社 2008 年版。
[⑬] 《华东师范大学图书馆藏稀见方志丛刊》，北京图书馆出版社 2005 年版。
[⑭] 《明代孤本方志选》，中华全国图书馆文献缩微复制中心 2000 年版。
[⑮] 《清代孤本方志选》，线装书局 2001 年版。
[⑯] 《北京图书馆古籍珍本丛刊》，北京图书馆出版社 2000 年版。
[⑰] 《故宫珍本丛刊》，海南出版社 2001 年至 2006 年版。
[⑱] 刘纬毅：《汉唐方志辑佚》，北京图书馆出版社 1997 年版。
[⑲] 刘纬毅等：《宋辽金元方志辑佚》，上海古籍出版社 2011 年版。
[⑳] 马蓉等点校：《永乐大典方志辑佚》，中华书局 2004 年版。

还有方志中某类史料的汇编，如在地方志中存在大量人物传记的材料，对此国家图书馆编纂有《地方志人物传记资料丛刊·华北卷》[1]《地方志人物传记资料丛刊·西北卷》[2]《地方志人物传记资料丛刊·东北卷》[3]《地方志人物传记资料丛刊·华南卷》[4]《地方志人物传记资料丛刊·西南卷》[5]《地方志人物传记资料丛刊·华东卷（上编）》[6]《地方志人物传记资料丛刊·华东卷（下编）》[7]；民俗方面的则有《中国地方志民俗资料汇编》[8]；区域性的则有《青海方志资料类编》[9] 等。

关于地方志的工具书数量众多，其中虽然编纂时间较早，但目前依然非常有价值的就是《中国地方志联合目录》[10]，这一目录是在全国各地图书馆的支持下完成的，编纂者对 190 余家藏书机构所藏的地方志进行了详细的梳理，收录地方志 8200 多种，著录有方志名称、卷数、纂修者、版本、藏书机构等内容。虽然目前已经影印出版了大量方志，但依然无法涵盖保存下来的全部古代方志，因此对于查阅某些孤本和珍本方志而言，《中国地方志联合目录》依然是极为有用的工具书。

总体而言，经过多年的整理和出版，除了孤本和某些珍本方志之外，在目前较大的藏书机构中，大部分方志已经很容易获得，极大地便利了研究的进行。

四 其他地理文献

除了上述几类文献之外，还存在大量与历史地理有关的文献，其中某些文献长期以来得到了学界的广泛关注，如《禹贡》《山海经》《水经

---

[1] 《地方志人物传记资料丛刊·华北卷》，北京图书馆出版社 2002 年版。
[2] 《地方志人物传记资料丛刊·西北卷》，北京图书馆出版社 2001 年版。
[3] 《地方志人物传记资料丛刊·东北卷》，北京图书馆出版社 2001 年版。
[4] 《地方志人物传记资料丛刊·华南卷》，国家图书馆出版社 2016 年版。
[5] 《地方志人物传记资料丛刊·西南卷》，国家图书馆出版社 2015 年版。
[6] 《地方志人物传记资料丛刊·华东卷（上编）》，北京图书馆出版社 2007 年版。
[7] 《地方志人物传记资料丛刊·华东卷（下编）》，国家图书馆出版社 2012 年版。
[8] 《中国地方志民俗资料汇编》，书目文献出版社 1989 年至 1995 年版。分为华东卷、东北卷、华北卷、西北卷、西南卷。
[9] 《青海方志资料类编》，青海人民出版社 1987 年版。
[10] 中国科学院北京天文台主编：《中国地方志联合目录》，中华书局 1985 年版。

注》《读史方舆纪要》《肇域志》《徐霞客游记》和《广志绎》等，其中大部分已经出版了得到学界公认的点校版和研究论著，如陈桥驿对《水经注》的研究①，朱惠荣对《徐霞客游记》的研究②等。

关于这些地理文献的研究，也有着大量研究综述可以参考，除了华林甫的《中国历史地理学·综述》的第十三章"历史地理文献研究"③之外，还可以参见华林甫的《近年来〈禹贡〉研究述略》④、魏幼红的《〈禹贡〉"黑水"地望研究综述》⑤、孔祥军的《试论清代学者〈禹贡〉研究之总成绩》⑥、荣天伟等的《民国以来〈禹贡〉研究综述》⑦、牛淑贞的《近20年来〈禹贡〉研究综述》⑧、张国平的《〈山海经〉研究成果概述》⑨、张步天的《20世纪〈山海经〉作者和成书经过的讨论》⑩、卫崇文的《〈山海经〉研究述论》⑪、徐中原的《20世纪以来〈水经注〉研究综述》⑫、张晋光的《徐霞客研究的新进展——近十年徐霞客研究综述》⑬

---

① 如陈桥驿《水经注校释》，杭州大学出版社1999年版；《水经注》，上海古籍出版社1990年版；《水经注疏》，江苏古籍出版社1989年版；《水经注研究》，天津古籍出版社1985年版；《水经注研究》二集，山西人民出版社1987年版；《郦学新论——水经注研究之三》，山西人民出版社1992年版；《水经注研究》四集，杭州出版社2003年版。

② 如朱惠荣《徐霞客与〈徐霞客游记〉》，云南大学出版社2014年版；《徐霞客游记》（全4册），中华书局2015年版；朱惠荣《徐霞客游记校注》（全2册），中华书局2017年版，等等。

③ 华林甫：《中国历史地理学·综述》第13章"历史地理文献研究"，山东教育出版社2009年版，第429页。

④ 华林甫：《近年来〈禹贡〉研究述略》，《中国史研究动态》1989年第10期。

⑤ 魏幼红：《〈禹贡〉"黑水"地望研究综述》，《中国史研究动态》2002年第9期。

⑥ 孔祥军：《试论清代学者〈禹贡〉研究之总成绩》，《清史研究》2012年第1期。

⑦ 荣天伟、汪前进：《民国以来〈禹贡〉研究综述》，《广西民族大学学报》（自然科学版）2010年第1期。

⑧ 牛淑贞：《近20年来〈禹贡〉研究综述》，《云南师范大学学报》（哲学社会科学版）2009年第3期。

⑨ 张国平：《〈山海经〉研究成果概述》，《丝绸之路》2009年第20期。

⑩ 张步天：《20世纪〈山海经〉作者和成书经过的讨论》，《益阳师专学报》2001年第1期。

⑪ 卫崇文：《〈山海经〉研究述论》，《山西师大学报》（社会科学版）2001年第2期。

⑫ 徐中原：《20世纪以来〈水经注〉研究综述》，《湖南文理学院学报》（社会科学版）2008年第5期。

⑬ 张晋光：《徐霞客研究的新进展——近十年徐霞客研究综述》，《徐霞客与中国旅游文化学术讨论会论文汇编》2003年，第142页。

等。当然，需要注意的是这些研究综述水平不一，很多并不能反映研究前沿和最为重要的成果。

此外，河渠水利、黄河、海塘、运河、军事、经济等也都是历史地理研究所涉及的内容，因此与这些领域有关的中国古代文献也是以往历史地理文献整理的对象。如关于历代正史中的《河渠志》，除了点校版《二十四史》之外，还出版过《二十五史河渠志注释》[①] 等。

五　与历史地理相关的史料汇编

除了上述研究、整理和出版成果之外，还有一些历史地理资料的汇编著作，其中较早的且具有影响力的就是谭其骧教授主编的《清人文集地理类汇编》[②]，这一汇编共有 7 册，是根据《清人文集篇目分类索引》辑录的，收录了清人文集中直接与地理有关的内容，全书近 300 万字。

随着近年来古籍出版的兴盛，也有大量历史地理资料汇编出版，如《宋元地理史料汇编》[③]，这一汇编主要收录除地理总志、重要地方志和常见的校点整理本以外的宋元地理文献，共计 166 种，其中收录的许多重要的地理学著作或版本通常不为人们所关注和重视。

规模更大的就是《中国历史地理文献辑刊》[④]，其对中国传统文献中史部地理类以外的地理文献进行了全面收集和整理，全书 79 册，约 3500 万字，按专题和类别编成，分为《禹贡集成》《尚书禹贡篇集成》《诗礼春秋四书尔雅地理文献集成》《通鉴类地理文献集成》《政书类地理文献集成》《目录类地理文献集成》《辑佚类地理文献集成》《类书类地理文献集成》《山海经穆天子传集成》《子史杂集类地理文献集成》十编。

还有一些专题性的资料汇编，如《水经注珍稀文献集成》[⑤]《中国历

[①] 周魁一等注释：《二十五史河渠志注释》，中国书店 1990 年版。
[②] 谭其骧主编：《清人文集地理类汇编》（7 册），浙江人民出版社 1986 年至 1990 年版。
[③] 李勇先等主编：《宋元地理史料汇编》，四川大学出版社 2007 年版。
[④] 李勇先主编：《中国历史地理文献辑刊》，上海交通大学出版社 2009 年版。
[⑤] 李勇先等主编：《水经注珍稀文献集成》1—5 辑，巴蜀书社 2017 年版。

代地理总志珍本文献汇刊》①。此外，成一农还从地理总志和地方志中辑录了与中国古代城池有关的资料。②

六　对历史地理文献史料价值认识上存在的问题

正如第一章所言，中国的历史地理学来源于传统史学中的沿革地理，且至今在教育部的学科分类中属于历史学，由此中国历史地理学的研究受到史学的极大影响，因此虽然近十年来这方面的工作有所减少，但文献的整理、点校和研究依然可以被认为是历史地理学研究的重中之重。受到传统史学看待史料方式的影响，在以往的历史地理的文献研究和认识中存在以下一些值得商榷之处。

第一，将文献中记载的"地理"或者对于"地理"的认知认为是客观的，甚至是正确的。如以往在研究中国古代军事地理时，往往会引用顾祖禹的《读史方舆纪要》，但显而易见的就是《读史方舆纪要》中记载的各种对于形胜、军事险要和战争成败的认知，只是顾祖禹自己的认知，或者是顾祖禹继承前人的认知，属于一种主观的认知，且就材料的性质而言，这种认知与我们今人的认知是相近的，因此在引用中只能作为佐证，而不能作为必然正确的认知。

志书的编纂者在编纂志书时往往会基于当时的认知来追溯以往制度的变化，或者只是强调编纂时的制度，而忽视了制度的变化，由此使现代使用者认为这些制度是长期存在的。如在研究北京王府的空间演变中经常会引用《清史稿·皇子世表》中记载的清朝的封爵制度。不过《清史稿》编纂于民国初年，其记载的实际上是沿袭至清末、定型于清代中期的封爵制度，但由此几乎完全忽略了封爵制度在清代前中期发生的各种变化。③

---

① 李勇先主编：《中国历代地理总志珍本文献汇刊》1—4 辑，上海科学技术文献出版社 2016 年版。

② 成一农：《中国古代城池基础资料汇编》第一辑第一册《〈嘉庆重修一统志〉城墙资料汇编》；《中国古代城池基础资料汇编》第一辑第二册《〈古今图书集成〉城墙资料汇编》；《中国古代城池基础资料汇编》第一辑第三册《〈古今图书集成〉庙学资料汇编》；《中国古代城池基础资料汇编》第一辑第四册《地方志城墙资料汇编》；《中国古代城池基础资料汇编》第一辑第五册《地方志庙学资料汇编》，中国社会科学出版社 2016 年版。

③ 参见成一农《清末北京王府分布研究》，《北京联合大学学报》2001 年第 1 期。

又如在本书第二篇第三章第二节中提及的清代的"省"。

相似的还有，对于文献，尤其是一些早期地理文献，如《禹贡》中记载的地理要素，历代的研究者大都希望通过考订来确定它们今天的位置，比较典型的就是《禹贡》中记载的"黑水"。关于"黑水"对应的是今天的哪条河流，历代学者提出了各种各样的认知，具体可以参见魏幼红的《〈禹贡〉"黑水"地望研究综述》[①]。此外周宏伟的《〈禹贡〉"黑水"新考》[②] 中对历代研究者关于"黑水"位置的各种观点进行了分类，大致可以分为认为实际存在的"实有派"以及认为"黑水"并不存在或者难以弄清其具体位置的"虚无派"，当然他自己是否定后者的。但"实有派"的认知前提是，《禹贡》的作者在撰写时明确知道存在一条"黑水"，且对其地理位置有着基本准确的认知，但就《禹贡》成书年代的中原人的地理认知范围来看，这点是存在疑问的，或者是今后相关研究中要加以解释的。

不仅如此，在史学研究中，不是所有考订都必然有学术价值，而在以往大多数研究中似乎都没有阐释"黑水"考释的学术价值，以及为什么我们要确定"黑水"对应的是今天的哪条河流及其地理位置。因此，对于《禹贡》中记载的"黑水"的研究，重点并不在于其对应的是哪条河流，而且很有可能《禹贡》的作者都难以确定其所在的准确地理位置，这方面的研究更多地应该思考"黑水"为什么在《禹贡》中被作为界线，以及其对后世中国疆域认知的影响等问题。

第二，认为地理文献在史料价值上存在差异。最为典型的就是认为正史地理志、国家编纂的地理总志以及一些官修地理志的史料价值高于地方志，因此在研究中通常轻视地方志的价值。

这一观点本身就是存在问题的，就实际情况来看，地理总志的编纂，通常基于各地上报的材料，其中包括方志，且难以想象中央会跨过地方去搜集基础资料。不仅如此，中国疆域庞大，各地的风俗习惯、度量衡等都存在差异，中央官员有时为了行文的统一等原因，会基于自己的理解对上

---

① 魏幼红：《〈禹贡〉"黑水"地望研究综述》，《中国史研究动态》2002年第9期。
② 周宏伟：《〈禹贡〉"黑水"新考》《陕西师大学报》（哲学社会科学版）1991年第3期。

报的数据进行修改统一，而这样的修改有时会是完全错误的，或者至少对材料进行了曲解，如张鑫敏和侯杨方在《〈大清一统志〉中"原额人丁"的来源——以江南为例》中以江南为例，分析了三版《大清一统志》中"原额人丁"的来源以及构建过程，认为在纂修《一统志》时"原额人丁"的含义复杂、定义不一，没有统一标准，由此进一步提出"清朝官修志书中的数据存在着很多错误，只有在搜集和掌握清代较完整的资料——包括档案（赋役全书、咨文、人丁编审题本及黄册）、志书（地方志、一统志）、政书（清三通、会典）、史书（清实录）——的基础上进行仔细的比较研究，才有可能较为准确、完整地复原清代'原额人丁'及其他统计数据被建构的完整过程及其可能存在的各种问题。在解决这些问题之前，不能对这些史料中的人丁及其他数据直接、简单地引用、利用，否则只会造成新的、更大的混乱和错误"①。当然，传统认为的参与编修地理总志的大多是有着较高水平的学者，而参与地方志编纂的学者水平往往要低一些且可能会掺杂一些地方情感因素，但这些基本只会影响到文字水平，基本不会影响到记载的内容本身。虽然中央官员可能在材料的选择上会更为严谨一些，但前提条件是他们能得到地方提供的材料之外的资料。因此，就材料本身而言，至少难以判断地方志和地理总志之间的优劣。

更为重要的是，材料的优劣并不在于材料本身，而在于问题，即在不同的问题、视角下，不同类型的史料，甚至同一类型的史料的优劣是不同的。比较简单的就是，通过对于研究一些小区域而言，地方志中的材料在详细程度上往往要优于地理总志；就研究历史城市地理而言，也是如此。

此外，近年来随着出土文献、民间契约文书的涌现，很多研究者疯狂于对这些材料的梳理，但问题在于，材料本身并不是历史，也无法展现"地理"，因此如果我们提出的问题、提出问题的方式以及看待材料的方式没有变化的话，那么这些材料除了填补细节之外，并不会对我们的研究带来根本性的促进。

---

① 张鑫敏、侯杨方：《〈大清一统志〉中"原额人丁"的来源——以江南为例》，《清史研究》2010 年第 1 期。

总体而言，历史文献本身在史料价值上并无优劣，其史料价值建立在研究者面对的问题和使用的方法的基础之上。同时，学科的发展和变革并不在于文献材料的发掘，而在于问题。

第二节　地理文献的数字化以及今后的发展趋势

近代以来，历史地理文献的获取和使用大致可以分为三个阶段。

第一个阶段大致是在 20 世纪 90 年代之前，这一阶段虽然印刷技术早已成熟，但受制于各种条件，印刷出版的各类古籍数量都比较有限，基本集中在官修的典志、正史以及著名的私人编纂的文献上。与此同时，各大图书馆的图书检索基本依靠纸本目录，甚至卡片。因此，除了常见文献之外，能获取的历史地理文献的类型和数量都是极为有限的，即使能获得，也需要投入大量的时间，甚至常见的历史地理文献的某些版本也难以得见。

第二个阶段大致从 20 世纪 90 年代至 21 世纪初。随着改革开放的深入，我国的经济实力迅速增长，文化事业也随之兴盛，这一时期不仅出版了大量著名和常见古籍的点校版，而且以丛书、汇编的形式影印出版了大量之前难得一见的历史地理文献，以及各种稀见的版本。与此同时，随着互联网的发展，各大图书馆都开始建设网络书目检索系统，且日益完善，因此在这一阶段的后期，研究者几乎可以足不出户地查阅主要图书馆所藏的古籍，当然通常只能获得目录和版本等少量信息。

第三个阶段大致从 21 世纪初至今。虽然古籍数字化开始于 20 世纪末，但大规模的数字化开始于 21 世纪初，而这种数字化已经开始逐渐影响到学术研究，而且在不久的将来必然会对现有的研究方式造成根本性的冲击。古籍文献的数字化主要有三种方式：

第一种是将古籍扫描后利用 OCR 技术转换成可检索的文本形式，对于研究而言，这一方式是最为便利的，著名的有《四库全书》《中国基本古籍库》《四部丛刊》《古今图书集成》等，其中《中国基本古籍库》收录上自先秦下至民国的历代典籍 1 万余种古籍的书目及 300 种书籍的全文数据（节选）和 328 个版本的图像数据（节选），每种均提供一个通行版本的全文信息和 1—2 个重要版本的原文图像，全文总计约 20 亿字，图像约 2000 万页，基本涵盖了大部分常见古籍。对于这些古籍文献的检索的数据库，学者也从开始的排斥到将其接纳为学术研究的必要工具。而且大量地方志也建立了各类可检索的数据库，如北京爱如生数字化技术研究中心开发制作的"中国方志库"，预计收录方志 1 万种，目前可以使用的有 4000 种；"中国数字方志库"收录 1949 年以前地志类文献 1.1 万条，总册数超过 15 万册，影像数据近千万页，全文版书目数据 2000 条，约 5 亿字；"万方中国地方志数据库"收录新方志共计 4 万余册，旧方志共计近 8 万卷；"雕龙古籍——中国地方志全文检索数据库"收录的可全文检索的地方志达到 4000 多种，并且每年以 500—600 种的速度扩充。不过，显而易见的就是，这些方志数据库的内容大部分是存在重复的。

第二种就是一些著名的图书馆将其所藏古籍扫描成图像，并对外公开，比较著名的有中国国家图书馆的数字图书馆，其中的"中华古籍资源库"是"中华古籍保护计划"的重要成果，目前在线发布的古籍影像资源包括：国家图书馆藏善本古籍、《赵城金藏》、法国国家图书馆藏敦煌遗书等资源，资源总量超过 2.5 万部 1000 余万叶。第一历史档案馆和台北"故宫"博物馆也将他们收藏的档案扫描，制作成数据库，且其中部分可以通过网络检索。当然由于只是图像版，因此只能检索书名、作者名、成书年代等少量信息，但可以通过网络等形式阅读原文图像。由此，当前获得古籍文献的范围进一步扩大。此外，扫描版的地方志数据库，以国家图书馆的"数字方志"为代表，其收录了国家图书馆所藏的数量庞大的地方志。虽然其是图像版，无法进行全文检索，但优势在于注册后可以在任何有网络的地方免费使用，而不像其他数字方志那样需要购买或者在本校校园网环境下才能使用。

第三种就是私人通过各种方式，包括自己扫描、从公开的网站上获取等手段，制作的各类已经公开的或者已经出版的古籍的扫描版。这种方式虽然在法律上存在问题，但目前通过这种途径"数字化"的文献数量非常庞大，如《续修四库全书》《四库全书存目丛书》《四库禁毁书丛刊》《四库未收书辑刊》《文渊阁四库全书》《四部丛刊》《丛书集成》等著名的丛书早就通过这种形式广为流传。甚至一些刚出版的古籍文献、研究专著，都可以获得相应的扫描版。

由此，通过上述三种形式，现在的研究者基本可以实现在家中进行学术研究，而不需要像前辈学者那样花费大量时间往来于各藏书机构以及为获得某种史料而耗费心力。

文献获取方式的改变，使得文献不再是学术研究的主要障碍，对于历史地理研究也是如此。不过需要强调的是，现在海量的文献使研究者淹没在数据的海洋之中，反而使传统史学所强调的"穷尽所有材料"变得越来越不可能，同时搜集材料的能力也将不再是优秀学者的标准，而提出问题的能力和基于问题选择材料的能力将越发重要，这点正是我国历史学目前正在发生的重要变革之一，因此在教育部的学科体系内属于历史学的历史地理学在培养学者方面一定要跟上历史学这一变革的步伐。

与此同时，地理学对于文献的使用也正在发生一场根本性的变革。虽然由于学科差异，这种变革可能在历史学中发生的相对较晚，但也必然会在不久的将来发生。这一即将到来的根本性的变革就是基于文献数字化的数据挖掘与人工智能的整合。

越来越多的学科学者已经意识到了大数据时代的来临，虽然很多历史研究者强调由于历史数据的特殊性，即繁体字、大量手写文献、异体字、古文、缺乏标点等，历史数据的全面数字化（指的是扫描为可检索的文本）在可见的未来是不可能的。确实，虽然目前繁体字识别技术已经比较成熟，但基本针对的只是规范的印刷体，对于大量的手写、碑刻文献几乎发挥不了太大的作用，因此在上文提及的众多古籍数字化的同时，大量民间文献、档案材料、碑刻材料以及抄本古籍都没有数字化，而这点确实在当前阻碍了历史研究以及历史地理的研究进入真正意义上的大数据时代。不仅如此，对于现代汉语，虽然已经存在有着一定成熟度的语意识别技术，由此可以自动抽取所需的相关信息，但由于古文缺乏标点，其语法和句法与现代汉语差异极大，由此使得现代汉语的语意识别和信息提取技术几乎不可能运用于古籍。上述两者结合，确实使很多历史学研究者自以为游离于大数据时代之外，而现代地理学的研究者也不敢过多涉及古代文献。

但是，近两年人工 AI 的发展将会彻底改变上述状态。2016 年和 2017 年，Alpha Go 在人机对战中先后战胜李世石和柯洁，这在人工智能技术的发展中具有划时代的意义。与 1997 年"深蓝"战胜卡斯帕罗夫相比，Alpha Go 对于人类棋手的胜利，不再仅仅依赖计算机的计算优势（以及人工对计算机运算的干预），而是在学习围棋规则的基础上，通过自我学习来实现"智能"，从而单纯以"智能"的形式战胜人类顶尖棋手。目前这一技术已经被拓展应用于软件开发等领域。更进一步的就是，目前正在进行开发的就是训练人工 AI 在计算机战略游戏上与人类进行对战，即训练人工智能在信息大量缺失的情况下，完成信息搜集、形势判断、制定策略等工作。

对于目前的人工智能而言，古汉字的识别，无论是手写材料还是碑刻材料，实际上都是有规律可循的，只是这些规律较为模糊，但可以通过反复试验，让计算机进行自我学习，并在期间进行适当的人工干预，从而实现对各类字体的人工智能识别。当然，由于字体的多样性，人工智能对于文字的识别不可能完全正确。与此类似，古汉语的语法虽然与现代汉语差异极大，且语意多样，但同样有着基本规则，甚至比汉字的书写更为规范，因此可以通过相似的自我学习的方式实现对古汉语语意的智能识别。只是目前上述两者缺乏"实用"价值，因此尚未纳入当前人工智能关注的领域。

以这两点为基础，结合目前日益成熟的语意发掘技术，那么对历史文献的语意发掘也就水到渠成，因此在不久的将来，历史学和历史地理学研究中材料的搜集将不再是一种必备"能力"。此外还需要提及的是，以量子物理学为基础理论研发的"量子计算机"已经开始投入商用，其计算能力远远超出现有的计算机。"量子计算机"加上人工 AI，将使得计算机的学习能力变得极为强大。

不仅如此，很多历史地理学（包括历史学）的研究都是有着大致的模式或者一套原则，尤其是一些考订性的研究和文献整理，那么在未来，这些研究同样可以通过人工智能来完成。且与人脑相比，人工智能的逻辑推理更为理性，且有着更为强大和无差错的记忆能力和处理极为庞大的材料的能力，因此很可能其进行的考订，在逻辑上更为严密，在资料上更为完备。

不过，我们不能苛求人工智能在文字识别、语意识别以及"考订"方面百分之百正确，毕竟这是人脑也无法做到的，而且对于何为"正确"，在很多时候人脑也无法得出一致的意见，甚至在文字的判读上也是如此。人工智能的价值在于，在这些需要投入大量时间的领域中解放了人力，使得我们可以去研究更有价值的问题。

面对这样的未来，历史地理学的研究必然要发生根本性的变化，去研究那些更为"人性"的、更为阐释性，即更为掺杂主观色彩的问题。总之，在不久的未来，文献将不再是问题，基于文献的考订同样也不再是问题。

推荐书目

在目前出版的大量断代史参考书目中都有着对相关时代主要历史地理文献的介绍，在一些中国历史地理概论的著作中通常也会涉及对某些典籍的介绍。历史地理学文献方面的工具书和指南主要有：

仓修良：《中国方志学通论》（修订本），方志出版社 2003 年版。

侯仁之主编：《中国古代地理名著选读》（第 1 辑），科学出版社 1959 年版。

靳生禾：《中国历史地理文献概论》，山西人民出版社 1987 年版。

杨正泰：《中国历史地理要籍介绍》，四川人民出版社 1988 年版。

杨光华：《中国历史地理文献导读》，西南师范大学出版社 2006 年版。

最新的就是潘晟的《历史地理文献学入门》[①] 一书，与之前的著作不同，这本入门手册主要侧重于地理文献的生成过程以及分类和出版的情况，且对那些分散在常见的古代地理文献之外的典章、诗赋、金石、出土

[①] 潘晟：《历史地理文献学入门》，科学出版社 2018 年版。

文献中的地理资料进行了系统的介绍。其阐释的方式和介绍的内容，从传统的历史地理学来看可能是"非主流"的，但该书恰恰展现了上文所强调的是问题决定了史料，而不是史料决定了问题，因此该书正代表了当前历史学和历史地理学的转型。

第 十 章

中国古代舆图

传统舆图是中国古代文献的重要组成部分，但由于种种原因，长期以来没有得到充分的认识和研究。随着近年来中国传统舆图的逐渐公布，这方面的研究越来越得到学术界的重视。由于古地图的研究存在极大的拓展空间，属于今后有可能取得突破的学科增长点，但是与传统文献资料以及出土文献资料研究相比，传统舆图的研究依然处于起步阶段，虽然已经整理和出版了海内外某些藏图机构收藏的中国舆图的目录和图录，但对于研究而言依然不够充分；几十年来虽然发表了大量关于中国传统舆图的研究论著，但在研究视角上一直没有取得突破，对于中国古代舆图的一些基本问题依然缺乏充分的认识，甚至在研究出发点上可能就存在问题，由此误导了中国传统舆图的研究，阻碍了研究的进一步发展。

本章首先介绍目前中国古代传统舆图的出版与整理情况，这也是中国古代舆图研究的基础；其次，在以往取得的大量研究成果的基础上，试图厘清中国地图学史的形成过程以及由此形成的中国传统舆图的研究视角，然后勾勒由此带来的主要问题；再次，对某些以往研究中关注较多的焦点问题进行评析；最后，指出中国古代地图研究的发展方向。

第一节　中国古代舆图的整理、编目与出版

资料的整理、编目是学术研究的基础，中国传统舆图的整理、编目与出版的工作始于民国初年。清朝宣统元年（1909）设立京师图书馆（原

国立北平图书馆前身），在筹备之初，即议定以翰林院、国子监以及内阁大库所藏为基础典藏，其中从内阁大库红本中拾出明、清旧本舆图一百余种，转交京师图书馆。这批明、清舆图自转交京师图书馆之始，就有统一的舆图编号，目录也先后编订过三次。其中在第三次舆图编目中，王庸将明、清舆图分成甲编"分类图"、乙编"区域图"两大类，总计184种、295件，编成《国立北平图书馆特藏清内阁大库舆图目录》①，同时将舆图部搜购的中外地图资料编成《国立北平图书馆特藏新购地图目录》②。民国二十二年（1933）王庸、茅乃文编辑出版了《国立北平图书馆中文舆图目录》③，民国二十六年（1937）又编辑出版了《国立北平图书馆中文舆图目录续编》④，这两本目录所收多属新购清代晚期至民国绘制的舆图，并不包括原清内阁大库的明、清旧本舆图。与此同时，原国立北平故宫博物院文献馆也一直在整理、编印和陈列清代宫中档案和舆图，民国二十五年（1936）5月出版了《清内务府造办处舆图房图目初编》⑤。由于华北局势吃紧，原国立北平图书馆和原国立北平故宫博物院文献馆所藏部分舆图，通过各种途径辗转运往南方，最终在1949年前运往中国台湾。这样一来，造成原本属于一个完整卷帙的舆图，分别收藏在海峡两岸的不同机构中。⑥

除此之外，民国时期关于中国古代舆图的编目和出版工作还有民国元年（1912）出版的收录外交部所藏地图的《外交部地图目录续编》⑦、民国十七年（1928）出版的北平地质调查所图书馆所藏舆图目录《地图目

---

① 王庸编：《国立北平图书馆特藏清内阁大库舆图目录》，北平图书馆1934年版。
② 参见王庸编《国立北平图书馆特藏新购地图目录》，《国立北平图书馆馆刊》第6卷第4号，民国二十一年（1932）7月、8月。
③ 王庸、茅乃文编：《国立北平图书馆中文舆图目录》，国立北平图书馆1933年版。
④ 王庸、茅乃文编：《国立北平图书馆中文舆图目录续编》，国立北平图书馆1937年版。
⑤ 国立北平故宫博物院文献馆：《清内务府造办处舆图房图目初编》，国立北平故宫博物院文献馆1936年版。
⑥ 上述民国时期原清朝内廷所藏舆图的编目以及流散情况，参见李孝聪《台北故宫博物院图书文献处藏清代舆图的初步整理与认识》，（台湾）"故宫"博物院编《故宫学术季刊》2007年第25卷第1期。
⑦ （清）刘铎编：《外交部地图目录续编》，外交部外政司1912年版。

录甲编》①，以及任乃强的《西康地图谱》②、王庸的《中国地理图籍丛考》③和《明代海防图籍录》④等。

在古旧地图方面则是出版了《皇舆全览图》和《乾隆京城全图》。20世纪20年代在沈阳故宫发现了康熙《皇舆全览图》的41块铜版，重印时由金梁题识为《满汉合璧清内府一统舆地秘图》⑤，共41幅。1925年5月，北平故宫博物院文献馆点查故宫造办处存物时，发现乾隆《内府舆图》铜版104方，并于1932年1月出版⑥。1935年，故宫博物院文献馆在整理故宫余存时，在清内务府造办处舆图房发现了《乾隆京城全图》；1940年，当时的故宫博物院与日本兴亚院华北联络部政务局调查所，分别出版了两种不同的缩印本，前者散页装为一函，命名为《清内务府藏京城全图》⑦；后者以17册，册页装订，总成一函，命名为《乾隆京城全图》⑧，函内并附《解说》一册，册内收日本清史学者今西春秋撰写的一篇解说和街巷、建筑物索引以及"皇城宫殿衙署图"一幅。

中华人民共和国成立之后，尤其是近年来一些图书馆进行了馆藏中国传统舆图的编目整理工作，其中最为重要的就是北京图书馆（即今国家图书馆）善本特藏部舆图组编《舆图要录》⑨，包含了该馆所

---

① 刘季辰编：《地图目录甲编》，地质调查所图书馆1928年版。北京国家图书馆有缩微胶片，收录图目400余条。

② 任乃强：《西康地图谱》，汪前进选：《中国地图学史研究文献集成（民国时期）》，西安地图出版社2007年版（原文发表在《康导月刊》第5卷第9期）。按作者记录其总共收录有380余种，920余幅康藏以及相邻地区的地图。

③ 王庸：《中国地理图籍丛考》，商务印书馆1947年版。这是一部关于明代及其之后全国总图和边防专题图的综录性著作，除了当时可以见到的舆图之外，还收录了一些文献中记载的舆图，这一点也是当前中国舆图目录整理所忽视的。

④ 王庸：《明代海防图籍录》，汪前进选：《中国地图学史研究文献集成（民国时期）》第3册，西安地图出版社2007年版，第947页。

⑤ 《满汉合璧清内府一统舆地秘图》，沈阳故宫1929年版。

⑥ 翁文灏：《读故宫博物院重印乾隆内府舆图记》，汪前进选：《中国地图学史研究文献集成（民国时期）》第2册，西安地图出版社2007年版，第715页。朱希祖：《乾隆内府铜版地图序》，汪前进选：《中国地图学史研究文献集成（民国时期）》第2册，西安地图出版社2007年版，第725页。

⑦ 《清内务府藏京城全图》，故宫博物院1940年版。

⑧ 《乾隆京城全图》，[日]兴亚院华北联络部政务局调查所1940年版。

⑨ 北京图书馆善本特藏部舆图组编：《舆图要录》，北京图书馆出版社1997年版。

藏6827种中外文古旧地图目录和提要。此外，首都图书馆在网站"北京记忆"上整理公布了其馆藏的与北京有关的舆图①。台北"故宫"博物院正在进行馆藏明清舆图的整理和数字化工作②，同时还在进行"数位典藏与学习至海外推展暨国际合作计划"的"皇舆搜览——寻访清宫流散历史舆图连接数位计划"，意图复制、整理收藏在世界各地的中国传统舆图③。台湾"中研院"近代史所出版了《近史所档案馆藏中外地图目录汇编》④。

此外，国内一些学者通过亲身访学搜集整理了海外一些图书馆收藏的中文古代地图，其中最早和最重要的当属李孝聪的《欧洲收藏部分中文古地图叙录》⑤《美国国会图书馆藏中文古地图叙录》⑥，此外还有文有仁和单桦的《波兰收藏的明朝地图探访记》⑦等。在这里值得提出的是，美国国会图书馆藏中文古地图现在已经可以通过该馆网站进行检索、查阅，并且可以下载高清晰的图片，国内各藏图机构应当借鉴这种无偿开放研究资料的意识。

为了便于中国传统舆图的研究，从20世纪90年代开始，出版了一系列中文传统舆图的图录，其中影响力最大的、时间较早的当属曹婉如主编的3卷本《中国古代地图集》⑧，该图集不仅公布了大量之前难得一见的

---

① 网站地址是：http://www.bjmem.com/bjm/jcyt/。

② 具体情况可以参见 http://collab.teldap.tw/2009teldap/slide/0227/GIS/Ming%20Chu%20Fung_2009.2.27.pdf。

③ 目前这一项目已经出版了《皇舆搜览：美国国会图书馆所藏明清舆图》和《方舆搜览——大英图书馆所藏中文历史地图》，这两部著作大量借鉴了李孝聪教授之前的工作，但在《皇舆搜览：美国国会图书馆所藏明清舆图》中缺乏明确说明，因此该书被判定为存在抄袭。

④ 台湾"中研院"近代史研究所档案馆目室编：《近史所档案馆藏中外地图目录汇编》，"中研院"近代史研究所档案编目室1991年版。其中所收大部分都是近代绘制的地图。

⑤ 李孝聪：《欧洲收藏部分中文古地图叙录》，国际文化出版公司1996年版。

⑥ 李孝聪：《美国国会图书馆藏中文古地图叙录》，文物出版社2004年版。

⑦ 文有仁、单桦：《波兰收藏的明朝地图探访记》，http://www22.brinkster.com/sltao/wyr010.htm，2003年3月6日。转引自吴莉苇《17世纪的耶稣会士与欧人中国地理形象的确立》（未刊稿）。

⑧ 曹婉如主编：《中国古代地图集（战国—元）》，文物出版社1990年版；曹婉如主编：《中国古代地图集（明代）》，文物出版社1994年版；曹婉如主编：《中国古代地图集（清代）》，文物出版社1997年版。

舆图，而且在图版之后还附有一些相关的研究论文，具有很高的学术价值。此后，重要的图录还有以大连市图书馆所藏舆图为主的《中国古地图精选》[1]；阎平、孙果清等编著的《中华古地图集珍》[2]；喻沧主编的《中国古地图珍品选集》[3]；郑锡煌主编的《中国古代地图集·城市地图》[4]。此外还有《宋元古地图集成》[5]《中国古地图辑录》[6]和《清代地图集汇编》[7]等。

近年来一些图书馆逐渐将所藏的中国传统舆图整理出版，具有代表性的有天津图书馆编《水道寻往——天津图书馆藏清代舆图选》[8]；收录北京大学图书馆藏图的《皇舆遐览——北京大学图书馆藏清代彩绘地图》[9]；首都图书馆出版的馆藏北京古代舆图图录《北京历史舆图集》[10]；孙靖国整理出版的收录科学院图书馆藏图的《舆图指要：中国科学院图书馆藏

---

[1] 刘镇伟主编：《中国古地图精选》，中国世界语出版社1995年版。

[2] 阎平、孙果清等编著：《中华古地图集珍》，西安地图出版社1995年版。该书除了图录之外，还对中国古代地图发展史进行了梳理。

[3] 喻沧主编：《中国古地图珍品选集》，哈尔滨地图出版社1998年版。收录了从公元前475年至1911年的各类地图166幅。

[4] 郑锡煌主编：《中国古代地图集·城市地图》，西安地图出版社2005年版。收录了大量城市舆图，并在图录之后附有多篇具有学术价值的研究论文。

[5] 盛博：《宋元古地图集成》，星球地图出版社2008年版。

[6] 《中国古地图辑录》，按省份和专题分辑出版，预计共收录地图3万余幅，现已出版《湖北省辑》（星球地图出版社2003年版）、《福建省—台湾省辑》（星球地图出版社2007年版）、《山东省辑》（星球地图出版社2006年版）、《河南省辑》（星球地图出版社2005年版）、《浙江省辑》（星球地图出版社2005年版）、《康雍乾盛世图》（星球地图出版社2002年版）、《江西省辑》（星球地图出版社2012年版）、《江苏省辑》（星球地图出版社2012年版）、《安徽省辑》（星球地图出版社2012年版）、《广东—海南省辑》（星球地图出版社2010年版）、《江西省辑》（星球地图出版社2012年版）。

[7] 古道编委会：《清代地图集汇编》（一编），西安地图出版社2005年版；古道编委会：《清代地图集汇编》（二编），西安地图出版社2005年版；古道编委会：《清代地图集汇编》（三编）全国图书馆文献缩微复制中心2007年版。

[8] 天津图书馆编：《水道寻往——天津图书馆藏清代舆图选》，中国人民大学出版社2007年版。收录了该图书馆所藏舆图10种400余幅。

[9] 北京大学图书馆编：《皇舆遐览——北京大学图书馆藏清代彩绘地图》，中国人民大学出版社2008年版。此外，北京大学图书馆所藏全部古旧地图已经整理完毕，将于不久之后出版。

[10] 《北京历史舆图集》，外文出版社2005年版。共收录各种北京古旧舆图800余幅，其中包括一些外文地图。

中国古地图叙录》①；还有《河岳藏珍——中国古地图展》②、收录了中国国家图书馆收藏的北京古地图的《北京古地图集》③和《国家图书馆藏珍稀清代地图集汇编》④等。台北"故宫"博物院也出版了一些展览地图的图册，如《水到渠成——院藏清代河工档案舆图特展》⑤《失落的疆域——清季西北边界变迁条约舆图特展》⑥《笔画千里——院藏古舆图特展》⑦《河岳海疆——院藏古舆图特展》⑧和《翠绿边地——清季西南边界条约舆图》⑨等。

还出版过某一地区的古代舆图图集，且近年来这方面的出版工作取得了较大的进展，比较有代表性的有《重庆古旧地图集》⑩《武汉历史地图集》⑪《广州历史地图精粹》⑫《东莞历代地图集》⑬《杭州古旧地图集》⑭《澳门历史地图精选》⑮《温州古旧地图集》⑯，还有上文提到的首都图书

---

① 孙靖国：《舆图指要：中国科学院图书馆藏中国古地图叙录》，中国地图出版社2012年版。收入舆图81种。

② 中国香港历史博物馆编制：《河岳藏珍——中国古地图展》，香港临时市政局1997年版。收录了在香港回归前举办的"中国古地图展"的展品，其中除收录中国国家图书馆的28幅精选馆藏外，还包括香港地图收藏家谭兆璋及香港历史博物馆珍藏的部分香港及中国地图。

③ 中国国家图书馆等：《北京古地图集》，测绘出版社2010年版。

④ 国家图书馆：《国家图书馆藏珍稀清代地图集汇编》，文物出版社2014年版。

⑤ 宋兆霖：《水到渠成——院藏清代河工档案舆图特展》，故宫博物院2012年版。

⑥ 李天鸣、林天人：《失落的疆域——清季西北边界变迁条约舆图特展》，故宫博物院2010年版。

⑦ 冯明珠、林天人：《笔画千里——院藏古舆图特展》，故宫博物院2010年版。

⑧ 林天人：《河岳海疆——院藏古舆图特展》，故宫博物院2012年版。

⑨ 宋兆霖主编：《翠绿边地——清季西南边界条约舆图》，故宫博物院2016年版。

⑩ 蓝勇：《重庆古旧地图集》，西南师范大学出版社2013年版。

⑪ 武汉历史地图集编纂委员会编辑：《武汉历史地图集》，中国地图出版社1998年版。收录了武汉地区古旧地图百余幅。

⑫ 《广州历史地图精粹》，中国大百科全书出版社2003年版。收录上自康熙二十四年（1685），下迄1949年的地图97幅。

⑬ 《东莞历代地图集》，中国人民政治协商会议东莞市委员会文史资料委员会2002年版。收集了明、清、民国及1949年后出版的与东莞有关的地图100余幅。

⑭ 杭州市档案馆编：《杭州古旧地图集》，浙江古籍出版社2007年版。收录杭州地区的古旧地图222幅。

⑮ 邹爱莲、霍启昌主编：《澳门历史地图精选》，文华出版社2000年版。收录上起明隆庆四年（1570），下至宣统二年（1910）与澳门有关的古代舆图78幅。

⑯ 钟翀：《温州古旧地图集》，上海书店2014年版。

馆出版的《北京历史舆图集》等。近两年出版的具有重要影响力的则是《上海城市地图集成》①和《南京古旧地图集》②，这两套图集不仅对两座城市的古旧地图进行了全面地收集，而且在排版方面下了极大的功夫，在一定程度上将对古地图的清晰展示、现代书籍的装帧形式与艺术之美完美地结合起来，这是今后古地图集出版应当借鉴的。

华林甫的《英国国家档案馆庋藏近代中文舆图》③和《德国普鲁士文化遗产图书馆藏晚清直隶山东县级舆图整理与研究》④是目前不多见的海外中文舆图的图录。

此外还整理出版了一些传统认为在中国古代地图发展史上具有重要意义的舆图，如1987年出版的《历代地理指掌图》⑤；1996年燕山出版社以故宫本为底本，参校日本版加摹绘制出版的《加摹乾隆京城全图》⑥，附有地名表、地名笔画索引和地名分类索引；1997年国际文化出版公司根据首都图书馆藏清代嘉庆年间刻本影印出版的《广舆图全书》⑦；汪前进和刘若芳主编的《清廷三大实测全图集（满汉对照）》⑧，即《皇舆全览图》《雍正十排图》和《乾隆十三排图》；还有《清代京杭运河全图》⑨。此外，在中华再造善本丛书中也收录了一定数量的古地图和古地图集，如嘉靖初刻本的《广舆图》、明嘉靖四十一年（1562）胡宗宪刻本的郑若曾

---

① 孙逊、钟翀：《上海城市地图集成》，上海书画出版社2017年版。
② 胡阿祥等：《南京古旧地图集》，凤凰出版社2017年版。
③ 华林甫：《英国国家档案馆庋藏近代中文舆图》，上海社会科学院出版社2009年版。分上、下两编。上编为专题研究，包括中英文前言及"英国国家档案馆庋藏传统中文舆图的学术价值"等三篇学术论文；下编收录了英国国家档案馆所藏清代咸丰年间两广总督府等衙门用于镇压太平军的军事舆图，总共为74种、124幅。
④ 华林甫：《德国普鲁士文化遗产图书馆藏晚清直隶山东县级舆图整理与研究》，山东齐鲁书社出版有限公司2015年版。
⑤ 《历代地理指掌图》，全国图书馆文献缩微中心1987年版。
⑥ 北京市古代建筑研究所、北京市文物局资料信息中心编：《加摹乾隆京城全图》，燕山出版社1996年版。
⑦ 《广舆图全书》，国际文化出版公司1997年版。
⑧ 汪前进、刘若芳主编：《清廷三大实测全图集（满汉对照）》，外文出版社2007年版。这套图集采用超大开本，不仅印刷清晰而且便于对接，还附有地名索引，汪前进撰写的《康熙、雍正、乾隆三朝全国总图的绘制》一文也具有极高的学术价值。
⑨ 李培编：《清代京杭运河全图》，中国地图出版社2004年版。

的《筹海图编》《坤舆图说》、康熙刻本的《内府舆地全图》、崇祯九年（1636）的《皇明职方两京十三省地图表》等。

不可否认，上述图录和图目的出版，极大便利了中国传统舆图的研究，但某些最为重要的藏图机构至今依然没有出版图录甚至目录，如第一历史档案馆收藏有大量重要、珍贵的明清舆图，至今依然没有出版完整的目录，更不用说是图录。作为对比，目前美国国会图书馆所藏中文地图现在基本可以通过网络下载，且清晰度极高，完全可以满足学术研究的需要，这点非常值得我们学习。总之，我们非常希望这些藏图机构能真正将舆图看成服务于公众的属于全民的资产，早日将收藏的传统舆图公之于众。

此外，除了几个主要的收藏地之外，全国各地的图书馆、研究机构、大学甚至私人或多或少收藏有中国传统舆图，但这方面进行的整理、编目工作依然不多，这也是今后亟待解决的问题之一。

虽然很多藏图机构已经出版了目录和图录，但正是由于李孝聪教授介绍的民国时期由宫廷散佚出的舆图所经历的流散过程，使得某些整套的舆图被分开存放在海内外不同的机构中，因此现在各个机构出版的目录和图录并不能展现这类舆图的全貌，甚至不经过研究，也难以识别出这些原本是一套的舆图。因此，今后应该在各大藏图机构进一步开放的基础上，进行藏图联合目录和图录的编辑整理工作。而且某些古代舆图或者有多种版本，或者后来有各种以该图为基础绘制的舆图传世，这些地图散藏在国内外各个机构之中，这使得在比较基础上进行的这些舆图的版本、流传过程的研究变得极为困难，而且也使得学者需要花费大量精力从事搜集与整理工作，联合目录和图录的编制将在一定程度上解决上述问题。

清代有大量满文地图存世，本来从事古地图研究的学者人数不多，懂得满文的更是凤毛麟角，因此不仅关于满文舆图的研究论著数量极少，甚至连最基本的目录和图录的整理工作都尚未开始。[①]

此外，之前尤其是20世纪出版的图录，清晰度不高，图中的文字大

[①] 上述观点参考了承志于2009年11月14日在上海复旦大学召开的"清代地理国际学术研讨会"上的发言《满文〈乌喇等处地方图〉考》。

多难以识别，虽然可以进行一些比较研究工作，但对舆图的细致研究则难以进行。近年来，这一情况逐渐得到了改观，出版了一些非常清晰的图录，如前文提及的《清廷三大实测全图集（满汉对照）》《上海城市地图集成》和《南京古旧地图集》等。但是一方面现在电脑技术日新月异，大量中文古籍已经数字化，中国古代舆图的数字化在技术上并不存在障碍；另一方面，用纸本形式复制、出版地图，受到纸张大小的限制，不得不将原来的大幅地图分切成小幅，这显然不利于地图的使用和阅读，也不便于地图之间的比照。今后是否可以考虑在采取一定版权保护措施的情况下，通过数字化的形式复制和出版地图。

总体来看，今后中国传统舆图的整理、编目与出版工作的重点可以归结为"开放""联合"与"数字化"。

第二节 建立于错误基础之上的中国地图学史

一 "科学"——中国传统舆图研究的视角

了解中国古代地图学史的人都会持有这样一种印象，即以往构建的中国古代地图学史是一部"科学性""准确性"不断提高的"发展史"，或者说中国古代地图学史是一部不断追求将地图绘制得更为"准确"以及不断朝向"科学"制图学发展的历史，并最终在清末汇入世界地图发展的洪流之中。除了历史本体之外，以任何形式陈述的历史都是构建的结果，那么在进行分析之前，首先需要厘清这一中国地图学史构建的背景和大致过程。中国地图学史的构建起源于民国时期，完成于20世纪50年代，无疑受到了近代史学和思想演变的影响。

近代以来中国史学的各个方面都发生了翻天覆地的变化，当前史学很多研究领域的研究范式、基本方法，甚至重要的观点都是在这个时期奠定的基础。在当时的各种史学观念中，影响力最大的当属"线性历史观"，按照王汎森的观点，"线性历史观"是一个不太容易界定但却很容易理解的概念，他进一步将其概括为"它（即线性历史观）认为历史发展是线性的、有意志的、导向某一个目标的、或是向上的、不会重复的、前进而不逆转的"①，这一观念至今在我们的历史研究中依然居于重要地位。这一观念的核心之一就是认为中国历史的发展与西方存在大致相同的前进路径，或者说世界各国的历史都有着相同的发展路径。而且这种所谓的共同的、线性的发展路径，不仅适用于历史的整体进程，也适用于各个专门领域的历史进程。由于当时特殊的历史背景，这一史学观念在我们近现代史学的方方面面都打下了深刻的烙印。

与此同时，"五四运动"时期对于"科学"的宣扬也对史学产生了重要影响，在各种涉及史学理论和方法的文章中随处可见"科学"一词，似乎唯有追求科学才是史学研究的正确方向，而对于"科学"的追求似乎也成为当时被广大学者认同的人类共同历史进程中最为重要的"公例"之一，而且在很多学者心目中，中国的很多学术领域，尤其是那些与近代科学有关的学科的发展，自古以来也应是朝向"科学"的，是一种"科学性"不断提高的过程。

民国时期，一些学科正是在上述两种观念的基础上构建了其研究对象的历史，即以线性史观为前提，以科学性的不断提高作为研究对象发展的必由之路，并以此为基础，对一些能体现出进步和科学性提高的文献、材料、史实进行解读、阐释，从而构建出一部不断朝向"科学"前进（即线性）的发展史。而这种构建模式也极大地满足了近代以来甚至当前中国社会心理的需求，因为在"落后"、被动挨打的局面下，由此构建的科技史（包括历史）体现出中国自古以来的科学技术都是非常发达，甚至领先于世界，是符合历史潮流的，而且由于发展道路是正确的，因此当前的挫折只是暂时的，我们必然会再次追上世界发展的步伐。在将近百年之后，我们的很多学科实际上都有必要对这一研究理路进行检讨。在科技史领域最为典型的就是李约瑟的《中国科学技术史》一书，当然也由此带来了所谓的"李约瑟难题"。

在近代之前，中国并不存在地图学这样的专门学科，当然也不存在地图学史这样的研究，更不存在关于地图学史的专门著作。因此，当民国初

---

① 王汎森：《近代中国的线性历史观——以社会进化论为中心的讨论》，《新史学》2008年第19卷第2期。

年王庸先生开始整理国立北平图书馆所藏的数量众多的地图时,并无前人研究成果可以借鉴。但在当时,他应当也面临着如何评价这些地图,如何勾勒中国古代地图学史的问题。

在当时的历史背景和史学环境下,王庸先生以西方近代地图学发展的"公例"来梳理中国古代的地图学史也是水到渠成的事情,而这种"公例"即是地图绘制中对"准确"和"科学"的追求,这一点王庸先生虽然没有明言,但在后来他撰写的《中国地图史纲》的字里行间中实际上已经透露出他对地图好坏的判断标准,如:"(关于'制图六体'的记载)这是中国地图史上极重要的史料,因为从此以后,直到明季利玛窦的《世界地图》输入以前,这一千二三百年间的地图制作,在方法上没有跳出它的规格;而且大多数的地图,并不能按制图六体来认真制作。"[1] 这段文字已经显现出王庸对于地图好坏的判断标准,即那些不按照体现了"科学性"的"制图六体"绘制的地图是"不认真的"。"相形之下就不能不说裴秀和贾耽的制图工作主要是出于他们个人的努力,他们是中国地图史上划时代的人物。仅仅按分率画方的制图方法就并没有为一般官府的绘图工作者采用,直到清代,一般官绘地图还是画着山水和注着四至道里等等,不但没有什么改进,亦不画方,还比裴秀、贾耽等古地图幼稚而落后了。"[2] 显然在王庸心目中体现了"科学性"的裴秀和贾耽绘制的地图要远远好于其他传统舆图,因而那些"画着山水和注着四至道里"的地图是"幼稚"和"落后了"。

基于这种判断标准,整本著作中,王庸选择用来勾勒中国地图学史的就是那些看上去绘制得较为准确或者使用了某种"科学"绘图方法,如"计里画方"的古代地图,以及提出了某些"科学"绘图方法的重要人物,而对于其他存世地图着墨极少。不过王庸似乎并未有意识地构建一部中国古代地图绘制的发展史,而且在行文中我们可以看到他似乎也认识到除那些体现"准确""科学"的地图之外,中国还存在大量"不准确""非科学"的地图,而且这类地图还占据主导,即"况且这些汉地图,内

---

[1] 王庸:《中国地图史纲》,生活·读书·新知三联书店1958年版,第18页。
[2] 同上书,第50页。

容既甚粗疏,大概图画甚略而记注甚多,所以后来各书,亦多引它们的文字;这是中国古来一般地图的传统情况"①。

如果说王庸以"准确"和"科学"为标准,构建了一部中国地图史的话,那么李约瑟则在《中国科学技术史》中将中国古代地图称为"计量图",并在标题中直接将中国的地图绘制称为"科学的制图学",而且力图将中国古代地图学史中的某些人物、绘制方法与西方或现代的"科学"地图学建立起联系,如:"正如沙畹所说,这个人堪称中国科学制图学之父。这个人就是裴秀"②;"裴秀和张衡的制图法同天文现象相关联的程度究竟有多大呢?古代的中国人和希腊人在这一方面似乎并没有什么不同(主要是经纬度的测定)"③;"唐代的地理学家很可能还曾经作过进一步努力,力图把地理座标同天文座标彼此结合起来"(实际上论述的是"分野")④;"……使我们注意到在唐代可能已经开始采用一种最原始的等高线了"⑤。

这样的文字在书中俯拾皆是,不一一列举,在这些文字中,李约瑟不仅直接将中国古代的地图绘制建立在"计量""科学"的基础之上(不仅对中国地图学史如此看待,而且也用"计量""科学"方面的好坏来评判西方地图学史的发展,如将 T‑O 地图认为是一种倒退),而且由此构建了一个不断前进的中国地图学的发展史,这点从各节的标题即可看出。在"比较回顾"一节中,李约瑟通过将中国、西方和阿拉伯三种文化中的地图进行关联分析,将中国古代地图的发展纳入了世界地图发展史中,也即中国古代地图的发展并不是相对独立的,是(建立在科学、计量标准上的)整个世界地图发展史中非常重要的一环。当然由此也带来了中国古代地图学中的"李约瑟难题",即中国古代有着非常"科学"、发达的地图学,但似乎在清末一夜之间就远远落后于世界了。

---

① 王庸:《中国地图史纲》,生活·读书·新知三联书店 1958 年版,第 16 页。
② [英]李约瑟:《中国科学技术史》第 5 卷《地学》第 22 章,《中国科学技术史》翻译小组译,科学出版社 1976 年版,第 108 页。
③ 同上书,第 120 页。
④ 同上书,第 125 页。
⑤ 同上书,第 129 页。

王庸是公认的中国古代地图（学史）研究的开山鼻祖，虽然对李约瑟和他的《中国科学技术史》褒贬不一，但无疑两者在世界范围内都具有极大影响力，而且整部著作对中国古代的科学技术推崇备至，无疑也迎合了当时和现在中国学者和普通民众的心理需求。由此，两者结合起来，基本完成了中国古代地图发展史的构建。

在"科学主义"盛行的时代，这一地图学史依然得到广泛的接受，因此自王庸、李约瑟之后，虽然出版了多种地图学史的著作，但其中大部分都遵循着大致相同的叙述模式；对于单幅地图的研究，除绘制内容之外，地图绘制技术、地图的准确程度以及其中体现的"科学"成为研究的重要内容；同时那些能体现中国传统舆图"科学性"和"准确性"的测绘和绘图方法，如"制图六体"和"计里画方"也理所当然受到了研究者的广泛关注。由此，一部"科学"的中国地图学史也就从主干到枝叶完整地建立了起来。

二 "非科学"的中国传统舆图

不过，如果我们分析目前中国传统舆图的研究成果，就会发现以往的研究难以证明中国古代地图的主流是"科学"的。以往对于这一主题的论证主要建立在以下三方面的研究之上：第一，中国古代存在"科学"的绘图（和测绘）方法；第二，中国古代掌握了"科学"的测量方法；第三，中国古代存在大量"科学"的、绘制准确的地图。但这三方面的研究都存在明显的问题。

中国古代确实存在较为"科学"，能使地图绘制得"准确"的方法，如"制图六体"和"计里画方"。以往研究对这两者都给予了极高的评价，但迄今为止，在赞誉的同时，却没有学者分析"制图六体"是否真的如他们所褒扬的那样在中国古代地图绘制中被广泛应用，也没有学者论证为什么使用"计里画方"能将地图绘制得准确。但实际上，在目前存世的地图和文献中，基本上找不到"制图六体"被广泛用于地图绘制的依据，在浩如烟海的存世舆图中，也无法确指其中哪些是用"制图六体"绘制的；而"计里画方"只是一种单纯的绘图方法，类似于今天绘图时使用的控制网格，因此如果缺乏准确的绘图数据，单纯的"计里画方"

无法使得地图绘制得更为准确。①

中国古代确实很早就掌握了测量高度、直线距离，甚至经纬度的"科学"方法（不过这些方法并不为地图测绘所专有），笔者对此也无疑义，但之前所有这方面的研究在逻辑上都存在一个致命的缺陷，即掌握方法与将这些方法应用于舆图绘制并不存在直接联系，换言之，以往这方面的研究都没有实证这些测量方法曾经用于地图的绘制，或者具体论证某幅地图的绘制是基于运用这些测量方法所获得的数据。与此相反，我们不仅在文献中难以找到关于中国古代为了绘制地图进行全面大量测量的记载（受到西方影响的康雍乾时期的测绘是特例），也没有相关的数据保存下来，而且以往推崇的代表了"准确""科学"的中国古代地图，如罗洪先的《广舆图》，在保存下来的前言、后记以及相关资料中都看不到绘图者曾经为了绘制地图而进行广泛的测量，其中大多只是记录了所使用的文献资料和参考的地图。因此，以前学者关于中国古代测量技术的讨论，并不能证明中国古代地图绘制时运用了这些技术，两者之间不存在直接和必然的联系。而且即使有文献记载某些工程，如治河时进行了测量，但也并不能证明这些测量所得的数据会用于地图绘制，就清代留存下来的大量河工水利图来看，这些测量所得的数据大多以文字的形式记载在地图之上或者附在地图之后，而地图本身绝大多数都是极不准确的，甚至类似于山水画。

以往研究中推崇的代表了中国古代地图"科学"和"准确"的地图，如"马王堆地图""放马滩地图"《禹迹图》和《广舆图》等，实际上并不准确、也不科学，以往的研究在很大程度上夸大了这些地图所能体现的"科学"和"准确"，其中最为典型的就是认为这些地图绘制时有着比例尺。比例尺是现代"科学"地图的标志，因此也就成为以往中国古代地图研究中经常讨论的内容，所使用的方法大多是将古地图上两点之间的距离与地表的实际距离进行比较，由此得出古地图的比例尺。但是，测算两点之间的比例尺，并不能证明两点之间所有地理要素都是按照这一比例尺

---

① 参见成一农《中国地图学史的解构》，《历史学评论》第 1 卷，社会科学文献出版社 2013 年版，第 147 页。

绘制的，因此单纯测量多个点之间的比例尺并不能证明整幅地图存在统一的比例尺或者地图的各个部分存在独立的比例尺。另外一个更为直接的问题是，现代的比例尺大多要标绘在地图上，这样使用者才能测量距离，比例尺也才具有意义，但目前发现的清末之前的地图，除了少量使用"计里画方"之外，都不标绘比例尺，那么如果这些古代地图是按比例尺绘制的话，其意义何在呢？而且目前只要测量过比例尺的古代地图，都发现地图的不同部分有着不同的比例尺，这是否也就证明了这些地图根本就不是按照比例尺绘制的呢？

而且，现在经过复原，可以认为《禹迹图》和《广舆图》绘制时使用的应当是地理总志和地方志中"四至八到"所载的道路距离和方位数据①，因此就数据本身而言，其肯定是不准确、"非科学"的，而且由于使用的是这样的数据，因此绘图者也应当知道这样绘制出来的地图肯定是不准确的，当然也许这也是当时绘图者所能采用的最好的绘图数据了，所以从这个层面上讲，这样的地图也具有一定的追求"准确""科学"的意味，或者体现了绘图者追求"科学""准确"的努力。不过问题在于，从现存的古代地图来看，即使这样的勉强可以认为是对于"准确""科学"有所追求的地图也不占主流，只要翻阅近年来出版的各种图录即可得出这样的印象。大多数中国传统的地图，确实正如王庸所说"画着山水和注着四至道里等等"，也就是类似于山水画加上文字注记。

而且，无论是利玛窦，还是清代康雍乾时期在外国传教士协助下进行的大地测量，都将"科学"的测绘方法和地图传入中国，但它们的影响力又逐渐消散②，而且在康雍乾三朝绘制所谓"科学"地图的同时，在政府的日常运作中，使用的依然是那些类似于山水画，附有图说的地图。如果中国古代地图是追求"科学"的话，那么就不应当存在这一现象。

---

① 参见成一农《〈广舆图〉绘制方法及数据来源研究（一）》，《明史研究论丛》第 10 辑，故宫出版社 2012 年版，第 202 页；成一农《〈广舆图〉绘制方法及数据来源研究（二）》，《明史研究论丛》第 11 辑，故宫出版社 2013 年版，第 211 页；成一农《中国地图学史的解构》，《历史学评论》，社会科学文献出版社 2013 年版。

② 关于利玛窦地图对于中国古代地图影响力的研究，可以参见黄时鉴、龚缨晏《利玛窦世界地图研究》，上海古籍出版社 2004 年版。

经过上述分析，可以认为"科学"显然不是中国古代舆图绘制所追求的目标，也绝不是中国古代地图的主流，中国古代地图的主流应当是"非科学"的。

三 "科学"是"好"的吗

既然，中国传统舆图的主流是"非科学"的，那么应当如何评价中国传统舆图呢？

以往认为中国传统舆图的主流是"科学"的研究者，在肯定这些"科学"地图的同时，有时也对那些"非科学"的地图表达了自己的看法，比如前文提到的王庸。此外，韩昭庆在《中国地图史研究的由今推古及由古推古——兼评余定国〈中国地图学史〉》的结论中提出了今后传统舆图研究的几个方向，在第二个方向中她写道："与西方人热衷于接纳《皇舆全览图》的态度相反，明末清初学者对于《坤舆万国全图》的态度则纠缠于纯文字的辨释，激烈抵制新的世界地理观。膨胀的民族自豪感无法让学者的头脑清醒，科学而正确去理解西人带来的世界地理知识体系"[1]，由此可以推测，作者认为，那些怀有"膨胀的民族自豪感"的学者绘制的"非科学"地图不如当时西人带入的反映了"科学"的"世界地理知识体系"的地图。

再如丁超的《唐代贾耽的地理（地图）著述及其地图学成绩再评价》一文论及"对中国古代地图学（乃至整个地学史）的评价，首先涉及到评价标准问题。从整个中国地图学发展历程看，本土传统地图学观念与技巧在西方地图学引介中国之后就节节败退，如今打开任何一部中国地图（集），除了汉字以外，在地图表现手法上几乎找不到中国本土因素。这一事实恰恰证明了西方地图学基本理念和技术手段的普适性。地图虽有中外之别，古今之分，但都是主要用图形而非文字表达地理要素。摒弃这些具有普适性的地图学基本原则不用，则无以呈现出中国古代地图学在世界

---

[1] 韩昭庆：《中国地图史研究的由今推古及由古推古——兼评余定国〈中国地图学史〉》，《复旦学报》（社会科学版）2009年第6期。

地图学史上的地位和作用"①,作者的评判标准更是明显,那些"非科学"的,用图形加上大量文字的中国传统舆图,在"世界地图学史上的地位和作用"应是微不足道的,是非主流的。

在近代以来盛行至今的"科学主义"背景下,这种价值判断得到绝大部分研究者的认同,而这种认同得以达成的基础就是普遍认为朝向"科学"的发展是"好"的,或者说"科学"就是"好"的。但问题在于"科学"真的就"好"吗?或者只有"科学"是"好"的吗?

从中国古代地图学史的角度来看,在漫长的历史中,中国古代地图的绘制技术并没有太大的变化,可以说这种绘制技术对于中国古代而言已经满足了大部分的需求,因此虽然从现代"科学"的角度而言,中国古代地图似乎是"落后"的,但明末、清代康雍乾时期传入的西方"科学"的绘图方法并没有被中国所接受,那么就当时的中国人而言,这些"科学"地图应当并不是那么"好",至少看不出"好"在哪里,或者说其中的"好"不为当时社会所接纳。那么,可以说,就当时中国社会而言,我们现在认为是"好"的"科学",在那时似乎并不那么"好"。换言之,"科学"本身应当是中性的,其好与坏的价值判断是基于社会文化等因素。

进一步而言,以往对于"科学"的价值判断不仅是建立在"科学主义"的基础上,而且还是建立在"线性史观"和"西方中心论"的基础之上的,具有"成者王侯败者贼"的意味。面对这种论述,我们不禁要问,我们既然要"科学而正确"地去理解西方的世界地理知识系统,那为什么不能"科学而正确地"理解我们中国自己的世界地理知识系统,而不是用"科学"的世界地理知识系统来理解我们中国自己的"世界地理知识系统"呢?

我们不能因今天"科学"地图(西方古代地图也不是一直追求准确的,如T-O地图)占据了主导,而否定我们中国古代地图自身的传统和价值,否则按照以往的这种观念,将如何评价中国古代地图的主流呢?长

---

① 丁超:《唐代贾耽的地理(地图)著述及其地图学成绩再评价》,《中国历史地理论丛》2012年第3辑。

期落后，泯顽不化，还是反科学？作为研究者，我们必须要有世界的眼光，但世界的眼光不是认为世界的发展具有一致性，认为当前占据主导的那些所谓原则和价值取向具有"普适性"，甚至用来研究历史，而是要认识到历史的发展具有多元性，应以"同情"的眼光来研究历史。

认识到了这一点，我想我们应当可以彻底摆脱从"科学"角度看待中国古代地图绘制技术给我们带来的各种压力、卸掉试图证实中国古代的科学技术不落后于西方的责任，而"李约瑟难题"也纯粹成为一个不需要回答的问题，因为这个问题的前提就是错误的，即"科学"并不是中国古代所追求的主要目标，也不是所有社会、文化所共同追求的目标，"科学"不具有"普适性"（而且李约瑟对于中国古代地图的认识也存在很多错误）。对于中国传统舆图的评价应当放置在中国文化的背景之下。

四　地图的本质特征：客观还是主观

问题到这里还没有结束，如果只认识到以往中国古代地图的研究视角只是一个认识性的错误，或者对于中国古代地图的研究依然局限于绘制方法的话，那么并未认识到问题的本质。

实际上，民国以来构建的中国古代地图学史的背后暗含着对涉及这一研究领域的一个根本性问题的回答，这一根本性问题就是：地图到底是什么？是否只有用"科学"方法绘制的？用于表现地表的图像才算是地图？

从上文勾勒的中国传统舆图的研究视角来看，这一领域的大部分研究者对这一问题的答案应当是肯定的，有些学者在研究中也明确表明了这一点，如辛德勇的《准望释义——兼谈裴秀制图诸体之间的关系以及所谓沈括制图六体问题》一文，在对"制图六体"进行了详尽的分析之后，提到"前面对'制图六体'内容的分析表明，所谓'制图六体'，阐述的是中国古代制作任何一种地图都不可或缺的基本工作程序原理。换句话，只要能够称之为地图，那么，它在制作时就不能逃避这些准则。前面曾经谈到，裴秀在《禹贡地域图》的序文中，指斥其所见'汉氏舆地及括地诸杂图'，'各不设分率，又不考正准望'，其实这是一种很不科学的说法。完全没有'分率'和'准望',就根本不可能绘制出地图。'分率'或许不够精密,'准望'可能相当粗疏,但这并不等于完全没有。因此,从地图产生之日起,绘制地图的技术人员,就应当一直或不自觉或自觉地在奉行并传承着这些制图规则,只不过在具体制作地图时,其精细严整程度,往往不一定十分合乎理想的要求而已"[1]。从这段叙述来看,作者显然将地图定义为按照某种科学方法(至少需要有代表了方向和直线距离的准望以及代表了比例尺的分率)绘制的,反映了地球表面的图像,而没有使用这种科学方法的图像就不能称为地图,因此其是用地图的一种表现形式(用"科学"方法绘制)对地图进行了定义。

追本溯源的话,这种对于古代地图的定义,除受到上文介绍的近代以来"科学主义"的影响之外,还受到现代地图定义的影响。翻开任何一本现代地图学教科书,就可以发现这些著作中在确定地图是表示地球表面的图形的同时,几乎都用"数学"或"科学"的表现形式来加以限定,如"由数学所确定的经过概括并用形象符号表示的地球表面在平面上的图形,用其表示各种自然现象和社会现象的分布、状况和联系,根据每种地图的具体用途对所表示现象进行选择和概括,结果得到的图形叫做地图"[2]。

这种对于"地图"的定义,由此就产生了两个问题,即 1. 地图的表现形式是否只有这一种? 2. 用表现形式来加以限定是否合适?

通过前文的分析,第一个问题的答案显然是否定的,除了用"科学"的方法绘制之外,在整个地图发展史上,无论中西方的地图都存在其他"非科学"的表现形式。也许很多人可能会问,如此一来如何区别地图与图画呢?在思考这一问题之前,请先回答这样一个问题,地图与图画的区别是我们当代人(也许是近代以来)的意识,但古人有那么明确的区分吗?很可能没有!由此可以认为,仅仅以用"科学"方法绘制来对地图的定义加以限定,将会把历史上大量的地图排斥在外,这种定义显然并不

---

[1] 辛德勇:《准望释义——兼谈裴秀制图诸体之间的关系以及所谓沈括制图六体问题》,《九州》第4辑,商务印书馆2007年版,第269页。
[2] [苏联] K. A. 萨里谢夫:《地图制图学概论》,李道义、王兆彬译,廖科校,测绘出版社1982年版,第4页。

合适。

由此，我们再考虑第二个问题，由于地图表现形式的多样性（至少可以分为两种，即"科学"和"非科学"的），因而用表现形式来作为限定是不合适的；而且对于某一事物的定义，应当是对其本质特征或一个概念的内涵和外延所作的确切表述，使其能与其他事物区别来开。那么地图的本质特征应当是什么呢？这一点现代地图的定义是可取的，即"表示地球表面的图像"。

但是，这种"表示地球表面的图像"，绝不是一种对"地球表面"客观的表示，即使是所谓"科学"的近现代地图实际上也并不以追求对地球表面客观、准确的表达为本质特征。

以今天经常会使用到的 Google Earth（简称 GE）为例。GE 建立在卫星影像基础之上，可以说在很大程度上是对世界的客观反映，但是为什么谷歌不将其命名为"Google Map"（谷歌地图）呢？谷歌还开发网页版的地图，即"谷歌地图"，在其默认的打开模式中，主要表现有简单的地形、交通网等，而且附有比例尺，也即附加大量人为要素，类似于我们今天通常见到的纸本地图，虽然也能叠加卫星航片，但叠加后并不影响原来那些人为标识的地理要素的显示；GE 则与此不同，如果勾选掉左侧的一些选项，其底图上不具有任何地名、交通线等通常地图上所显示的内容。谷歌没有将其命名为 Google Map，而是 Google Earth，其实就已经清楚地表明了谷歌认为这种纯粹"客观"表现了地球地形，没有进行人为加工附带有人工元素的照片并不是地图。

《会说谎的地图》的作者马克·蒙莫尼尔，对地图做过如下定义"地图并不是客观地理的再现物，它只是一种中介，人们运用它或通过它，引导或获得对世界的理解"[①]。需要再次强调的是，这种"对世界的理解"并不能狭隘地理解为对"客观地理"的再现，至少应当理解为一种对世界或者局部地区的主观认识和主观再现。如同历史著作永远不能如实地反映客观历史，地图也永远不可能如实地反映现实世界，两者都

[①] 唐晓峰：《地图·文化·社会》，[美]蒙莫尼尔：《会说谎的地图》，黄义军译，商务印书馆 2012 年版，第 1 页。

是对研究对象的主观认识，而且两者也不应以客观反映研究对象为主要目标和任务。

这种主观认识和主观再现，必然会杂糅各种因素，中国传统舆图即是如此。在这里可以借用余定国《中国地图学史》的两段话："综上所述，我认为传统中国地图学的定量解释不足以明了中国文化中地图的含义"[①]，"'好'地图不一定是要表示两点之间的距离，它还可以表示权力、责任和感情"[②]，而这些"权力、责任和感情"才应当是今后中国传统舆图研究的主要内容，简言之，地图（绘制）中那些主观性的东西才应当是研究的主要出发点和视角。即使民国以来中国传统舆图的研究视角和研究内容都是正确的话，那么也只看到了冰山一角，以往的研究视角不仅是对中国传统舆图的一种误读，而且极大地局限了这方面的研究。

第三节　中国古代舆图的研究

一　中国古代的地图学史

上文已经对以往中国地图学史研究中存在的根本性错误进行了剖析，因此此处主要介绍一些具体的研究成果。

实际上，在王庸和李约瑟之前，也就是民国初期对于中国古代地图的研究即已出现，如陶懋立的《中国地图学发明之原始及改良进步之次序》[③]。稍后有李贻燕的《中国地图学史》，其将中国古代地图的发展分为三期，即"第一期由上古至宋代为我国固有制法（十三世纪止）以周秦两汉三国为初期西晋以至南北朝为中期唐宋为后期；第二期由元朝亚拉比亚地图学传来至明末西洋地图学传来时期（十三世纪至十六世纪后半）；第三期由明末西洋地图学传来时代以至现今（十六世纪后半以后）以明

---

① ［美］余定国：《中国地图学史》，姜道章译，北京大学出版社2006年版，第43页。
② 同上书，第45页。
③ 陶懋立：《中国地图学发明之原始及改良进步之次序》，《地学杂志》1911年第2卷第11号和第12号。

末清初耶稣教徒之地图制作为前期最近科学的探险旅行为后期"①，从作者用以作为分期的标志就已经可以看出作者划分中国古代地图学史的标准了，即使得地图绘制科学性和准确性提高的方法的传入，而且在正文中作者同样着力描述的是那些能使地图绘制更为准确的方法以及代表了中国古代地图绘制准确性的地图。又如褚绍唐的《中国地图史考》，将中国古代地图的演进分为三期：创始时期，其中自周延及至晋唐，已稍见进步。北宋沈括对于地图模型，尤见创见。自后历元至明，地图制作，鲜有可述者；完成时期，康熙四十七年（1708）之后，主要成就是《皇舆全览图》的绘制以及受其影响的一系列地图，如《皇朝中外一统舆地图》；改造时期，自《皇舆全览图》之后迄今，地图绘制的进步表现在多个方面，而质的变化则是民国二十二年（1933）申报馆丁文江、翁文灏、曾世英编的《中国分省新图》的出版。从作者的论述来看，同样是以地图绘制准确性和科学性的发展作为勾勒中国地图学史的基础。②

从上述三篇文章来看，王庸和李约瑟对于中国地图学史的构建及其确立的研究视角，在当时实际上也是学术界的共识。

在王庸和李约瑟的著作之后，还陆续出版了一些中国地图学史的著作，如陈述彭的《地图史话》③、陈正祥的《中国地图学史》④、卢志良的《中国地图学史》⑤、喻沧和廖克的《中国地图学史》⑥，以及余定国的《中国地图学史》⑦ 等，但除最后一部著作外，其余论著除了一些细节之外，与王庸和李约瑟的观点并无二致，即在分析、褒扬体现"科学性"和"准确性"的地图、人物和绘图方法的基础上，构建了一部科学性不断发展，并且最终融入世界地图学发展潮流中的中国地图学史。

除了这些著作之外，还有一些论文试图梳理中国古代地图绘制的特点

---

① 李贻燕：《中国地图学史》，《学艺》1920 年第 2 卷第 8 号和第 9 号。
② 褚绍唐：《中国地图史考》，《地学季刊》第 1 卷第 4 期，上海大东书局 1934 年版。
③ 陈述彭：《地图史话》，青年出版社 1963 年版。
④ 陈正祥：《中国地图学史》，商务印书馆 1979 年版。
⑤ 卢志良：《中国地图学史》，测绘出版社 1984 年版。
⑥ 喻沧、廖克：《中国地图学史》，测绘出版社 2010 年版。
⑦ ［美］余定国：《中国地图学史》，北京大学出版社 2006 年版。

和发展脉络，但大多没有太多新意，如郭庆胜的《中国古地图发展分期的初探》[①]、杨杞和郭玥的《中国古代地图制作史述略》[②]、杜霞的《中国古代地图及其演变》[③]。姜道章《论传统中国该地图学的特征》[④]一文虽然归纳了中国古代地图的10个特点，但其中一些显然是存在问题的，如"以计里画方为基础"，因为在近代之前，中国古代用"计里画方"绘制的地图数量极少。

李孝聪的《古代中国地图的启示》[⑤]一文值得注意，作者在文中提出了非常重要的见解，即"要研究和使用过去时代编绘的地图，不但需要注意地图带给我们的史料价值，而且不应忽视编图者、绘图人当时对地理空间的认识，以及编图人和使用者的目的"，这种对地图编制和使用目的的重视，解决了一些中国传统舆图研究中存在疑惑的问题，如关于中国古代地图的正方向，学术界争论不休，但李孝聪从地图使用的角度出发，认为"地图的方位恰恰反映了制图者的文化观念……中国地图采用不同的方位，是中国制图工匠从使用目的出发的方位观"。而且作者更进一步地提出，"古代中国人的地图从表面上看，似乎不如西方人的地图那么精确，但是中国人的地图体现了相当明确的务实性"，这种对地图"务实性"的强调，对于中国传统地图的研究从以往研究视角的局限中走出来具有很好的指导意义。

此外，还发表了一些综述性的著作，如姜道章的《近九十年来中国地图学史的研究》[⑥]、曹婉如的《近四十年来中国地图学史研究的回顾》[⑦]、安敏的《中国古地图研究综析》[⑧]等，这些论文对于了解各个阶段的研究成果有所帮助，但都缺乏对研究中存在的局限和问题的反思。

---

① 郭庆胜：《中国古地图发展分期的初探》，《地图》1987年第2期。
② 杨杞、郭玥：《中国古代地图制作史述略》，《图书与情报》2003年第6期。
③ 杜霞：《中国古代地图及其演变》，《枣庄师范专科学校学报》2003年第2期。
④ 姜道章：《论传统中国地图学的特征》，《自然科学史研究》1998年第3期。
⑤ 李孝聪：《古代中国地图的启示》，《读书》1997年第7期。
⑥ 姜道章：《近九十年来中国地图学史的研究》，《地球信息》1997年第3期。原文发表在《华冈理科学报》1995年第12卷。
⑦ 曹婉如：《近四十年来中国地图学史研究的回顾》，《自然科学史研究》1990年第3期。
⑧ 安敏：《中国古地图研究综析》，《测绘科学》2012年第5期。

在这类研究中，最值得注意的是余定国撰写的《中国地图学史》，该书原为芝加哥大学正在出版的多卷本《世界地图学史》的第二卷第二册《传统东亚和东南亚的地图学史》(Cartography in the Traditional East and Southeast Asian Societies) 中关于中国古代地图的部分（"Cartography in China"），出版于 1994 年。从事地理学研究的姜道章教授将这一部分翻译后，2006 年由北京大学出版社出版。

余定国的《中国地图学史》一书提出的观点不仅对以往的研究视角，而且对以中国古代地图追求绘制"准确"为基础建立的整个中国地图学史提出了挑战，认为"传统中国地图学的定量解释不足以明了中国文化中地图的含义"[①]，要把中国地图放到中国传统的文化背景下进行研究，"'好'地图并不一定是要表示两点之间的距离，它还可以表示权力、责任和感情"[②]，并且书中的一些具体观点也与以往存在根本性的不同，因此该书可以说是具有颠覆性的。

在最终的结论中，作者反对三种关于中国地图学史的观点：第一，认为倾向于按比例尺绘制地图；第二，认为与西方地图学的发展道路是一样的；第三，预见其中已经具有了大部分使现代地图学成为"现代"的内容。而且第二点的错误有可能也存在于受到中国地图影响的其他国家的地图研究史中。最后，作者认为中国地图学中还有大量内容有待研究，比如佛教地图学、道教地图学，并且他还认为目前编绘中国古代地图目录使用的一些现代地图学的术语，实际上并不适用于中国古代地图，这些都是非常有见地的观点。

但一方面由于该书的观点与以往存在极大不同，另一方面由于书中对一些关键性问题缺乏直接、明了的表达，所以现在很多学者或者不接受该书的观点，或者对其中的观点存在误解，如韩昭庆的《中国地图史研究的由今推古及由古推古——兼评余定国〈中国地图学史〉》[③] 一文，甚至翻译者姜道章教授也对该书的观点存在误解，或至少在介绍中未能明确把

[①] ［美］余定国：《中国地图学史》，姜道章译，北京大学出版社 2006 年版，第 43 页。

[②] 同上书，第 45 页。

[③] 韩昭庆：《中国地图史研究的由今推古及由古推古——兼评余定国〈中国地图学史〉》，《复旦学报》（社会科学版）2009 年第 6 期。

握原书作者的意图，如他在"译者序"中介绍到：余定国"认为诗、书、画对地图的绘制是极端重要的，地图是图像与文字的融合，地图具有展示与表现的功能，地图不但是实用的工具，也是美观的艺术品"①，虽然上述介绍的内容确实出现于该书各个章节的不同部分，但这些内容并不是该书最为主要的观点，这样的介绍有失偏颇，也会引起读者的误解。

二　中国古代地图的测绘方法

1. 测量技术与地图绘制

中国古代所掌握的大量可以运用于地图绘制的测量技术，是以往强调中国传统舆图绘制追求准确性的强有力的论据之一，这方面的论著也颇为丰富，如葛剑雄的《中国古代的地图测绘》②就详细介绍了中国古代与地图绘制有关的方法和技术，类似的还有宋鸿德等的《中国古代测绘史话》③、《中国测绘史》编委会的《中国测绘史》④等，此外潘晟的《地图的作者及其阅读：以宋明为核心的知识史考察》⑤更是从工程实践的角度考察了中国古代的测绘技术。不过所有这方面的研究都忽略了一个最为根本的问题，即掌握这些测量技术和绘制方法不等于这些技术、方法被应用于地图绘制：虽然中国早在唐代就进行了经度测量，但主要是为了编订新的历法——《大衍历》做准备，而不是为了地图绘制；元初郭守敬进行的全国范围的测量同样也是为了编制新的历法——《授时历》服务的，而不是为了地图绘制；虽然很多工程确实都进行了相当规模和准确度的测量工作，但由此并无法证明这些测量数据被用来绘制地图，清代留存下来的大量河工图依然是山水画的形式，其实就在很大程度上否定了这些工程数据用于绘制地图的可能性。此外，杨帆的博士学位论文《明末清初经

---

①　姜道章：《译者序》，[美] 余定国：《中国地图学史》，姜道章译，北京大学出版社2006年版，第9页。
②　葛剑雄：《中国古代的地图测绘》，商务印书馆1998年版。
③　宋鸿德等：《中国古代测绘史话》，测绘出版社1993年版。
④　《中国测绘史》编委会：《中国测绘史》（第1—2卷），中国地图出版社2002年版。
⑤　潘晟：《地图的作者及其阅读：以宋明为核心的知识史考察》，江苏人民出版社2013年版。

纬度测量在天文历法中的应用》在详细考订明末清初经纬度测量在天文历法中的应用的同时，提出这些测量并没有被用于地图绘制。①

而且，通过对以往一些认为绘制准确的地图，如《禹迹图》《广舆图》绘制数据和绘图方法的复原，可以认为这些地图基本是用古代地理志中"四至八到"所记道路距离和粗略的方向数据绘制的，基本不需要基于中国古代那些先进几何方法和测量方法。② 至于那些看上去就不准确的地图，很可能使用的是绘画的技法，极少使用测量的方法和数据。

另外，中国古代文献中缺乏地图绘制时使用测量技术的明确记载，除了康雍乾时期在西方传教士帮助下使用三角测量进行的测绘工作之外，目前存留下来的较早的这方面的材料可能晚至清末，如同治四年的《苏省舆图测法条议图解》③。其中记载的测量方法依然以道路的距离测量为主，不仅忽略了小的道路曲折，而且忽略了道路本身的高低变化，是非常粗糙的。④ 而且，从这些测量手册的前言来看，当时未能采用经纬度测量或者更为精准的测量方法的原因就是相应的技术人员大量缺乏。虽然由此推导出中国古代一直缺乏相应人才有些不可靠，但与上文的论述结合起来，大致可以认为中国古代将当时所掌握的先进的测量技术运用于地图绘制的可能性是极小的。

2. "制图六体"

以往大多数中国地图学史的研究论著中都给予裴秀提出的"制图六体"以极高的评价，如李约瑟认为裴秀的"制图六体"中包含了"方格制图法"，并将其中的"准望"比拟为经纬度，同时认为"谈到地图的座标网络同天文现象的关系时，立即就会引起这样的问题：裴秀和张衡的制图法同天文现象相关联的程度究竟有多大呢？古代的中国人和希腊人在这

---

① 杨帆：《明末清初经纬度测量在天文历法中的应用》，博士学位论文，中国科学院大学，2018年。

② 参见成一农《〈广舆图〉绘制方法及数据来源研究（一）》，《明史研究论丛》第10辑，故宫出版社2012年版，第202页；成一农《〈广舆图〉绘制方法及数据来源研究（二）》，《明史研究论丛》第11辑，故宫出版社2013年版，第211页；成一农《中国地图学史的解构》，《历史学评论》，社会科学文献出版社2013年版。

③ 国家图书馆藏同治四年本。

④ 显然这种测量方法不符合"制图六体"的要求。

一方面似乎并没有什么不同……在经度方面，古代中国人也并不比希腊人差"①；陈正祥认为"此六者之间，既是相互联系的，又是相互约制的，可以说已经把今日地图学上的主要问题，都扼要指示出来了"②；卢志良认为"……以他创立的'六体'为理论指导，完成了两种在中国地图发展史上具有重要地位的地图的编绘"③，"'制图六体'的创立，在中国地图史上有着划时代的里程碑的地位和作用"④。

更多的学者进一步认为裴秀的"制图六体"对中国古代地图绘制产生了重要影响，如喻沧认为"裴秀创'制图立体'并对六体之间的内在联系和整体性进行了精辟论述，除了当时不可能涉及的经纬线和地图投影外，几乎提到了地图制图学上所应考虑的所有主要因素，标志着中国古代地图制图理论体系的形成，且对后世的地图制图发展有深远的影响"⑤；《中华古地图集珍》一书提出"裴秀提出的制图六体，是对汉魏制图实践的理性总结，把古老的制图学奠基在科学的数学基础上，创立了我国中古时期地图制图理论。裴秀的制图理论，对我国后世地图编绘工作产生了深远影响。唐、宋、元、明间著名制图学家贾耽、沈括、朱思本和罗洪先都是按制图六体的原则来制图的。制图六体在世界制图学史上也具有划时代的意义，所以人们称裴秀为我国古代科学制图法的创始人"⑥；辛德勇虽然认为裴秀只是"根据绘图技术人员提供的资料来阐述所谓'制图六体'，就丝毫不奇怪了；而裴秀叙述'制图六体'的意义，便更多地体现为用文字记录了古代的地图绘制准则，使文人了解地图绘制原理，并自觉地加以运用"⑦，剥夺了裴秀的首创权，但同时也认为"因此，从地图产

---

① ［英］李约瑟：《中国科学技术史》第5卷"地学"第22章"地理学和地图学"，科学出版社1976年版，第120页。不过现在一般认为裴秀的"制图六体"并不等同于方格图（即计里画方），如卢志良《"计里画方"是起源于裴秀吗》，《测绘通报》1981年第1期等。
② 陈正祥：《中国地图学史》，香港商务印书馆1979年版，第12页。
③ 卢志良：《中国地图学史》，测绘出版社1984年版，第46页。
④ 同上书，第49页。
⑤ 喻沧、廖克：《中国地图学史》，测绘出版社2010年版，第58页。
⑥ 阎平、孙果清等编著：《中华古地图集珍》，西安地图出版社1995年版，第31页。
⑦ 辛德勇：《准望释义——兼谈裴秀制图诸体之间的关系以及所谓沈括制图六体问题》，《九州》第4辑，商务印书馆2007年版，第269页。

生之日起，绘制地图的技术人员，就应当一直或不自觉或自觉地在奉行并传承着这些制图规则，只不过在具体制作地图时，其精细严整程度，往往不一定十分合乎理想的要求而已。这种制图原理，直到普遍采用西方制图方法之前，在中国始终相承未变"①。需要注意的是辛德勇提出的观点与以往不同，其强调的重点并不在于"制图六体"，而是那些在裴秀之前就已经长期流传，并由裴秀总结的制图准则在绘图人员中的长期延续，当然本质上还是认为这些准则（也就是"制图六体"）在中国古代地图绘制史中具有深远的影响，只不过将"文人"与绘图的"技术人员"割裂开来。

虽然以往研究对于"制图六体"在中国古代地图绘制史中的地位都推崇备至，但却缺乏对"制图六体"在中国古代地图绘制中的实际运用的具体研究，韩昭庆在《制图六体新释、传承及与西法的关系》②中对"制图六体"在古代文献中的流传情况进行了分析，认为"历代文献收录了制图六体的内容，但是一直到清代的胡渭才有对六体的解释，并作为他绘制《禹贡锥指》图的理论依据，其他文献或节选或全文照抄，很少评述，从一定程度上讲，制图六体得以传承更多的是因为它是裴秀的作品"。就传世舆图来看，其中也缺乏对"制图六体"的记载，而且我们也无法明确地指出存世的大量舆图中有哪些是使用"制图六体"绘制的。将上述情况结合起来，可以认为"制图六体"在古代并不为大多数绘图者所了解，对于中国传统舆图的绘制影响并不大，只是一种纯粹的理论。③

此外，长期以来对于"制图六体"的细节上也存在一些讨论。就目前所见，对于"制图六体"的解释，始见于清初著名学者胡渭的《禹贡锥指》。此后王庸也基本遵循了胡渭的这一解释，大致来说就是认为"分率"即比例尺，"准望"则是方位，"道里"代表的是道路距离，而"高

---

① 辛德勇：《准望释义——兼谈裴秀制图诸体之间的关系以及所谓沈括制图六体问题》，《九州》第4辑，商务印书馆2007年版，第269页。
② 韩昭庆：《制图六体新释、传承及与西法的关系》，《清华大学学报》（哲学社会科学版）2009年第6期。
③ 参见成一农《中国地图学史的解构》，《历史学评论》，社会科学文献出版社2013年版。

下""方邪""迂直"则是由于地势的高低和道路的邪正、曲直,而影响到道里的远近。此后这一解释也基本为学术界所认同。不过李约瑟在《中国科学技术史》中将六体中的"准望"认为是"画矩形网格",当然这应当是不准确的,不过与之前观点不同的是,他的这种解释中暗示着"准望"除了表示方向之外,还应当包括距离。

近年来,一些学者对"制图六体"提出了进一步的认识,如辛德勇的《准望释义——兼谈裴秀制图诸体之间的关系以及所谓沈括制图六体问题》[1]中在李约瑟的基础上,通过考订认为"准望"应当指的是地理坐标,也就是包括方向和距离两个要素,此外,辛德勇在文中还对"制图六体"进行了全面的阐释。韩昭庆的《制图六体新释、传承及与西法的关系》[2]在辛德勇研究的基础上,认为"制图六体"并不是绘制地图的六项原则,而应当是"制图要考虑的六个要素"。

总体而言,经过辛德勇的分析,对于"制图六体"的解释目前已经基本趋于完满,今后这方面研究的余地已经不大。

3."计里画方"

如同"制图六体",以往研究大多给予"计里画方"极高的评价,如李约瑟就将中国的"矩形网格"(即"计里画方")与西方的经纬方格相比照。[3]王庸将"计里画方"等同于"分率"(即比例尺),并给予使用这一方法绘制的地图以较高的评价,如对贾耽的《海内华夷图》的评价是"图以'一寸折成百里',可见他同裴秀一样,讲究'分率',是画方的……所以贾耽的绘图方法,在原则上不过继承裴秀,没有新的创新,但在中国地图史上,还是杰出的、划时代的"[4],对朱思本《舆地图》的评价是"朱图大概是根据他自己的经历,在比例、方位以及距离上用功夫,

---

[1] 辛德勇:《准望释义——兼谈裴秀制图诸体之间的关系以及所谓沈括制图六体问题》,《九州》第4辑,商务印书馆2007年版,第243页。

[2] 韩昭庆:《制图六体新释、传承及与西法的关系》,《清华大学学报》(哲学社会科学版)2009年第6期。

[3] 但中国的"矩形网格"只不过是绘图(不仅是舆图还包括绘画)时一种掌控比例和方向的方法,与地图测绘无关。持类似观点的还有阎平、孙果清等编著《中华古地图集珍》,西安地图出版社1995年版,第31页。

[4] 王庸:《中国地图史纲》,生活·读书·新知三联书店1958年版,第46页。

仿佛现代测绘地图是测定经纬度和三角点，是地图的基本工作……因此我推想朱图的内容、地名或者不甚详细，但他所定的'图廓'却是相当正确的"①。通过这些评价可以看出，王庸之所以给予"计里画方"极高的评价，主要是他认为使用"计里画方"绘制的地图有着更高的准确性。

此后的学者，基本上遵从王庸的评价，如胡邦波认为"这种我国古代地图学传统的制图方法，在世界地图学发展史中占有重要地位"，"它（计里画方）具有方位投影和按比例缩小的性质，所表示各地物之间的距离是水平直线距离，符合西晋杰出的地图学家裴秀提出的六项制图原则——'制图六体'"②。不仅如此，以往地图学史的研究中，大多认为那些使用"计里画方"绘制的看上去具有较高"准确性"的地图代表了中国古代地图的发展方向，如《禹迹图》《广舆图》等，而这些地图也成为以往研究的重点。

对于什么是"计里画方"以往的学者意见基本一致，如胡邦波在《我国古代地图学传统的制图方法——计里画方》中认为"计里画方是在地图上按一定的比例关系绘成方格网，并以此来控制地图上各要素的方位和距离的一种制图方法"。卢志良也有完全相同的定义。③ 这是我们现代人的定义，古人的定义大致与此近似，如胡渭在《禹贡锥指》中指出"今按分率者，计里画方，每方百里、五十里之谓也"④。"计里画方"实际上就是通常所说的控制网格，绘图时在纸上先绘制好网格，然后将数据按照比例折算后绘入图中。这种方法的好处在于容易控制地图的比例和方位，因此绘制地图时更容易掌控各个地理要素摆放的位置。李约瑟将"矩形网格"（即"计里画方"）与西方的经纬方格相比照显然是一种误解。

不过，以往这方面的研究都忽略了两个问题：

第一，实际上"计里画方"并不是中国古代舆图所独有的一种绘图方法，中国古代重要的绘画种类——"界画"和建筑工程图也使用这一

---

① 王庸：《中国地图史纲》，生活・读书・新知三联书店1958年版，第68页。
② 胡邦波：《我国古代地图学传统的制图方法——计里画方》，《地图》1999年第1期。
③ 卢志良：《"计里画方"是起源于裴秀吗?》，《测绘通报》1981年第1期。
④ （清）胡渭注、邹逸麟整理：《禹贡锥指》，上海古籍出版社1996年版，第122页。

方法，而且使用的范围也较为广泛，如著名的"样式雷图"。

第二，以往通常认为使用"计里画方"绘制的地图要比不使用这一方法绘制的地图更为准确，但"计里画方"只是一种绘图方法，如果绘图数据不准确的话，那么单纯的"计里画方"并无法将地图绘制得更为准确。而且，现在已经基本证明，以往认为代表了中国古代地图绘制准确性，使用了"计里画方"的《广舆图》和《禹迹图》绘制时使用的是"四至八到"的道路距离和方向，因此就绘图数据而言，这两者都不可能绘制准确。而且与今天的地图相比，这两者的误差是极大的。[①]

总体来看，以往研究对于"计里画方"显然是过誉了。

三 对于古地图本身的研究

1. 单幅地图和地图集

目前中国古代地图的研究多集中在单幅和成套的地图上，除了那些得到长期关注的如《大明混一图》《杨子器跋舆地图》等地图之外，随着古地图的不断披露，越来越多的单幅地图或者地图集得到了研究者的关注，这样的研究数量众多，在此不一一列举。

以往这些研究的内容，除了对图面所绘地理范围、地理要素进行描述之外，主要关注于对地图绘制年代的考订和作者的分析。其中对于地图绘制年代的考订，多遵循李孝聪根据前人经验和自己的实践总结出的四种判识方法，即"利用不同时代中国地方行政建置的变化""利用中国封建社会盛行的避讳制度""依靠历史地理学的知识""借助国外图书馆藏品的原始入藏登记日期来推测成图的时间下限"[②]。不过在大多数研究中往往忽略了地图绘制年代和地图图面表现年代之间的差异，因此以往的研究对于地图时间的判定基本只是地图图面所表现的时间，而不一定是地图的绘

[①] 参见成一农《〈广舆图〉绘制方法及数据来源研究（一）》，载《明史研究论丛》第10辑，故宫出版社2012年版，第202页；成一农《〈广舆图〉绘制方法及数据来源研究（二）》，《明史研究论丛》第11辑，故宫出版社2013年版；成一农《中国地图学史的解构》，《历史学评论》，社会科学文献出版社2013年版，第147页。

[②] 李孝聪：《欧洲收藏部分中文古地图叙录·前言》，国际文化出版公司1996年版，第41页。

制年代①，由此也就造成了一些误解，如林梅村教授对《蒙古山水地图》的研究②。

此外，以往对于某些单幅地图的研究过于强调地图绘制的"数理要素"，虽然这一趋势近年来逐渐好转，但并未根本摆脱。这种研究视角，一方面可能由于错误地认为"准确""科学"是中国古代地图绘制追求的目标，另一方面可能是出于民族自豪感，因此以往中国古代地图研究中所主要关注的是那些看上去绘制得较为准确的地图，如"放马滩地图""马王堆地图"、《禹迹图》和《广舆图》等，但正是由于出发点的错误，以往关于这些地图的研究都夸大了这些地图的"准确"和"科学"，由此造成了对于这些地图的错误评价，其中尤以关于"放马滩地图"和"马王堆地图"的研究为明显。

"放马滩地图"，1986年出土于甘肃天水麦积区党川放马滩一号墓的秦墓，根据研究应当绘制于秦惠文王后元十年至秦昭襄王八年（公元前305—前299年），绘制者应为墓主秦国人丹。放马滩一号墓中出土的七幅地图绘制于四块松木板上，其中三块是两面绘制，一块仅绘了一面。由于这是目前发现的我国现存最早的实物地图，因此吸引了大量研究者的关注，其中何双全的《天水放马滩秦墓出土地图初探》一文介绍了地图的整理过程，并对该图的绘制内容、绘制技术等进行了初步的分析③，此后，曹婉如④、张修桂⑤等学者就地图绘制的年代、作者、绘制技术、表示的地域范围等内容进行了分析，其中最为详尽的研究就是雍际春的《天水放马滩木板地图研究》一书⑥。

以往研究中非常强调这套地图的计量或者准确性，由此带来了一些基

---

① 对此可以参见成一农《浅谈中国传统舆图绘制年代的判定以及伪本的鉴别》，《文津学志》第5辑，国家图书馆出版社2012年版，第105页。
② 林梅村：《蒙古山水地图》，文物出版社2011年版。
③ 何双全：《天水放马滩秦墓出土地图初探》，《文物》1989年第2期。
④ 曹婉如：《有关天水放马滩墓出土地图的几个问题》，《文物》1989年第12期。
⑤ 张修桂：《天水〈放马滩地图〉的绘制年代》，《复旦学报》（社会科学版）1991年第1期；《当前考古所见最早的地图——天水放马滩地图研究》，《历史地理》第10辑，上海人民出版社1982年版，第141页。
⑥ 雍际春：《天水放马滩木板地图研究》，甘肃人民出版社2002年版。

本的逻辑和史实错误。如有学者认为，从绘制技术上来看，放马滩秦墓地图"以水系为框架，各种地理事物分别绘注于各水系网络的相应位置，使得水系框架无疑发挥了类似现代地图经纬网座标的功能。特别是各地理事物的相对位置和关系，在水系网络的规定下更具准确性，也必然提高了地图的实用价值。这种绘图技术，在现代经纬网绘图法产生之前，无疑是最先进和实用的方法，也具有较高的科学性"①。这段论述在逻辑上就存在问题，按照作者的这种论述方式，基本上所有地图，甚至孩子们绘制的地图都会具有一种框架，显然作者为了突出放马滩地图的科学性和实用性，过度夸大了地图所能体现出的绘图方法。

而且，很多研究者都认为放马滩的这七幅地图是可以拼合的，对此雍际春和党安荣在《天水放马滩木板地图版式组合与地图复原新探》中进行了综述。② 但这些研究都忽略了一个最基本的问题，即如果这些地图是拼合的，为什么要绘制在一块木板的两面？如果是用来复制地图的话，当时没有纸张，不能像后来那样拓印，那么只能印在绢帛上，但如此一来印出来的字是反的，因此也是不可能。而且即使能如此，使用起来实在是太不方便了，所以这种研究可能在出发点上似乎就有问题。

类似的还有"在二号地图内下方，有一个'上'字注记，周围无其他内容，则它明显是地图正读方向的注记。根据地图的水系形状和天水地区地貌水系特征，论者均以为'上'字所标示的地图方向是北，即放马滩地图的正读方向是上北下南，与现代普通地图的方向一致"③。这段论述的问题在于，"上"字确实可以告诉读者阅读地图的摆放方式，但却无法告诉读者地图的正方向，只有对地图所示区域熟悉的人才能明白"上"所代表的含义，由此带来的问题就是，这一注记对该区域熟悉的人而言似乎用处不大，对该区域不熟悉的人而言则又没有太大的意义，因此这一注记是否为"上"字以及其含义依然有

---

① 雍际春：《天水放马滩地图注记及其内容初探》，《中国历史地理论丛》1998年第1辑。
② 雍际春、党安荣：《天水放马滩木板地图版式组合与地图复原新探》，《中国历史地理论丛》2000年第4辑。
③ 雍际春：《天水放马滩地图注记及其内容初探》，《中国历史地理论丛》1998年第1辑。

待于进一步的研究。

2. 地图谱系

就宋代以后的地图研究而言,挖掘地图之间的相互联系,从而构建地图发展的谱系是重要的研究内容,这方面主要以《大明混一图》的研究为代表,对此可以参见《〈大明混一图〉与〈混一疆理图〉研究——中古时代后期东亚的寰宇图与世界地理知识》①,还有成一农出版的《中国古代舆地图研究》② 一书。

在谱系的研究中所使用的方法主要是对地图之间某些局部相似性的分析,由于对不同地图之间同一局部是否相似的认识是主观的,且不同学者进行比较时所关注的图面内容的侧重点存在差异,因此对于地图之间的承袭关系,不同学者往往会得出不同的认识,而且在大多数情况下,也难以判断各种观点之间的对错。如关于宋本《舆地图》,青山定雄在《关于栗棘庵所藏舆地图》一文中,经过与其他宋代地图的比较,认为该图可能来源于黄裳的舆地图木图,即《地理图》③。黄盛璋则认为,《舆地图》应该是参考了众多地图绘制而成,如契丹部分,其与《契丹国志》中的《契丹地理之图》《晋献契丹全燕之图》等皆绘有森林,并且文字注记也大体相同,因此《舆地图》的这一部分应当参考了《契丹国志》中的地图;此外,《舆地图》淮河流域水系的流经形势与《禹迹图》类似,并且存在同样的错误,黄河河道及其支流的绘制上也存在与《禹迹图》的相同之处,因此《舆地图》的这一部分应当参考了《禹迹图》④。

中国古代地图之间的传承关系,除了少量地图之外,大多缺乏直接的文献证据,在这种情况下,以图面内容的相似性来确定地图之间的关系是一种迫不得已的方法,但是在研究中要注意这种研究方法的局限性。除了上文提及的对于相似性的判断是一种主观认知之外,更为重要的是,局部

---

① 刘迎胜主编:《〈大明混一图〉与〈混一疆理图〉研究——中古时代后期东亚的寰宇图与世界地理知识》,凤凰出版社 2010 年版。

② 成一农:《中国古代舆地图研究》,中国社会科学出版社 2018 年版。

③ 转引自黄盛璋《宋刻舆地图综考》,曹婉如主编:《中国古代地图集(战国—元)》,文物出版社 1990 年版,第 57 页。

④ 同上。

绘制内容的相似性，无法证明两者存在直接联系，因为两者都可能来源于一种当时流行的绘制方式，因此这种研究方法只能说明两者之间存在联系，但这种联系不一定就是承袭和直接影响。

这是目前地图学史研究中无法克服的问题，对此只能提出一些改进的方法，如在研究中应当避免以局部内容上的相似性来确定地图之间的传承关系，而应当以地图绘制的整体框架为主导，即黄河、长河这样贯穿整幅地图的主要河流，还有海岸线的轮廓等，再辅以一些典型的在其他地图上缺乏的某些特征，如《广舆图》中西北方向上沙漠的画法和两个圆形的湖泊；《历代地理指掌图》中长城的走向以及西北地区河流的绘制方法；《广舆图叙》"大明一统图"的长城的走向以及对黄河河源夸张的表现。这样的比较可能在相似性的认知上更容易达成一致意见[①]。当然，即使如此，依然不能解决上文提及的相似性比较带来的问题，因为在整体框架以及一些典型局部特征存在相似性的地图之间，甚至在大量细节上都存在相似性的地图之间，即使两者在时间上存在明显的前后顺序，但依然难以判断它们之间是否存在直接继承或影响，因为两者之间可能来源于直接的继承，但也可能是基于源自共同祖本的两幅不同的地图，存在多种可能性。基于同样原因，甚至也无法判断明确有着共同祖本，且在大量细节上相近的地图之间的继承关系，对于这些地图只能将它们归于共同祖本之下的同一类型中；而对明确有着共同祖本，且在大量细节上存在差异的地图，则只能被归于有着共同祖本的不同类型中。

使问题更为复杂的是，明代后期某些地图在摹绘原图时变形较大，再加上对内容存在较大的删改、修补，使得其或与当时盛行的各谱系地图都存在差异，或与多个谱系的地图之间都存在一定的相似。如喻时的《古今形胜之图》，其长城与黄河及河源的绘制，与《广舆图叙》"大明一统图"很近似，但图面上补充了大量内容，且在其他细部与"大明一统图"存在大量差异，因此很难断定其是否确实受到《广舆图叙》"大明一统图"的影响。《皇明职方地图》"皇明大一统地图"与喻时的《古今形胜

---

① 甚至今后这方面的研究还可以考虑引入目前已经较为成熟的图像识别技术，通过提取主要特征的方式来判定地图之间的相似性。

之图》总体上具有一定的相似，但与《古今形胜之图》相比，"皇明大一统地图"内容增加了很多，图面比例也发生了巨大变化，河源大幅度缩小，因此难以判断这两者之间是否存在直接联系。而且"皇明大一统地图"与万历本的《广舆图》"舆地总图"之间也存在一些相似之处。总体而言，受制于研究方法，对于全国总图谱系的分析，目前大致只能勾勒出整体性的脉络，而对于地图之间具体的传承关系无法得出明确的结论。

第四节　中国古代地图研究今后的发展方向

一　重视古籍中作为插图存在的地图

当前中国古代传统舆图的研究主要集中于那些绘本地图（集）和重要的刻本地图集，以及少量古籍中重要的插图，但实际上中国的古籍中存在大量以插图形式存在的地图，仅就《续修四库全书》《四库全书存目丛书》《四库禁毁书丛刊》《四库未收书辑刊》以及《文渊阁四库全书》五套丛书统计（去除了上述丛书中重复收录的古籍），其中收录的地图多达5000余幅。

与那些深藏于各大图书馆的绘本地图相比，这些古籍中作为插图存在的地图是易得且常见的，但数量如此庞大的古地图在以往相关资料的整理与研究中基本被忽略了，其原因一方面是古籍中的插图，大多是刻版的，其精美程度难以与绘本地图相比；另一方面传统中国古代舆图的研究大多只关注那些体现了"科学性"、看上去绘制较为"准确"的地图，从这一视角来看，古籍中的地图绝大多数都是示意性质的，远远谈不上"科学"。但是与绘本地图以及那些以往认为的重要刻本地图集相比，古籍中作为插图存在的地图也有着其自身的价值。一般而言，保存至今的大部分绘本地图，都是因时因事而画，具有较强的针对性，比如河工图，通常流通范围不广，且这类地图较高的绘制成本，也使得其难以被大量复制；而古籍中的地图，保存至今的大都是刻本书籍中的地图，印刷量通常较大，且收录这些地图的大多属于士大夫重点关注的经、史类著作。因此与绘本地图相比，古籍中作为插图的地图，在很大程度上代表了当时士大夫所能看到的地图。

就目前进行的整理和编目工作来看，与绘本地图不同的是，由于这些地图收录于古籍之中，且数量众多，由此可以清晰地梳理出各专题地图自身的发展脉络和源流关系，因此可以解决或展现中国地图学史中一些存在疑问的问题，现试举几例予以说明。

第一，除了几幅出土于墓葬的秦汉时期的地图之外，目前存世的古地图，基本都是宋代之后的，那么现在中国地图学史研究中的一个疑问就是，已经散佚的宋代之前的古地图与宋代及其之后的古地图是否存在密切关系，或者说目前存世的古地图是否受到宋代之前古地图的较大影响。以往基于绘本地图的研究，无法对这一问题给予明确的回答。不过通过对古籍中作为插图存在的地图的分析，可以对这一问题给出否定的回答。理由如下。

中国古地图的绘制中存在晚出的地图改绘早期地图的传统，不过这种改绘通常并不彻底，大都只是修改地图绘制者感兴趣或者主要关注的内容，基本不会将早期地图上的所有地理要素，尤其行政区划的名称全部改为改绘者所在时期的，由此在地图上往往会留下一些早期的地名。现存的古籍中作为插图存在的地图上，所能追溯到的最早的行政区划名绝大部分是宋代的，如出现在与《诗经》有关的著作中的以"十五国风"为主题的大量地图，这些地图所绘内容大致相近，具有明显的源流关系，但在不同著作中的地图之间也存在细微的差别。根据图面内容分析，成图时间最早的，或者说是最为接近这一系列地图祖本的应当为《六经图》《七经图》和《八编类纂》中的"十五国风地理图"，这三幅地图所绘内容大致相同，图中能够确定时代的地理要素基本都是宋代的，没有明确是宋代之前的地理要素。时代稍晚的则是《诗集传附录纂疏》"十五国都地理之图"和《诗集传名物钞》"十五国风地理之图"，这两幅地图在之前三幅地图基础上增补修改了不少内容，不过图面上删除了宋代的政区名而替代以元代的政区，但这种替换并不彻底，如《诗集传名物钞》"十五国风地理之图"中出现了"今福建"，元代并无"福建省"这一政区，这应当是对宋代地图上"今福建路"的简写。明代以"十五国风"为主题的地图数量较多，变化也较大，其中《诗经注疏大全合纂》"十五国风地理之图"在图面内容上是最接近于元代地图的，只是将某些元代地名改为明代的，但这种修改依然不彻底，大量元代地名被保留了下来，如"辽阳省""今甘肃省"等,而这一现象普遍存在于明代这一主题的地图中。①

进一步的证据就是,在元明清时期的古籍中长期留存、具有较大影响力的地图中,很多都能追溯到宋代,而这些地图要不就是图面上找不到宋代之前的地理要素的信息,如上面提到的"十五国风"系列的地图;要不就是明确可以确定是宋代绘制的,如著名的《历代地理指掌图》。因此,可以认为,就古籍中的地图而言,宋代之后的地图与前代地图之间的关系并不密切,或者可以说宋代是中国古代地图绘制的爆发增长时期。

第二,目前存世的地图只是中国古代曾经绘制过的地图的一部分,即使是目前存世地图数量较大的明清时期也是如此,由此产生的一个关键性的问题就是,现存的地图是否能代表中国古代曾经绘制过的地图,或者说现存的地图是否体现了中国古代地图绘制的主流。这个问题之所以重要,是因为如果对于这一问题的回答是肯定的话,那么目前对于中国地图学史的研究就不会存在太大的问题;而这一回答是否定的话,那么目前中国地图学史的研究可能只是揭示了中国古代地图的冰山一角,远远不及全貌。以往以绘本地图为主的研究,对这一问题是无法回答的,但对古籍中作为插图存在的地图的研究则可以对这一问题给予一个明确的回答。

原因也很简单,《文渊阁四库全书》《四库全书存目丛书》《续修四库全书》和《四库禁毁书丛刊》及其补编中收录的古籍,可以说代表了中国古代士大夫所能看到重要的和主要的文献,因此这些著作中收录的地图代表了中国古代士大夫普遍能看到的地图。而且,通过统计发现,中国古代出现新的地图是较为困难的事情,在古籍中出现的地图通常都能找到其渊源,比如关于春秋时期的历史地图,直至明代基本使用的都是《历代地理指掌图》中的"春秋列国之图"。在关于《禹贡》的著作中,直至明末使用的基本是《六经图》"禹贡随山浚川图"以及宋代《历代地理指掌图》中与此有关的一些地图。古籍中出现的无法找到其渊源的地图的数量不是很多,且这类地图通常在后来的古籍中也极少会被引用,也就是说难以产生什么重要的影响,如《帝王经世图谱》中的"周保章九州分星之谱",由此也就旁证了,我们目前看到的古籍中作为插图存在的地图代

---

① 参见成一农《"十五国风"系列地图研究》,《安徽史学》2017年第5期。

表了中国古代士大夫日常所能见到的书籍中的地图。基于这一思路，这一结论也能推广到绘本地图中。除了那些因时因事而绘的专题图之外，对于古代士大夫而言，日常使用或者阅览的绘本地图应当主要是寰宇图和全国总图，而这些地图与古籍中作为插图存在的地图相近，也基本能追溯出发展的脉络，极少出现无法找到渊源的地图，因此目前存世的绘本地图也能代表古代士大夫平日所能看到的绘本的寰宇图和全国总图。还有一个重要的旁证就是，明代的《三才图会》等类书中收录地图基本都能在之前出版的书籍中找到。

顺带提及的是，目前中国古代地图学史的研究中的重点之一依然是对地图的搜集与整理，确实还有一些藏图机构的地图尚未公开，但通过近二三十年来的努力，研究者已经通过各种途径看到了大量古地图，结合上文的叙述，可以认为，我们目前实际上已经看到了中国古地图的基本面貌，今后对古地图的搜集与整理只是填补一些细节知识的空白，因此今后对于中文古地图的搜集和整理不应当再作为研究的重点。而且搜集和整理基础史料只是基本工作，在取得一定成果之后，通常再难以推动学科的发展、扩大学科的影响力，能真正推动学科发展、扩大学科影响力的应当是基于史料（地图）的阐释。

第三，过去中国古代舆图的研究主要强调那些绘制准确的地图，认为这些地图绘制之后，通常会产生广泛的影响。确实也有这样的例子，如以往研究认为绘制准确的《广舆图》完成之后，影响了明代后期地图的绘制，出现了大量以《广舆图》为基础编绘的地图集和著作，而且《广舆图》中的"舆地总图"以各种形式出现于明末的至少20部著作中。不过，这种叙述只是强调了事情的一个方面，同样需要注意的是，在《广舆图》广为流传的同时，那些绘制粗糙、不那么准确的地图同样也有着不小的影响力，如桂萼《广舆图叙》中的"大明一统图"也以各种形式出现在至少16部著作（地图）中；《大明一统志》的"大明一统之图"也至少出现在6部著作中，因此明代中后期，在全国总图中至少存在3种有影响力的全国总图，《广舆图》的"舆地总图"只是其中之一，而且那些以各种形式参考了《广舆图》的古籍，在绘制地图时大多对《广舆图》的图幅进行了或多或少的变形，因此可见地图绘制的准确与否并不是古人选择地图时的唯一标准。

二 中国古代地图学史的重新书写

如前文所述，中国古代地图（学）史方面已经出版了大量专著，但从研究对象来看，这些对于中国古代地图学史的书写主要集中于某些被认为重要的寰宇图和全国总图，而就地图种类而言，中国古代地图除寰宇图和全国总图之外，还存在大量专题图，因此以往中国古代地图学史的研究未能涵盖中国古代地图的整体以及各专题地图的发展脉络。不仅如此，从研究视角而言，这些对于中国古代地图学史的书写多从"数理"的角度入手，未能从中国文化本身入手，来解释中国古地图的内涵。因此，以往出版的中国地图学史，不仅未能全面地反映中国古代地图，而且在研究视角上也颇为偏颇。

此外，关于中国古代地图的管理是否存在出版、流通方面的限制，地图绘制群体以及地图与绘画之间的关系，虽然以往的研究稍有涉及，但结论还尚有探讨的余地。

总体而言，虽然我们对很多地图进行了大量研究，但对于中国古代地图学史及其发展脉络的认识还存在大量研究空白，而这些方面应当是今后地图学史研究的重点，应当从各个方面重新书写中国古代地图学史。

三 将地图作为史料

将地图作为史料运用，基本是目前中国古代地图研究中的共识，但由于中国古代文献资料，尤其是明清时期的文献资料极为丰富，与文献资料相比，即使是存世地图较多的清代，其数量也无法和文献资料相比。因此，就目前而言，虽然在某些细节研究上，传统舆图确实填补了传统文献的缺失，但基本不太可能填补文献缺失记载的"重大历史事件"。

除了图面所记载的内容之外，地图绘制背后的主观性的东西，如古人对空间的认知、对时间的认知、对疆域的认知及其演变过程等，应当是今后将古地图作为史料进行研究的重点。而这些方面恰好是传世文献所无法直接反映的内容。目前对这方面的研究尚不多见，少量的研究多集中在从全国总图来看待中国古代的疆域认知，如葛兆光的《宅兹中国——重建有关"中国"的历史论述》① 以及其他一些相关研究②。

总体而言，地图的史料价值目前远远未被发掘出来，不过由于地图的特殊性，其史料价值并不在于地图的图面内容，而在于地图图面的背后。对地图图面背后内容的发掘，需要全新的视角以及全新的问题，而这同样是今后中国古代地图研究的增长点。

总体而言，中国古代地图的研究目前正处于转型阶段，开始逐步走出以往"科学""准确"的研究视角，搜集和整理古地图的工作也将逐渐弱化，从多个侧面重新书写中国古代地图学史以及挖掘地图背后中国古人的各种认知将成为今后研究的核心和前沿问题。

推荐书目

虽然王庸和李约瑟的著作存在种种问题，但它们代表了中国古代地图学术史上的重要阶段，影响深远，因此是了解中国古代地图研究的必读之作。李孝聪的著作对后世古地图的著录形式以及古地图表现年代的研究产生了重要的影响，也代表了系统整理中文古地图的开端，为中文地图的整理和研究做出了开创性的贡献。余定国和成一农的著作代表了中国古代地图研究的转型，虽然这一转型才刚刚开始。

王庸：《中国地图史纲》，生活·读书·新知三联书店1958年版。

［英］李约瑟：《中国科学技术史》第5卷《地学》第22章，《中国科学技术史》翻译小组译，科学出版社1976年版。

李孝聪：《欧洲收藏部分中文古地图叙录》，国际文化出版公司1996年版。

［美］余定国：《中国地图学史》，姜道章译，北京大学出版社2006年版。

成一农：《"非科学"的中国传统舆图——中国传统舆图绘制研究》，中国社会科学出版社2016年版。

---

① 葛兆光：《宅兹中国——重建有关"中国"的历史论述》，中华书局2011年版。
② 此外，还可以参见成一农《"实际"与"概念"——从古地图看"中国"陆疆疆域认同的演变》，《新史学》第19辑，大象出版社2017年版，第254页。

第十一章

地理信息系统在历史地理学中的应用

经过数十年的发展和应用，在涉及现实问题的应用和研究中，地理信息系统的使用已经极为普及，而且发挥了其他研究手段无法替代的功能，其作用已经得到了公认。我国历史地理学中对于地理信息系统的应用起步较晚，经过十多年的努力虽然已经取得了不少成果，但与海外和地理学其他领域相比仍存在极大的差距，而且对于地理信息系统在历史地理学研究中所能发挥的作用依然存在疑虑，本章即在归纳、分析以往我国历史地理信息系统研究所取得的成就的基础上，阐述目前存在的问题并试图指明今后解决这些问题的途径。

第一节 综合性的地理信息系统

当前国内已具有规模并有较大影响力的综合性历史地理信息系统主要有复旦大学与美国哈佛大学、澳大利亚格林菲斯大学等海外科研机构合作研发的"中国历史地理信息系统"（简称 CHGIS）以及台北"中研院"开发的"中华文明之时空基础架构"项目。

CHGIS 的研发开始于 2001 年，其目的是希望为研究者建立一套中国历史时期连续变化的以行政区划、河道为主要内容的基础地理信息数据，已经完成 1820 年和 1911 年的数据，以及最具有学术价值的时间序列数据。时间序列数据，以秦朝建立的公元前221年到清朝灭亡的宣统三年（1911）为时间范围，力图反映历史时期政区的逐年变化情况。这一系统在网上公布的最新的数据版本为5.0。这一系统中的技术创新就是，在建立时间序列数据过程中，研发团体提出了"生存期"的概念，由此非常简便地解决了数据结构中需要表达时空两个维度数据变化的问题。但该系统存在的问题就是：数据类型单一，偏重政区和市镇；从目前进展来看，CHGIS只是希望提供一套基础数据集，而未构想对不同数据进行整合以及提供分析功能。CHGIS是一个开放平台，在遵守版权规定的情况下，任何研究者都可以从相关网站下载数据并用于学术研究（http：//www.fas.harvard.edu/~chgis/），不过正是由于这一开放性，也使得使用者必须较好地掌握GIS技术并自行解决GIS软件。

台北"中研院"的"中华文明之时空基础架构"以数字化谭其骧教授主编的《中国历史地图集》获得的政区数据为基础，同时以20世纪90年代百万分之一《中国数字地图》（ArcChina）为现代底图，辅以各类历史地图、遥感影像等图形资料，并整合其他数据库成果，是一套以政区为基础的地理信息系统。这套地理信息系统虽然不提供基础数据的下载，但以Webgis的形式提供了相应的软件平台，因此降低了使用者使用地理信息系统的技术门槛。这一系统整合了"中研院"开发的汉籍电子文献系统、清代粮价数据库、明清地方志联合目录数据库等重要研究成果，因此有着丰富的数据资料类型。这一平台在台湾地区经过长期推广，数据不断增加，目前已经有历代黄河变迁、汉代古墓分布、清代粮价人口、中国数字地图、明清江南市镇等100多种数据库（图层），这为今后不同数据之间的空间分析提供了很好的基础。[1] 不过由于这一系统并不完全对外开放，而且Webgis的形式以及研究者所编辑的数据默认存放在网站的服务器中，使其使用范围存在一定的局限。

除了这两套平台之外，还存在其他一些综合性的地理信息系统，不过影响力都非常有限。如中国社会科学院开发了"中国社会科学院综合地

---

[1] 关于这一数据平台的介绍，参见廖泫铭、范毅军《中华文明时空基础架构：历史学与信息化结合的设计理念及技术应用》，《科研信息化技术与应用》2012年第4期。

理信息服务平台",其中除 1∶100 万的基础地理信息以及现代民族和语言文字信息数据之外,还包括了数字化的谭其骧教授主编的《中国历史地图集》。与"中华文明之时空基础架构"类似,这一平台并不提供数据下载,而是以 Webgis 的形式提供了相应的软件平台。不过由于系统中的数据种类非常有限,同时软件本身也并不完善,再加上目前这套平台的开发已经暂停,因此在国内外的影响力并不大,发展前景也不明朗。

此外,首都师范大学中国传统文化数字化研究中心自 2003 年开始筹划以 CHGIS 为基础开发"中国历史地理数字化应用平台",并于 2006 年完成了系统原型开发,2007 年已经完成基本系统开发,可利用平台自动绘制历史地图,按照计划应当于 2008 年完成系统的全部开发①,但目前并未见到这一平台的对外公布、推广和应用。

近年来,随着大数据的兴起,综合性地理信息系统平台或者只是提供基本数据的地理信息系统数据平台不断推出,但发展前景和持续时间都有待观察。

第二节　专题历史地理信息系统

除了综合性的地理信息系统之外,国内一些研究机构针对学术或者现实需要建设了一些专题性的历史地理信息系统,其中大部分与城市有关,不过其中大多数目前处于建立数据库的阶段,而且只是针对用户需求的涵盖若干城市历史地理要素的数据库,并不是完整的城市历史地理数据库,更不是完整的城市地理信息系统。

如陕西师范大学肖爱玲主持的"西安老城区历史文化资源数据库建设"(陕西师范大学优秀科技预研究项目,2009 年),主要采取数据库的形式整理、汇总历史建筑、古遗址等西安老城区的历史文化资源数据,将

---

① 关于这一平台的设想和介绍,参见周文业《中国历史地理信息系统 CHGIS 应用平台的设想和开发》,《2006 年中国历史地理国际学术研讨会论文集》,第 569 页;周丙锋等《中国历史地理数字化应用平台研究》,《测绘科学》2008 年第 4 期;周文业《以地理信息系统构建中国文学史和文学地理学》,《中国文学史学科百年学术研讨会论文集》2009 年,第 104 页。

西安城的各类遗址的多种影像和文字资料加以整合，建立出一套能够为文物保护工作提供信息支持的数据库，然尚未见其成果发布。①

上海师范大学人文与传播学院、都市文化研究中心主持的以"上海城市人文景观数据库"为核心的"上海城市人文历史地图"项目，以数据库的形式整合上海初起至1978年间的名人故居、优秀建筑、各类工厂、重要历史事件发生地等信息，以展现上海深厚的人文积淀和文化性格。项目计划将运用地理信息系统技术，但从其实际成果《上海历史人文地图》来看，其对于GIS的运用应较为有限。② 这一项目组的成员吴俊范在中国博士后科学基金的资助下，曾开展了"上海市中心城市历史文化风貌区人文要素数据库"（2009年立项）的研发工作，也以构建数据库为目标。

此外，大部分已经完成或者正在建立的城市历史地理信息系统，目前均未能对外公布，也未能与各城市的UGIS或"数字城市"计划相衔接，从而限制了这些数据库的使用，未能真正实现地理信息系统的价值。

如自2004年起，南京市规划局、南京市城市规划编制研究中心及南京大学文化与自然遗产研究所合作开展的南京市历史空间格局演变研究。其中，南京市城市规划编制研究中心负责基于3S技术的南京历史空间格局数字复原研究（住房和城乡建设部科学技术项目计划，2008-k9-21；南京市建设行业科研项目，200701），已于2010年7月27日通过项目验收，其最终体现为"南京市历史文化空间格局演变应用服务系统"。这一项目以GIS为技术手段，建立了"历史空间与现状资源图件坐标相统一、断代分析与延续性分析相交错、精确定位与模糊定向相结合、传统研究与新技术应用相辅助、历史空间复原与现状普查相校验"的复原方法体系，为保护和利用南京城市空间和文化特色、研究南京历史文化内涵提供了坚实的数据基础与有力的技术保障。在网络上可以查到这一项目的获奖信

---

① 参见肖爱玲《关于西安老城区历史文化资源GIS数据库建设的思考》，《西北大学学报》（自然科学版）2011年第2期。

② 参见苏智良等《景观的历史表述及其路径——兼论"上海城市人文历史地图"的制作和运用》，《史学理论研究》2010年第3期。

息，但无法在其计划发布的网站"天地图"上找到这一系统。① "北宋东京 GIS 复原"受河南省高等学校创新人才培养工程基金（2004—2009 年度）、国家科技部中国地球系统科学数据共享工程项目（2004DKA20180-02-08）资助，试图在现代地图上，利用考古资料、现存地表遗迹和文献材料进行北宋东京城的复原工作，虽然该项目设计通过网络发布，但目前查询不到具体的数据公布途径。② 此外，还有陈刚提出的六朝建康的历史地理系统。③

香港中文大学苏基朗主持的"燕京思迁录：民国时期北京都市文化的历史地理信息研究"项目是现在极少数在网络上正式公布的城市历史地理信息系统之一。该项目的空间范围为北京城内外城区（不包括郊区），时间是从 1912 年至 1937 年。研究目标为：在可靠的大比例地图上，选择性地建立一个包括 6 组文化现象数据的历史地理信息数据库；以地理信息系统表述各组数据的空间形态及其变迁；利用地理信息系统的分析运算功能，探索 6 组数据之间交叉互动及比较所可能呈现的理论含义。其资料来源主要是北京市档案馆的材料；6 组数据为都市形态及人口、市场文化、教育文化、公共医疗文化、法律文化和宗教文化。该项目已经完成，数据停止更新，不过所有数据都可以在相关网站上免费下载，其在线系统只能进行图层的叠加，不能进行数据查询和分析。④

除上文所涉及者外，还有一些城市历史地理信息系统的研究正在处于探索阶段。如复旦大学历史地理研究所满志敏主持的教育部人文社科重点项目"上海地区开埠以来城市、聚落和水网空间结构演变"（05JJD770113），以 2004 年上海市青浦区为研究范围，基于 GIS 技术构建格网体系，以开埠以后上海城市道路、明清以来乡村聚落以及青浦区的

---

① 周岚等：《基于 3S 技术的历史南京城市空间格局数字复原研究——以明朝、清朝和民国老城为例》，《建设科技》2013 年第 3 期。周岚等：《基于 GIS 的城市历史空间格局数字复原研究——以南京市为例》，《规划师》2011 年第 4 期。

② 参见王一帆《古代城市结构复原的 GIS 分析与应用——以北宋东京城为例》，《地球信息科学》2007 年第 5 期。

③ 参见陈刚《六朝建康历史地理及信息化研究》，南京大学出版社 2012 年版。

④ 参见 http://www.iseis.cuhk.edu.hk/history/beijing/intro.htm。

湖荡面积、河网密度、河流长度等指标，构建地理信息系统。北京大学历史地理研究中心唐晓峰提出建立北京历史数字地图，并尝试建立"宣南地区历史文化地理信息系统"。该系统计划以人文地理内容为主，按照数据库结构设计，将各类地理数据分层标记。计划设立胡同道路、官府机构、会馆、寺庙、学校、报馆、名人旧居等26个图层，并针对一般查询者和研究者的不同需要，设计简单检索与详细检索两部分，可自动生成各种较小比例尺的专项图等。基于唐晓峰的建议，北京市规划委、测绘院、市地方志办公室等计划联合建设的"北京历史文化地理信息系统"，据悉，该项目已经正式立项。相近的还有李凡等构想的佛山历史文化地理信息系统①等。

此外，成一农以 CHGIS 平台为基础，通过"中国古代城市地理信息系统（明清卷）"（中国社科院历史所重点课题，已结项）、"中国城市地理信息系统"（国家社科基金项目，已结项）设计的中国古代城市地理信息数据库，设想以行政区划为基础，通过史料构建全国范围内城市各个组成要素（主要集中在城墙与庙学两方面）的历史地理信息系统。不过受到资金和人员的限制，这一地理信息数据库在数据结构上目前只能满足个人专题研究的需要，未能建立具有扩展性的数据标准，无法与其他数据直接衔接。

除了历史城市地理信息系统之外，还存在少量其他专题性的历史地理信息系统，如复旦大学中国历史地理研究中心侯杨方和路伟东基于 CHGIS 建立的"中国人口地理信息系统"（CPGIS），目前已经发布了 1820 年、1911 年、1936 年和 2000 年的中国人口空间分布电子地图。② 近年来，侯杨方正在建设"丝绸之路地理信息系统"③。不过上述两个专题地理信息系统只提供地图的浏览和数据的查询，并不提供数据的下载，无法与其他平台进行对接。

此外还有些历史地理信息系统处于设想阶段，除了介绍性论文之外，

---

① 李凡等：《佛山历史文化地理信息系统设计和实践的探讨》，《佛山科学技术学院学报》（自然科学版）2009 年第 2 期。

② http://cpgis.fudan.edu.cn/cpgis/default.asp.

③ http://silkroad.fudan.edu.cn/road.html.

尚看不到具体的研究进展和数据，如徐榕焓等设计的历史自然灾害数据库①、唐云松等构想的南方传统聚落信息系统②、罗桂林和毕建涛等提出的丝绸之路历史地理信息系统③、于光建提出的 GIS 等技术在历史沙漠地理研究中的应用④、郑景云等构思的历史环境变化数据库⑤、王钧等提出的两汉时期人口数据库⑥等。

近年来，相对而言比较成熟的专题性地理信息系统当属张萍主持建设的"丝绸之路历史地理信息系统开放平台"（http：//www.srhgis.com），这套平台整合了丝绸之路沿线的交通路线、土地利用、生态环境、城址聚落、文化传播、考古遗址、民族宗教等方面的资料，此外还补充有各类古地图、历史地图和近现代地图，应当是目前丝绸之路研究和数字数据集中汇集资料最为丰富的平台。这套系统虽然有着简单的时空分析功能，但各数据之间缺乏联系，也未能提供更为专业的分析功能，因此从功能上看更偏向于数据展示平台，而且不是一套数据分析平台。

第三节　历史地理信息系统在具体研究中的应用

虽然海外在史学和历史地理学研究中对地理信息系统的应用已经多年，但国内学界的应用则较晚，大约始于 21 世纪初，2000 年满志敏的《光绪三年北方大旱的气候背景》一文应当是其中较早的。此后，随着

---

① 徐榕焓等：《基于 GIS 的历史自然灾害数据库设计与实现》，《测绘科学》2012 年第 1 期。

② 唐云松等：《中国南方传统聚落特点及其 GIS 系统的设计》，《衡阳师范学院学报》（社会科学版）2003 年第 4 期。

③ 罗桂林：《基于空间信息技术的丝绸之路历史地理信息系统研究》，硕士学位论文，中南大学地球科学与信息物理学院，2013 年；毕建涛等：《空间信息技术在丝绸之路历史变迁中的应用及研究进展》，《干旱区地理》2007 年第 6 期；罗桂林、王星星、毕建涛：《基于现代信息技术的汉唐时期新疆境内丝绸之路信息发布系统的研究与实现》，《测绘与空间地理信息》2013 年第 6 期。

④ 于光建等：《开封城墙时空变化及其特征研究》，《兰州教育学院学报》2007 年第 2 期。

⑤ 郑景云等：《历史环境变化数据库的建设与应用》《地理研究》2002 年第 2 期。

⑥ 王均等：《两汉时期人口数据库建设与 GIS 应用探讨》，《测绘科学》2001 年第 3 期。

CHGIS 的开发，地理信息系统的应用逐渐增多，不过就目前的研究成果来看大多集中于涵盖地理范围较小、数据比较单一的区域、流域或聚落的专题研究。

如以聚落为核心的研究有张静等的《基于 3S 技术的扬州 2500 年间城市演变分析》[1]、吴俊范的《1900—1949 年间上海水乡景观蜕变的复原与分析》[2]、吴俊范的《从水乡到都市：近代上海城市道路系统演变与环境（1843—1949）》[3]、李书艳的《清代以来嘉定聚落的时空格局演变》[4]、李凡等的《清至民国时期基督教在佛山传播的空间透析——以教堂景观为视角》[5]、尔德尼其其格等的《基于 GIS 的呼和浩特市区近百年城市形态演化特征研究》[6]、何韶颖等的《广州传统宗教信仰场所与城市形态研究中的 GIS 应用探索》[7]、姜永发等的《三维景观 GIS 几何建模方法——以无锡唐城为例》[8]、陈刚的《超媒体地理信息技术在六朝建康历史地理研究中的应用刍议》[9]、牟振宇的《近代上海城市边缘区土地利用方式转变过程研究——基于 GIS 的近代上海法租界个案研究（1898—1914）》[10] 以及以苏基朗主持的"燕京思迁录"为基础数据的张佩瑶等人的《从历史

---

[1] 张静等：《基于 3S 技术的扬州 2500 年间城市演变分析》，《北京大学学报》（自然科学版）2012 年第 3 期。

[2] 吴俊范：《1900—1949 年间上海水乡景观蜕变的复原与分析》，《中国历史地理论丛》2010 年第 1 辑。

[3] 吴俊范：《从水乡到都市：近代上海城市道路系统演变与环境（1843—1949）》，博士学位论文，复旦大学，2008 年。

[4] 李书艳：《清代以来嘉定聚落的时空格局演变》，硕士学位论文，复旦大学，2007 年。

[5] 李凡等：《清至民国时期基督教在佛山传播的空间透析——以教堂景观为视角》，《热带地理》2009 年第 5 期。

[6] 尔德尼其其格等：《基于 GIS 的呼和浩特市区近百年城市形态演化特征研究》，《内蒙古师范大学学报》（自然科学汉文版）2012 年第 6 期。

[7] 何韶颖等：《广州传统宗教信仰场所与城市形态研究中的 GIS 应用探索》，《建筑历史与理论》第十一辑（2011 年中国建筑史学学术年会论文集——《兰州理工大学学报》第 37 卷）。

[8] 姜永发等：《三维景观 GIS 几何建模方法——以无锡唐城为例》，《地理研究》2004 年第 2 期。

[9] 陈刚：《超媒体地理信息技术在六朝建康历史地理研究中的应用刍议》，《南京晓庄师院学报》2004 年第 3 期。

[10] 牟振宇：《近代上海城市边缘区土地利用方式转变过程研究——基于 GIS 的近代上海法租界个案研究（1898—1914）》，《复旦学报》（社会科学版）2010 年第 4 期。

GIS 角度看民国北京中西医服务与城市交通的关系》①和吴海杰的《北京都市法律文化的空间结构》②等论文。

关于流域方面的研究有韩茂莉等的《20 世纪上半叶西辽河流域巴林左旗聚落空间演变特征分析》③、吴立等的《巢湖流域新石器至汉代古聚落变更与环境变迁》④、陈诚等的《基于 GIS 的旧石器时代遗址时空分布规律的研究——以丹江口水库淹没区为例》⑤、颜辉武等的《基于数字地图的下荆江河道变迁研究》⑥ 和张健等的《1644—2009 年黄河中游旱涝序列重建与特征诊断》⑦ 等。

关于区域的研究则有郑微微的《清前期以来直隶南部聚落空间分布与空间扩展初步研究》⑧、朱诚等的《湖北旧石器至战国时期人类遗址分布与环境的关系》⑨、谢立华等的《GIS 支持下的古窑址与地理环境关系研究——以福建省为例》⑩、傅辉的《明以来河南土地利用变化与人文机制研究》⑪、初建朋的《清末山西省阳曲县土地分布格局探讨——在 GIS

---

① 张佩瑶等:《从历史 GIS 角度看民国北京中西医服务与城市交通的关系》,《人文空间的新视野：中国近代城市文化的动态发展》,浙江大学出版社 2012 年版。
② 吴海杰:《北京都市法律文化的空间结构》,《人文空间的新视野：中国近代城市文化的动态发展》,浙江大学出版社 2012 年版。
③ 韩茂莉等:《20 世纪上半叶西辽河流域巴林左旗聚落空间演变特征分析》,《地理科学》2009 年第 1 期。
④ 吴立等:《巢湖流域新石器至汉代古聚落变更与环境变迁》,《地理学报》2009 年第 1 期。
⑤ 陈诚等:《基于 GIS 的旧石器时代遗址时空分布规律的研究——以丹江口水库淹没区为例》,《云南地理环境研究》2008 年第 1 期。
⑥ 颜辉武等:《基于数字地图的下荆江河道变迁研究》,《华中师范大学学报》(自然科学版) 2001 年第 3 期。
⑦ 张健等:《1644—2009 年黄河中游旱涝序列重建与特征诊断》,《地理研究》2013 年第 9 期。
⑧ 郑微微:《清前期以来直隶南部聚落空间分布与空间扩展初步研究》,硕士学位论文,复旦大学,2006 年。
⑨ 朱诚等:《湖北旧石器至战国时期人类遗址分布与环境的关系》,《地理学报》2007 年第 3 期。
⑩ 谢立华等:《GIS 支持下的古窑址与地理环境关系研究——以福建省为例》,《文物保护与考古科学》2013 年第 4 期。
⑪ 傅辉:《明以来河南土地利用变化与人文机制研究》,博士学位论文,复旦大学,2008 年。

下以〈阳曲县丈清地粮图册〉为基础》①、黄福伟等的《1993—2010年山东省人口分布的空间演变特征分析》②和路伟东的《同治以前陕甘回民聚落分布与数据库建设》③等。

此外还有少量全国范围的专题研究，如成一农在《古代城市形态研究方法新探》④一书中利用地理信息系统对历代筑城范围进行的研究；蔡颖等利用GIS对1936年至1946年中国人口密度分布和变化的分析⑤等。

潘威利用地理信息系统作为数据分析手段进行了大量的研究工作，如他的《近百年来渭干—库车绿洲灌渠变动对地表水系格局的影响》⑥《基于历史文献资料的17世纪以来东北亚台风信息挖掘》⑦。其中最为具有启发意义的当属《清代前期黄河额征河银空间形态特征的初步研究——以乾隆五十七年的山东为例》⑧一文，其"利用清代的河工钱粮档案记录，复原了乾隆晚期山东额征河银在各州县的征收额度、与地丁银比例等要素，并通过GIS技术呈现其空间面貌。对山东额征河银的分布格局研究发现，清政府在山东的42个州县和4个卫所施行额征河银，但额度分配没有统一标准，少数州县承担了额征河银任务的一半以上；河银认缴的主要州县分布在黄运之间的夹角地带，极易遭到旱涝灾害影响，导致地丁银征收出现困难，进而造成额征河银拖欠现象的风险增高。这一布局特征成为

---

① 初建朋：《清末山西省阳曲县土地分布格局探讨——在GIS下以〈阳曲县丈清地粮图册〉为基础》，硕士学位论文，陕西师范大学，2004年。
② 黄福伟等：《1993—2010年山东省人口分布的空间演变特征分析》，《山东师范大学学报》（自然科学版）2013年第2期。
③ 路伟东：《同治以前陕甘回民聚落分布与数据库建设》，《西北民族研究》2012年第4期。
④ 成一农：《古代城市形态研究方法新探》第六章"中国古代地方城市筑城简史"，社会科学文献出版社2009年版，第160页。
⑤ 蔡颖等：《1936—1946年中国人口密度的分布和变化》，《人文空间的新视野：中国近代城市文化的动态发展》，浙江大学出版社2012年版，第99页。
⑥ 苏绕绕、潘威：《近百年来渭干—库车绿洲灌渠变动对地表水系格局的影响》，《干旱区资源和环境》2018年第7期。
⑦ 小林雄河、潘威：《基于历史文献资料的17世纪以来东北亚台风信息挖掘》，《地理研究》2016年第7期。
⑧ 潘威：《清代前期黄河额征河银空间形态特征——以乾隆五十七年的山东为例》，《中国历史地理论丛》2014年第4辑。

定额河银制度难以持续的重要原因"。即用历史地理信息系统的空间分析工具，对一个重要的历史问题进行了探讨。虽然历史现象的原因都是非常复杂的，但这种基于空间分析所得出的原因，比仅仅依靠文献中的个案记载而推导出的原因似乎更具有说服力。

第四节　对历史地理信息系统的方法探讨

虽然如前文所述，某些学者提出过关于建立专题性历史地理信息系统的设想，不过这些设想基本局限于数据库结构和平台搭建的总体框架的层面，对于将历史信息转化为地理信息系统数据的方法以及与此相关的具体数据架构的讨论则较少，这方面的研究主要是由满志敏进行的。如 CHGIS 建设之初，满志敏在《走进数字化：中国历史地理信息系统的一些概念和方法》[①] 一文中简要地介绍了历史地理信息的概念和一些建设 CHGIS 时涉及的数据的空间属性的概念等。随着 CHGIS 的建设，他又在《关于 CHGIS 第二阶段数据模型的定义问题》[②] 中介绍了 CHGIS 数据构建过程中遇到的问题和解决的办法。此外，满志敏还在《小区域研究的信息化：数据架构及模型》[③] 中通过讨论小区域 GIS 数据框架建立的方法，提出了三点关于建立小区域时空数据框架的非常重要的认识。将历史数据转化为 GIS 数据是 GIS 应用于历史地理研究的关键。因为对研究者而言，文献资料本身并不是什么问题，GIS 的分析手段通过教科书和学习一般也都能掌握，而如何将历史地理的数据转化为 GIS 的数据，这是大部分研究者都非常困惑的问题，尤其是涉及多空间尺度、长时段的数据的时候，因此满志敏的这篇论文具有重要的学术价值和现实意义。

---

① 满志敏：《走进数字化：中国历史地理信息系统的一些概念和方法》，《历史地理》第 18 辑，上海人民出版社 2002 年版，第 12 页。
② 满志敏：《关于 CHGIS 第二阶段数据模型的定义问题》，《历史地理》第 19 辑，上海人民出版社 2003 年版，第 231 页。
③ 满志敏：《小区域研究的信息化：数据架构及模型》，《中国历史地理论丛》2008 年第 2 辑。

近年来，张萍在建设"丝绸之路历史地理信息系统开放平台"的同时，对地理信息系统与历史地理研究和历史研究之间的关系进行了讨论，如在《地理信息系统（GIS）与中国历史研究》一文中提出："历史地理信息系统建设是信息化时代学术发展的要求，也是历史研究向纵深方向拓展的体现。作为历史信息存储、显示、管理、分析系统，近年来，国内相关数据平台越建越多，地理信息系统（GIS）对中国史学研究的贡献也初见成效，在历史气候、河流地貌、市镇经济、乡村聚落、水利社会、环境变迁、古代城市、古地图以及历史地理信息系统（HGIS）研究方法等九大领域都有突出的表现。GIS 进入中国史学研究领域不仅带来研究方法的变革，同时也使历史研究理念更新，促成历史文献、古地图、遥感影像、考古信息等多元史料的应用，帮助我们完成一些动态追踪与多要素综合性研究。当然，目前受学科界线限制，历史地理信息平台建设薄弱，推介手段缓慢，这些因素都成为制约 GIS 方法应用于中国历史研究的瓶颈。"[1] 不仅如此，她还将 GIS 运用到具体研究中，如在《丝绸之路交通地理定位与道路网络复原研究》中提出："利用地理信息科学与虚拟空间技术对丝绸之路交通网络进行空间复原，是实现历史地图数字化、构建三维地图的有效途径。这一过程可分三步走：第一，需要进行交通道路性质的判定与时空起止界面的界定；第二，需要进行交通节点的地理定位；第三，需要对线数据的提取与复原。交通节点数据的空间定位大体遵循三个原则。考古遗址是交通节点定位的基本依据，府、州、县政权系统根据政权中心定位，一些不确定的点数据可以根据道路里程、地名承袭及相关要素进行综合考量。而交通线的复原则基本是在点数据定位的基础之上依据地形原则以及当前道路状况、历史道路的延续性等原则复原，野外实地考察最为精确。二千年丝绸之路道路系统的复原还要考虑丝路交通区域发展的同步性与异质性，其中部分区域交通体系构建过程中存在大同步、小差异的特征，这些都是进行丝路交通体系复原过程中必须考虑的因素。"[2]

---

[1] 张萍：《地理信息系统（GIS）与中国历史研究》，《史学理论研究》2018 年第 2 期。
[2] 张萍：《丝绸之路交通地理定位与道路网络复原研究》，《首都师范大学学报》（社会科学版）2018 年第 2 期。

第五节　展望

总体来看，目前在历史地理研究中对历史地理信息系统的利用基本上局限于地域范围有限的专题研究，而缺乏大空间范围的专题研究和区域的综合性研究，这方面的研究对于历史地理学的整体发展更具有推动性，也更能展示地理信息系统在数据空间分析方面的优势。但与地域范围有限的专题研究不同，这两个方面的研究都建立在大数据的基础上，而缺乏数据正是目前制约历史地理信息系统发展的主要障碍之一。之所以出现上述问题主要是基于以下几点原因。

首先，不同于现代数据，现存的中国古代的信息数据通常缺乏量化，将这些数据转换成地理信息系统可以使用的数据需要投入大量的时间进行数据的考订、分析和转换工作，但是目前的科研体制鼓励的是短平快的成果，尤其是强调以论文为代表的成果，而这种数据处理的基础工作显然不符合目前考核体制的要求，因此很少有学者愿意投入大量的时间和精力来从事这方面的工作。

其次，目前无论是已经或正在建立的综合性历史地理信息系统，还是专题性的历史地理信息系统，大多各自为战，未能考虑数据结构的统一，因而不仅缺乏将原本就已经极为缺乏的地理信息数据整合为一套数据平台的基础，造成了数据资源的浪费和重复建设，也难以发挥建立在大数据基础上的地理信息系统独有的空间比较、查询和分析功能。

最后，虽然目前对于地理信息系统的价值和作用在历史地理学界中得到了广泛的认可，但由于存在上述两点问题，对于地理信息系统如何促进历史地理与历史研究依然莫衷一是、难以具体阐明，这使国家以及各个研究单位对于需要耗费大量资金和时间，短期内难以见到显著成效的历史地理信息系统的投入持保留态度，由此进一步造成历史地理信息系统数据的缺乏。

从上述三点来看，目前历史地理信息系统的发展已经陷入僵局，而这种僵局就目前的研究体制和研究现状来看，仅凭研究机构是难以打破的。

要突破现有的僵局，需要以具有广泛影响力的研究机构为核心，联合国内各研究院所进行综合性历史地理信息系统平台的开发。而这一研究项目的第一步的核心是要确定一套有着普遍适用性的数据标准，并将这一标准公之于众。再以这一平台为基础，或对现有的成套、比较成熟的文本数据进行加工，或以项目的形式组织研究人员整理制作各种类别的地理信息系统数据。此外，在具体的科研考核体制上也需要与各研究机构的上级单位进行协商。而且这是一个需要长期投入的项目，短时期内很可能难以拿出重量级的研究成果，可能要延续10年、20年，甚至更长时间，但是随着数据的不断累积，这一平台对于今后历史地理和历史研究的推进很可能会超出我们的想象。

另外一个制约目前历史地理信息系统在历史地理学中的应用的障碍就是研究的"问题"。历史地理信息系统虽然可以应用于传统的历史地理学的问题，比如交通路线的复原、对地理要素的空间分布及其原因的讨论等，但这些研究并未发挥地理信息系统所擅长的空间分析以及多类型数据的综合分析的能力。而且这些研究不使用历史地理信息系统也是可以进行的，只是可能需要花费更多的时间。正是由于我们没有提出能够发挥历史地理信息系统的威力的问题，因此以往建立的历史地理信息系统平台大多只停留在展示层面上，即由于没有新问题，因此无法对数据进行统合、关联以及提供分析工具，由此只能停留在老问题所关注的单一数据的展现上。

因此，面对地理信息系统所提供的数据分析工具和能力，再结合目前大数据和数据挖掘技术，我们历史地理所关注的问题也应当随之变化，上文提及的潘威的《清代前期黄河额征河银空间形态特征的初步研究——以乾隆五十七年的山东为例》虽然没有提出新的问题，但对旧有问题使用了新的分析手段，得出了以往未能注意到的结论，这是我们今后历史地理研究所应当关注的发展方向。当然，提出新的问题需要思维的跳跃发展，也需要数据上的真正积累，这是一个复杂和长期的过程，也涉及一些学科整体性的问题，需要所有历史地理学的研究者积极参与其中。

推荐书目

陈刚：《六朝建康历史地理及信息化研究》，南京大学出版社 2012 年版。

廖泫洺、范毅军：《中华文明时空基础架构：历史学与信息化结合的设计理念及技术应用》，《科研信息化技术与应用》2012 年第 4 期。

满志敏：《走进数字化：中国历史地理信息系统的一些概念和方法》，《历史地理》第 18 辑，上海人民出版社 2002 年版。

满志敏：《关于 CHGIS 第二阶段数据模型的定义问题》，《历史地理》第 19 辑，上海人民出版社 2003 年版。

满志敏：《小区域研究的信息化：数据架构及模型》，《中国历史地理论丛》2008 年第 2 辑。

潘威：《清代前期黄河额征河银空间形态特征的初步研究——以乾隆五十七年的山东为例》，《中国历史地理论丛》2014 年第 4 辑。

张萍：《丝绸之路交通地理定位与道路网络复原研究》，《首都师范大学学报》（社会科学版）2018 年第 2 期。

结　语

1949年，我国现代意义的历史地理学也随之建立，且不断成熟，取得了令人瞩目的成绩，在地理学和历史学中曾有着较大的影响力。虽然近几十年来，随着中国学术整体的迅猛发展，历史学研究的多元化，我国的历史地理学的学科体系日益丰满，研究队伍不断扩大，在传统领域依然产生出了一些重要的成果，但不可否认的是，与此同时，历史地理学的影响力不断下降，在历史学和地理学中日益边缘化，已不复往日的辉煌。

不过，随着中国经济实力的迅猛提升，国际影响力的扩大，在学术领域也亟须树立自己的话语权，由此学术研究得到了前所未有的重视，对于历史地理学而言也是很好的发展机遇。当然，在把握这一机遇之前，历史地理学需要先考虑以下一些涉及学科根本的问题。下面就这些问题提出笔者的一些粗浅认识，以期抛砖引玉。

一　历史地理学的学科定位

这是一个老生常谈的问题，在本书第一篇中已经对这一问题进行了讨论，但在这里还需要再次强调。虽然对于个人而言，研究对象的学科属性并不是一个重要问题，但对于学科而言，如果没有明确的学科属性的定位，在发展上就会产生诸多问题，在方法论、问题意识和研究视角上就会摇摆不定，同时缺乏明确的对话的对象。以往虽然历史地理学的研究者口头上都认为历史地理学在学科属性上属于地理学，但在具体研究中，实际上有意无意地将历史地理学定位为历史学，从理论、方法到材料使用的大部分都是历史学的，因而与传统的沿革地理的研究颇为类似。

当然，这种现象与教育部学科分类中将历史地理学归于历史学有关，这也是一个在今后未来很长时间内都难以解决的问题，而且历史学在理论、方法上的相对封闭更是加剧了这一问题。不过，有利的一面是，当前高校中跨学科学者的培养日益得到重视，且随着数字时代的到来以及研究的多元化，学科壁垒日渐消融，在历史学中培养有着地理学意识、掌握地理学研究理论、方法和思路的学者变得日益可能。当然，这是一个长期工程，甚至可能需要经过一两代学者的努力才能初见成效，而到那时，在教育部学科分类中将历史地理学规划地理学才有可能，也才现实。

那么，在目前的现实环境下，我们应当如何处理与历史学和地理学的关系则是值得我们思考的，也是目前较为迫切的问题。

二 历史地理学与地理学的关系

虽然在学科属性上，历史地理学属于地理学，但是在短时期之内历史地理学回归到地理学，甚至成为地理学主流则是绝不可能的，也是不现实的，但逐渐强化与地理学的联系则是必要的，大致有以下途径。

第一，与地理学的研究者合作，参与地理学热点问题的研究。在合作过程中，发挥历史地理学者熟悉文献、善于考订的特长，为地理学的研究提供他们所急需且难以读懂、理解的文献，同时更为重要的是，在合作过程中，历史地理学者要理解地理学研究的思路、方法，而不是从历史学的角度加以排斥。建模在地理学研究中属于"家常便饭"的研究手段，往往会通过建模的方法来对数据进一步细化，但从历史学的角度来看，这是创造了"数据"。如中国古代基本没有具体到县以下的土地分布数据，且更缺乏时间上连续的数据，而地理学则会通过建模的方式来将土地数据按照需要细化到 10×10 平方公里，甚至 1×1 平方公里，且会"复原"出逐年数据。传统的历史学研究者可能对这种"创造"数据的方法表示不太容易接受，更会对他们使用的数据过程中的粗略表示不满，不过对于历史地理学者而言，应当思考这种地理学研究方法的可取之处。

第二，参与跨学科问题的研究。2016 年，由南京师范大学地理科学学院吴庆龙教授带领的一支国际研究团队，在《科学》（Science）上发表的论文《公元前 1920 年的洪水暴发为中国传说中的大洪水和夏朝的存在提供依据》，提出上古时期黄河上游曾存在过一个巨大的堰塞湖，而其溃决会引起巨大的洪水，并将这一推断与传说中的"大禹治水"联系起来。由于该论文发表在国际顶级学术期刊上，因而在学界引起轰动。这一解释，虽然在逻辑上存在欠缺，从历史学者的角度而言，更近似于"胡说八道"，但能刊登在顶级期刊《科学》上，则说明国际学界对于这种从跨学科角度，对重要历史事件、问题的解释是极为重视的。作为既掌握历史研究的手段，又有着地理学视野的历史地理学者，从事这方面的研究有着天然的优势，且在逻辑和历史解释方面有着更多的严谨性，只是我们需要摆脱传统史学狭隘视野的局限。

第三，学习地理学的"问题意识"。虽然所有学科都讲求"问题意识"，但受到历史学的影响，历史地理学的研究所谓的"问题意识"通常只是"就事论事"，缺乏更为宏观的关怀，缺乏对本学科和相关学科根本性问题和前沿问题的思考，更缺乏对现实问题的关照。而地理学的研究则有非常明确的"问题意识"，无法对本学科和相关学科根本性问题和前沿问题做出贡献的研究，通常不会受到重视。确立真正的"问题意识"，这是历史地理学的研究亟待改进的，也是得到其他学科包括地理学的认同所必需的。

第四，在研究上与国际接轨。与历史学相比，地理学已经更多的"国际化"，至少在成果的发表上早已如此，但在教育部学科体系中属于历史学的历史地理学缺乏与国际历史地理学、地理学和历史学的交流，由此不仅限制了学科的视野，而且在学术研究日益国际化的今天，必然得不到地理学的重视。

总体而言，今后在与地理学的交流中，历史地理学要放下来源于历史学的一些根深蒂固的观念和习惯，学习地理学的视角、理论、方法以及思考和回答问题的方式。

三 历史地理学与历史学的关系

在历史地理学今后很长一段时间依然属于历史学，即使历史地理学回归到地理学，与历史学依然在研究方法、材料，甚至问题方面依然会存在千丝万缕的关系，在这种情况下，如何处理与历史学的关系同样是值得仔细思考的。大致应该做到以下几点：

第一，与传统的沿革地理彻底区分开来。传统的沿革地理的研究实际上是对文献的梳理、对制度的考订，是历史学者的基本功之一，当然也是历史地理学者所应当掌握的。不过，由于长期以来我国历史地理学者从事的研究以及重要的成果有着浓厚沿革地理的意味，由此使得很多历史学者将历史地理学的研究和成果认为只是一种"工具"。在史学研究走向阐释的今天，以及在人工智能和数字人文的结合将很有可能取代传统的考证和复原研究的未来，历史地理学非常有必要将自己与沿革地理学彻底区分开来，将自己的研究转向阐释，否则历史地理学在历史学中的边缘地位将不会得到改变。

第二，参与历史学的热点和核心问题，发挥历史地理学的优势。近几十年来，历史学的研究的核心问题和热点问题多元化，历史地理学的研究者虽然也参与其中，但并未做出特殊的贡献，如关于基层社会的研究中，历史地理学的研究者往往与其他学科的研究者的研究大同小异，只是更偏重于对地理空间的复原，但在基本解释路径、问题的最终指向上并无特异之处，而结论也基本落于相关理论框架中，并未凸显出历史地理学的价值。

在历史学科中，历史地理学优势主要有两点，一是观察问题的视角不同，除了历史学的时间视角之外，历史地理学的研究者更多关注空间差异、人地关系以及随着时间的流逝而产生空间的变化；二是历史地理学者，由于与地理学有着密切的关系，由此在技术手段上更为多元化。但目前历史地理学者在研究历史问题时并未发挥出这两点优势，目前历史地理学研究中的"空间"大部分局限于空间差异以及随着时间的流逝而带来的空间分布的变化，而这种表层的"空间"视角，历史学的研究者同样也可以达到，且在研究工具日益增加的今天，复原空间差异和变化越来越简单；同时，随着数字人文的推广，很多历史学的研究者也已经掌握众多的技术手段。因此，在历史学研究中，如何发展历史地理学的优势，是值得我们思考的。

总体而言，出于历史学中的历史地理学，今后必须要摆脱沿革地理的阴影，通过发挥自己的优势，积极参与历史学热点问题的讨论，提出自己的历史阐释。

四 关心理论和方法

历史地理学是一个有着强烈理论和方法需求的学科，但受到中国传统史学的影响，长期以来，我国的历史地理学不讲求对理论和方法的探索，冠以理论和方法标题的论文，大部分只是一些认知或者常识的总结，缺乏深度和可操作性。与此同时，历史地理学的研究内容日益广博，毕竟绝大部分研究对象都天然有着空间属性，但问题在于，扩大研究领域固然是学科发展的一种重要途径，但真正能促使一个学科成立和发展的只有理论和方法上的变化，所有学科都是如此。

而且我国的历史地理学经过数十年的发展，很多领域的研究方法要不已经落后于时代，要不就是已经凸显出各种问题，如果不在理论和方法上进行思考和突破，不仅学术研究无法进步，而且研究本身的学术价值也会日益降低。

总之，一个学科"安身立命"的根本是理论和方法，而不是具体的成果。

五 未来的学科增长点

结合上述分析以及发展趋势，笔者认为历史地理学未来的学科增长点主要有：

1. 中国历史上疆域的研究

中国历史上的疆域，长期以来都是研究的热点，而且历史地理学也曾经在这方面做出过巨大的贡献，且目前历史地理学者提出的一些认知也得到了一定的认同，不过随着各个领域的学者参与到这一研究，历史地理学的贡献被不断淡化。但正如第二篇第三章第三节所述，这一领域还依然存在极大的研究空间，甚至存在超越以往研究视角，重建整个话语体系和叙事的可能。

中国古代保存下来大量地理志书、大量的地图以及海量的与地理学思想有关的文献，而这些对于历史地理学者来说是非常熟悉的，如果历史地理学者能改变研究的视角，抛弃目前研究中所使用的西方现代的术语体系，那么中国历史疆域的研究将面貌一新，而历史地理学也将重新引领这一史学热点问题的研究。

2. "一带一路"的研究

"一带一路"研究同样是当前历史学研究的热点之一，相关评述以及展望参见本书第二篇第五章第二节。以往历史地理学者进行的"一带一路"的研究多局限于道路走向及其变迁的研究，有时会扩展到对交通沿线的城市、商贸的研究，但多属于复原的研究，往往成为史学或者地理学研究的基础，因此虽然成果众多，但影响力有限。

"一带一路"除了是交通线之外，其还涉及由此带来的知识、文化、物资的交流，当然这也是以往历史学和历史地理学研究涉及的内容，但更为宏观的就是由此带来的欧亚非大陆上政治空间、文化空间格局的演变，由此历史地理学的研究者可以尝试从地缘政治、政治地理学、文化地理学的角度来进行全球史的叙述。

3. 环境变迁的研究

历史时期环境变迁的研究是历史学、地理学，甚至考古学所关注的前沿问题，但在研究中，学科之间缺乏交流和互补。就复原变迁过程的而言，地理学的技术手段通常比历史学所使用的文献考订更为精确和可靠；而对环境变迁中人地关系的解释，尤其是对人的应对机制的解释，历史学则比地理学更具有优势，更为生动，更能体现出"人"，而不只是强调"规律"。历史地理学的研究者既熟悉历史学的研究方法，同时也更容易接纳和学习地理学的技术手段，因此从事环境变迁的研究有着天然的优势。

4. 古地图的研究

作为有着悠久的学术史，但长期未得到重视的"新史料"，古地图的研究有着良好的发展前景，但今后的重点应当在于挖掘地图的史料。需要强调的是，这种"史料"价值并不在于通过对地图图面内容的阅读来补充历史细节，而在于对较为宏大的历史问题的解释，如地图所反映的中国古人的空间观念和时间观念，从知识史的角度对地图所反映的知识的形成、演变、融合和消散的研究，古代文本与图像之间的关系以及古人的疆域观念等。从研究的主题来看，其中既涉及地理学思想史的内容，也涉及中国史学的当前新兴的研究视角和热点问题。

总体而言,历史地理学的发展目前虽然遇到了瓶颈和困难,但由于其自身特有的学科优势、看待问题的视角以及多元化的研究方法,因此在当前学术昌盛的时代,依然有着良好的发展机遇,只是需要我国历史地理学界能认识到问题,团结起来,共同努力。

最后以李晓杰在《谭其骧:"你们应该超过我"》[1]中引用的谭其骧教授的一段在今天看来非常具有深意的话作为本书的结尾"我应该超过前人,你们应该超过我。只有这样,学术才能进步"。

---

[1] 李晓杰:《谭其骧:"你们应该超过我"》,《社会科学报》7月23日第6版。

参考文献

一 专著

［英］阿兰·贝克：《地理学与历史学——跨越楚河汉界》，阙维民译，商务印书馆2008年版。

北京图书馆善本特藏部舆图组编：《舆图要录》，北京图书馆出版社1997年版。

陈正祥：《中国文化地理》，生活·读书·新知三联书店1983年版。

陈刚：《六朝建康历史地理及信息化研究》，南京大学出版社2012年版。

陈庆江：《明代云南政区治所研究》，民族出版社2002年版。

陈寅恪：《隋唐制度渊源略论稿》，生活·读书·新知三联书店2001年版。

成一农：《古代城市形态研究方法新探》，社会科学文献出版社2009年版。

成一农：《"非科学"的中国传统舆图——中国传统舆图绘制研究》，中国社会科学出版社2016年版。

成一农：《中国古代舆地图研究》，中国社会科学出版社2018年版。

程龙：《北宋西北战区粮食补给地理》，社会科学文献出版社2006年版。

程龙：《北宋粮食筹措与边防：以华北战区为例》，商务印书馆2012年版。

董鉴泓：《中国城市建设史》，中国建筑工业出版社1989年版。

丁超：《史地徘徊》，商务印书馆2016年版。

杜瑜、朱玲玲编:《中国历史地理学论著索引:1900—1980》,书目文献出版社1986年版。

葛剑雄:《西汉人口地理》,人民出版社1986年版。

葛剑雄、曹树基、吴松弟:《简明中国移民史》,福建人民出版社1993年版。

葛剑雄:《中国历代疆域的变迁》,商务印书馆1997年版。

葛剑雄、曹树基、吴松弟:《中国移民史》6卷,福建人民出版社1997年版。

葛剑雄等:《中国人口史》6卷,复旦大学出版社2000年至2002年版。

葛兆光:《宅兹中国——重建有关"中国"的历史论述》,中华书局2011年版。

郭沫若主编:《中国史稿地图集》(上册),中国地图出版社1979年版。

郭沫若主编:《中国史稿地图集》(下册),中国地图出版社1990年版。

郭声波:《圈层结构视阈下的中国古代羁縻政区与部族》,中国社会科学出版社2018年版。

顾颉刚、史念海:《中国疆域沿革史》,商务印书馆2004年版。

顾颉刚、章巽:《中国历史地图集(古代史部分)》,中国地图出版社1955年版。

顾朝林:《中国城镇体系——历史·现状·展望》,商务印书馆1992年版。

韩茂莉:《宋代农业地理》,山西古籍出版社1993年版。

韩茂莉:《辽金农业地理》,社会科学文献出版社1999年版。

韩茂莉:《草原与田园:辽金时期西辽河流域农牧业与环境》,生活·读书·新知三联书店2006年版。

韩茂莉:《中国历史农业地理》,北京大学出版社2012年版。

韩光辉:《北京历史人口地理》,北京大学出版社1996年版。

韩光辉:《宋辽金元建制城市研究》,北京大学出版社2011年版。

贺业钜:《中国古代城市规划史论丛》,中国建筑工业出版社1986年版。

贺业钜:《中国古代城市规划史》,中国建筑工业出版社2002年版。

何一民等:《世界屋脊上的城市:西藏城市发展与社会变迁研究(17世纪

中叶至 20 世纪中叶)》，巴蜀书社 2014 年版。

何一民等：《清代城市空间分布研究》，巴蜀书社 2018 年版。

侯仁之：《历史地理学的理论与实践》，上海人民出版社 1979 年版。

侯仁之：《历史地理学四论》，中国科学技术出版社 1994 年版。

侯甬坚：《历史地理学探索》一集，中国社会科学出版社 2004 年版。

侯甬坚：《历史地理学探索》二集，中国社会科学出版社 2011 年版。

后晓荣：《秦代政区地理》，社会科学文献出版社 2009 年版。

后晓荣：《战国政区地理》，文物出版社 2009 年版。

胡阿祥：《六朝疆域与政区》，西安地图出版社 2001 年版。

胡恒：《皇权不下县？——清代县辖政区与基层社会治理》，北京师范大学出版社 2015 年版。

华林甫主编：《中国历史地理学五十年》，学苑出版社 2001 年版；2005 年增订版。

华林甫：《中国历史地理学·综述》，山东教育出版社 2009 年版。

华林甫：《中国地名学源流》，湖南人民出版社 1999 年版。

华林甫：《中国地名学史考论》，社会科学文献出版社 2002 年版。

黄时鉴、龚缨晏：《利玛窦世界地图研究》，上海古籍出版社 2004 年版。

靳润成：《明朝总督巡抚辖区研究》，天津古籍出版社 1996 年版。

江伟涛：《近代江南城镇化水平新探——史料、方法与视角》，社会科学文献出版社 2017 年版。

姜道章：《近九十年来中国地图学史的研究》，《地球信息》1997 年第 3 期。原文发表在《华冈理科学报》1995 年第 12 卷。

［美］杰弗里·马丁：《地理学思想史》，成一农等译，上海人民出版社 2008 年版。

［英］李约瑟：《中国科学技术史》第 5 卷《地学》，《中国科学技术史》翻译小组译，科学出版社 1976 年版。

李孝聪：《欧洲收藏部分中文古地图叙录》，国际文化出版公司 1996 年版。

李孝聪：《美国国会图书馆藏中文古地图叙录》，文物出版社 2004 年版。

李孝聪：《中国区域历史地理》，北京大学出版社 2004 年版。

李孝聪:《历史城市地理》,山东教育出版社2007年版。

李晓杰:《东汉政区地理》,山东教育出版社1999年版。

李治安:《行省制度研究》,南开大学出版社2000年版。

李伯重:《江南的早期工业化(1550—1850)》,社会科学文献出版社2000年版。

李玉尚:《海有丰歉:黄渤海的鱼类与环境变迁(1368—1958)》,上海交通大学出版社2011年版。

[美]林达·约翰逊主编:《帝国晚期的江南城市》,成一农译,上海人民出版社2005年版。

刘统:《唐代羁縻府州研究》,西北大学出版社1998年版。

刘景纯:《清代黄土高原地区城镇地理研究》,中华书局2005年版。

刘淑芬:《六朝的城市与社会·六朝建康与北魏洛阳之比较》,(台湾)学生书局1992年版。

刘庆柱:《古代都城与帝陵考古学研究》,科学出版社2000年版。

鲁西奇:《区域历史地理研究:对象与方法——汉水流域的个案考察》,广西人民出版社2000年版。

鲁西奇:《城墙内外:古代汉水流域城市的形态与空间结构》,中华书局2011年版。

鲁西奇:《中国历史的空间结构》,广西师范大学出版社2014年版。

路伟东:《清代陕甘人口专题研究》,上海世纪出版集团、上海书店出版社2011年版。

路伟东:《晚清西北人口五十年(1861—1911):基于宣统"地理调查表"的城乡聚落人口研究》,复旦大学出版社2017年版。

马正林:《中国城市历史地理》,山东教育出版社1998年版。

马大正主编:《中国边疆经略史》,中州古籍出版社2000年版。

马孟龙:《西汉侯国地理》,上海古籍出版社2013年版。

蒙莫尼尔:《会说谎的地图》,黄义军译,商务印书馆2012年版。

牛平汉编著:《清代政区沿革综表》,中国地图出版社1990年版。

牛平汉编著:《明代政区沿革综表》,中国地图出版社1997年版。

潘晟:《地图的作者及其阅读:以宋明为核心的知识史考察》,江苏人民出版社 2013 年版。

潘晟：《宋代地理学的观念、体系与知识兴趣》，商务印书馆 2014 年版。

潘晟：《历史地理文献学入门》，科学出版社 2018 年版。

彭明辉：《历史地理学与中国现代史学》，（台湾）东大图书股份有限公司 1995 年版。

卜正民：《维梅尔的帽子》，（台湾）远流出版公司 2009 年版。

卜正民：《塞尔登的中国地图》，中信出版社 2015 年版。

石泉：《古代荆楚地理新探》，武汉大学出版社 1988 年版。

史念海：《史念海全集》，人民出版社 2013 年版。

史念海：《中国历史地理纲要》（上册），山西人民出版社 1991 年版。

史念海：《中国历史地理纲要》（下册），山西人民出版社 1992 年版。

史为乐主编：《中国历史地名大辞典》（增订本），中国社会科学出版社 2017 年版。

[美]施坚雅主编：《中华帝国晚期的城市》，叶光庭等译，中华书局 2000 年版。

[日]斯波义信：《宋代江南经济史研究》，江苏人民出版 2012 年版。

孙亚冰、林欢：《商代地理与方国》，中国社会科学出版社 2010 年版。

孙靖国：《桑干河流域历史城市地理研究》，中国社会科学出版社 2015 年版。

谭其骧：《长水集》（上册、下册和续编），人民出版社 2011 年版。

唐晓峰：《从混沌到秩序——中国上古地理思想史述论》，中华书局 2010 年版。

童书业：《中国疆域沿革略》，开明书店 1946 年版。

王庸：《中国地图史纲》，生活·读书·新知三联书店 1958 年版。

王育民：《中国历史地理概论》（上、下），人民教育出版社 1987 年版。

汪前进编选：《中国地图学史研究文献集成（民国时期）》，西安地图出版社 2007 年版。

翁俊雄：《唐初政区与人口》，北京师范学院出版社 1990 年版。

翁俊雄：《唐朝鼎盛时期政区与人口》，首都师范大学出版社 1995 年版。

翁俊雄：《唐后期政区与人口》，首都师范大学出版社 1999 年版。

徐建平：《政治地理视角下的省界变迁——以民国时期安徽省为例》，上海人民出版社 2009 年版。

严耕望：《唐代交通图考》，上海古籍出版社 2007 年版。

严耕望：《魏晋南北朝地方行政制度》，（台湾）学生书局 1997 年版。

严耕望：《严耕望史学论文选集》，中华书局 2006 年版。

［美］余定国：《中国地图学史》，姜道章译，北京大学出版社 2006 年版。

张修桂：《中国历史地貌与地图研究》，社会科学文献出版社 2006 年版。

张其昀监修，程光裕、徐圣谟主编：《中国历史地图》，中国文化学院出版部 1980 年版。

张伟然：《中古文学的地理意象》，中华书局 2014 年版。

张伟然主编：《历史与现代的对接——中国历史地理学最新研究进展》，商务印书馆 2017 年版。

张萍：《地域环境与市场空间——明清陕西区域市场的历史地理学研究》，商务印书馆 2006 年版。

张萍：《黄土高原村镇市场的发展及近代转型（1860—1949）》，中国社会科学出版社 2013 年版。

张萍：《区域历史商业地理学的理论与实践——明清陕西的个案考察》，三秦出版社 2014 年版。

周振鹤、游汝杰：《方言与中国文化》，上海人民出版社 1986 年版。

周振鹤：《西汉政区地理》，人民出版社 1987 年版。

周振鹤：《体国经野之道：新角度下的中国行政区划变迁史》，（香港）中华书局 1990 年版。

周振鹤：《中华文化通志·地方行政制度志》，上海人民出版社 1998 年版。

周振鹤：《中国地方行政制度史》，上海人民出版社 2005 年版。

中国科学院《中国自然地理》编辑委员会：《中国自然地理·历史自然地理》，科学出版社 1982 年版。

邹逸麟主编：《中国人文地理·中国历史人文地理》，科学出版社 2001 年版。

《中国疆域变迁与地图发展》编辑委员会：《中国疆域变迁与地图发展》，

中国地图出版社2011年版。

《中华人民共和国国家历史地图集》(第一册),中国地图出版社、中国社会科学出版社2014年版。

二 论文

曹婉如:《〈历代地理指掌图〉研究》,曹婉如主编:《中国古代地图集(战国—元)》,文物出版社1999年版。

曹婉如:《近四十年来中国地图学史研究的回顾》,《自然科学史研究》1990年第3期。

曹树基:《清代北方城市人口研究——兼与施坚雅商榷》,《中国人口科学》2001年第4期。

陈桥驿:《评〈中华帝国晚期的城市〉》,《杭州大学学报》(哲学社会科学版)1985年第1期。

成一农:《唐代的地缘政治结构》,李孝聪主编:《唐代地域结构与运作空间》,上海辞书出版社2003年版。

成一农:《"中世纪城市革命"的再思考》,《清华大学学报》2007年第2期。

成一农:《清、民国时期靖边县城选址研究》,《中国历史地理论丛》2010年第2辑。

成一农:《中国古代城市选址研究方法的反思》,《中国历史地理论丛》2012年第1辑。

成一农:《中国地图学史的解构》,《历史学评论》第1卷,社会科学文献出版社2013年版。

成一农:《历史不一定是发展史——中国古代都城形态史的解构》,《云南大学学报》(社会科学版)2017年第6期。

程龙:《论北宋西北堡寨的军事功能》,《中国史研究》2004年第1期。

邓辉、姜卫峰:《1463—1913年华北地区沙尘天气序列复原及初步分析》,《地理研究》2005年第3期。

邓辉:《人类活动的影响导致了毛乌素沙地向南扩大吗?》,《陕西师范大学学报》(哲学社会科学版)2007年第5期。

邓辉等:《明代以来毛乌素沙地流沙分布南界的变化》,《科学通报》2007年第21期。

杜瑜:《建国以来中国历史地理学的发展》,华林甫主编:《中国历史地理学五十年》,学苑出版社2005年版。

段伟:《泛称与特指:明清时期的江南与江南省》,《历史地理》第23辑,上海人民出版社2008年版。

范今朝:《"史地学派"在中国近现代历史地理学发展中的地位与影响》,《中国历史地理论丛》2016年第1辑。

方修琦等:《粮食安全视角下中国历史气候变化影响与响应的过程与机理》,《地理科学》2014年第11期。

方修琦等:《冷暖—丰歉—饥荒—农民起义:基于粮食安全的历史气候变化影响在中国社会系统中的传递》,《中国科学》2015年第6期。

冯春龙:《禹贡学会及其成就》,《文史杂志》1987年第6期。

冯春龙:《试论禹贡学会对历史地理学的贡献——兼〈禹贡〉半月刊评述》,《扬州师院学报》(社会科学版)1987年第4期。

傅林祥:《江南、湖广、陕西分省过程与清初省制的变化》,《中国历史地理论丛》2008年第2辑。

葛剑雄、华林甫:《五十年来中国历史地理学的发展》,(台湾)《汉学研究通讯》2002年第4期。

葛剑雄、华林甫:《二十世纪的中国历史地理研究》,《历史研究》2002年第3期。

葛剑雄:《地图上的中国与历史上的中国疆域——读〈中国历史地图集·前言〉、〈历史上的中国和中国历代疆域〉感言》,《河南大学学报》(社会科学版)2012年第5期。

葛全胜、张丕远:《历史文献中气候信息的评价》,《地理学报》1990年第1期。

龚胜生等:《先秦两汉时期疫灾地理研究》,《中国历史地理论丛》2010年第3辑。

郭声波:《〈历代地理指掌图〉作者之争及我见》,《四川大学学报》(哲学社会科学版)2001年第3期。

郭声波：《中国历史政区的圈层结构问题》，《江汉论坛》2014年第1期。

郭声波：《从圈层结构理论看历代政治实体的性质》，《云南大学学报》2018年第2期。

韩光辉：《元代中国的建制城市》，《地理学报》1995年第4期。

韩光辉：《张其昀及其历史地理学贡献》，《中国科技史料》1997年第1期。

韩光辉：《中国历史地理学发展特点及其贡献》，《江汉论坛》2004年第4期。

韩光辉、林玉军、王长松：《宋辽金元建制城市的出现与城市体系的形成》，《历史研究》2007年第4期。

韩光辉、刘旭、刘业成：《中国元代不同等级规模的建制城市研究》，《地理学报》2010年第12期。

韩昭庆：《明代毛乌素沙地变迁及其与周边地区垦殖的关系》，《中国社会科学》2003年第5期。

何一民：《清代城市规模的静态与动态考察》，《西南民族大学学报》（人文社会科学版）2014年第11期。

胡焕庸：《中国人口之分布》，《地理学报》1935年第2卷第2期。

华林甫：《〈括地志〉辑本校读》，《文献》1991年第1期。

华林甫：《近年来〈禹贡〉研究述略》，《中国史研究动态》1989年第10期。

侯仁之：《"中国沿革地理"课程商榷》，《新建设》1950年第2卷第11期。

侯仁之：《历史时期渤海湾西部海岸线的变迁》，《地理学资料》1957年第1期。

侯仁之：《从红柳河上的古城废墟看毛乌素沙漠的变迁》，《文物》1973年第1期。

侯甬坚：《"历史地理"学科名称由日本传入中国考——附论我国沿革地理向历史地理学的转换》，《中国科技史料》2000年第4期。

侯甬坚：《区域历史地理申论——构建中国历史地理学科体系的重要环节》，《陕西师范大学学报》（哲学社会科学版）1994年第1期。

侯甬坚:《北魏(AD386—534)鄂尔多斯高原的自然—人文景观》,《中国沙漠》2001年第2期。

侯甬坚:《〈汉书·地理志〉志例的整理及补充》,《历史地理学探索》,中国社会科学出版社2004年版。

侯甬坚:《"环境破坏论"的生态史评议》,《历史研究》2013年第3期。

侯杨方:《"安庆省"考——兼论清代的省制》,《历史地理》第23辑,上海人民出版社2008年版。

侯杨方:《清代十八省的形成》,《中国历史地理论丛》2010年第3辑。

胡运宏:《清儒补三国地理志成就探析》,《中国历史地理论丛》2009年第1辑。

黄盛璋、钮仲勋:《近年我国历史地理研究的进展》,《中国史研究动态》1979年第3期。

黄盛璋:《论历史地理学的一些基本理论问题》,《地理集刊》第7号,1964年。

蓝勇:《清代滇铜京运路线考释》,《历史研究》2006年第3期。

蓝勇:《清代滇铜京运对沿途的影响研究——兼论明清时期中国西南资源东运工程》,《清华大学学报》(哲学社会科学版)2006年第4期。

蓝勇:《采用物候学研究历史气候方法问题的讨论——答〈再论唐代长江上游地区的荔枝分布北界及其与气温波动的关系〉一文》,《中国历史地理论丛》2011年第2辑。

蓝勇:《中国历史地图集编绘的历史轨迹和理论思考》,《史学史研究》2013年第2期。

历史地理研究室集体讨论、史为乐执笔:《中国历史地理研究概述(1949—1984)》,华林甫主编:《中国历史地理学五十年》,学苑出版社2005年版。

李孝聪:《公元十至十二世纪华北平原交通与城市地理的研究》,《历史地理》第9辑,上海人民出版社1990年版。

李孝聪:《论唐代后期华北三个区域中心城市的形成和演化》,《北京大学学报》(社会科学版)1992年第2期。

李孝聪:《唐、宋运河城市城址选择和形态的研究》,《环境变迁研究》

（第四辑），北京古籍出版社1993年版。

李嘎：《雍正十一年王士俊巡东与山东政区改革》，《历史地理》第22辑，上海人民出版社2007年版。

李久昌：《中国历史地理学由传统向近代转化的若干特点》，《陕西师范大学学报》（哲学社会科学版）2005年第4期。

李伯重：《简论"江南地区"的界定》，《中国社会经济史研究》1991年第1期。

李新峰：《试释〈汉书·地理志〉郡国排序》，《北京大学学报》（哲学社会科学版）2005年第1期。

廖泫洺、范毅军：《中华文明时空基础架构：历史学与信息化结合的设计理念及技术应用》，《科研信息化技术与应用》2012年第4期。

刘永华：《传统中国的市场与社会结构——对施坚雅中国市场体系理论和宏观区域理论的反思》，《中国经济史研究》1993年第4期。

刘淑芬：《清代凤山县城的营建与迁移》，《清代凤山县的研究（1684—1895）》，《高雄文献》1985年第1期。

鲁西奇：《城墙内外·明清时期汉水下游地区府、州、县城的形态与结构》，陈锋主编：《明清以来长江流域社会发展史论》，武汉大学出版社2006年版。

鲁西奇：《历史地理研究中的"区域"问题》，《武汉大学学报》1996年第6期。

路伟东：《GIS支撑下的长时段区域人口变动规律分析——以1776年至1953年陕甘地区人口为例》，《历史地理》第30辑，上海人民出版社2014年版。

路伟东、王新刚：《晚清甘肃城市人口与北方城市人口等级模式——一项基于宣统〈地理调查表〉的研究》，《复旦学报》（社会科学版）2015年第4期。

马琦：《清代黔铅的产量与销量：兼对以销量推算产量方法的检讨》，《清史研究》2011年第1期。

满志敏：《历史旱涝灾害资料分布问题的研究》，《历史地理》第16辑，上海人民出版社2000年版。

满志敏:《走进数字化:中国历史地理信息系统的一些概念和方法》,《历史地理》第 18 辑,上海人民出版社 2002 年版。

满志敏:《关于 CHGIS 第二阶段数据模型的定义问题》,《历史地理》第 19 辑,上海人民出版社 2003 年版。

满志敏:《北宋京东故道流路问题的研究》,《历史地理》第 21 辑,上海人民出版社 2006 年版。

满志敏:《小区域研究的信息化:数据架构及模型》,《中国历史地理论丛》2008 年第 2 辑。

毛曦:《中国城市史研究:源流、现状与前景》,《社会科学》2011 年第 1 期。

孟凡人:《试论北魏洛阳城的形制与中亚古城形制的关系》,《汉唐与边疆考古研究》第 1 辑,科学出版社 1994 年版。

[美] 芮沃寿:《中国城市的宇宙论》,[美] 施坚雅主编:《中华帝国晚期的城市》,叶光庭等译,中华书局 2000 年版。

宁欣:《转型期的唐宋都城:城市经济社会空间之拓展》,《学术月刊》2006 年第 5 期。

宁欣、陈涛:《"中世纪城市革命"论说的提出和意义——基于"唐宋变革论"的考察》,《史学理论研究》2010 年第 1 期。

潘威、满志敏:《大河三角洲历史河网密度格网化重建方法——以上海市青浦区 1918—1978 年为研究范围》,《中国历史地理论丛》2010 年第 2 辑。

潘威:《清代前期黄河额征河银空间形态特征的初步研究——以乾隆五十七年的山东为例》,《中国历史地理论丛》2014 年第 4 辑。

潘晟:《图经源流再讨论》,《中国地方志》2010 年第 1 期。

潘晟:《宋代图经与九域图志:从资料到系统知识》,《历史研究》2014 年第 1 期。

裴卿:《历史气候变化与社会经济发展的因果关系实证研究评述》,《气候变化研究进展》2017 年第 4 期。

盛叙功:《历史地理刍议》,《西南师范学院学报》1984 年增刊。

石泉:《古文献中"江"不是长江的专称》,《文史》第 6 辑,中华书局

1979年版。

石泉：《关于"江"和"长江"在历史上名称与地望的变化问题》，《地名知识》1981年第2、3期。

史念海：《顾颉刚先生与禹贡学会》，《中国历史地理论丛》1993年第3期。

史建云：《对施坚雅市场理论的若干思考》，《近代史研究》2004年第4期。

［美］施坚雅：《导言：中华帝国的城市发展》，《中华帝国晚期的城市》，叶光庭等译，中华书局2000年版。

［美］施坚雅：《十九世纪中国的地区城市化》，［美］施坚雅《中华帝国晚期的城市》，叶光庭等译，中华书局2000年版。

宿白：《隋唐城址类型初探（提纲）》，《纪念北京大学考古专业三十周年论文集》，文物出版社1990年版。

孙果清：《杨守敬〈历代舆地沿革险要图〉版本述略》，《文献》1992年第4期。

谭其骧：《关于上海地区的成陆年代》，《文汇报》1960年11月15日。

谭其骧：《再论关于上海地区的成陆年代》，《文汇报》1961年3月10日。

谭其骧：《何以黄河在东汉以后会出现一个长期安流的局面》，《学术月刊》1962年第2期。

谭其骧：《历史时期渤海湾西岸的一次大海侵》，《人民日报》1965年10月8日。

谭其骧：《上海市大陆部分的海陆变迁和开发过程》，《考古》1973年第1期。

谭其骧：《西汉以前的黄河下游河道》，《历史地理》创刊号，上海人民出版社1981年版。

谭其骧：《在历史地理研究中如何正确对待历史文献资料》，《学术月刊》1982年第11期。

谭其骧、葛剑雄：《中国历史地理学》，肖黎主编：《中国历史学四十年》，书目文献出版社1989年版。

谭其骧：《宋本历代地理指掌图》，上海古籍出版社1989年版。

谭其骧:《历史上的中国和中国历代疆域》,《中国边疆史地研究》1991年第1期。

谭其骧:《〈正史地理志汇释丛刊〉前言》,《中国地方志》1991年第2期。

谭其骧、葛剑雄:《回顾与展望——中国历史地理学四十年》,华林甫主编《中国历史地理学五十年》,学苑出版社2005年版。

万明:《整体视野下的丝绸之路——以明初中外物产交流为中心》,《"丝绸之路与文明的对话"学术讨论会论文集》,2006年。

万明:《整体视野下丝绸之路的思考——以明代南方丝绸之路为中心》,《中华文化论坛》2015年第9期。

王芳:《〈中国帝国晚期的城市〉对中国学者的借鉴作用》,《杭州师范学院学报》(人文社会科学版)2001年第4期。

王妙发、郁越祖:《关于"都市(城市)"概念的地理学定义考察》,《历史地理》第10辑,上海人民出版社1992年版。

王先明:《"区域化"取向与近代史研究》,《学术月刊》2006年第3期。

王德权:《从"汉县"到"唐县"——三至八世纪河北县治体系变动的考察》,《唐研究》第5卷,北京大学出版社1999年版。

王铮:《历史气候变化对中国社会发展的影响——兼论人地关系》,《地理学报》1996年第4期。

王晗:《清代蒙陕农牧交错带土地垦殖过程研究——以怀远县伙盘地为例》,《苏州大学学报》2013年第1期。

王汎森:《近代中国的线性历史观——以社会进化论为中心的讨论》,《新史学》第19卷第2期,2008年。

吴宏岐:《中国历史地理学的历史、现状和发展趋势》,《河北师范大学学报》(哲学社会科学版)1999年第4期。

谢湜:《清代江南苏松常三府的分县和并县研究》,《历史地理》第22辑,上海人民出版社2007年版。

辛德勇:《秦始皇三十六郡新考》,《文史》2006年第1—2期。

辛德勇:《侯仁之先生对于我国历史城市地理研究的开拓性贡献》,《中国历史地理论丛》1990年第4辑。

辛德勇：《准望释义——兼谈裴秀制图诸体之间的关系以及所谓沈括制图六体问题》，《九州》第 4 辑，商务印书馆 2007 年版。

徐建平：《湖滩争夺与省界成型——以皖北青冢湖为例》，《中国历史地理论丛》2008 年第 3 辑。

杨正泰：《〈二十五史补编〉地理篇简介》，《历史教学》1989 年第 5 期。

杨宽：《中国古代都城制度史研究》，上海古籍出版社 1993 年版。

杨煜达：《清代档案中气象资料的系统偏差及检验方法研究——以云南为中心》，《历史地理》第 22 辑，上海人民出版社 2007 年版。

杨煜达：《清代中期滇边银矿的矿民集团与边疆秩序——以茂隆银厂吴尚贤为中心》，《中国边疆史地研究》2008 年第 4 期。

杨煜达、王美苏、满志敏：《近三十年来中国历史气候研究方法的进展——以文献资料为中心》，《中国历史地理论丛》2009 年第 2 辑。

杨煜达：《滇铜、汉铜与清代中期的汉口铜市场》，《清史研究》2013 年第 3 期。

杨煜达：《清代云南铜矿地理分布变迁及影响因素研究——兼论放本收铜政策对云南铜业的影响》，《历史地理》第 29 辑，上海人民出版社 2014 年版。

姚兆奎：《"禹贡学会"的历史地理研究工作》，《历史地理》创刊号，上海人民出版社 1981 年版。

尹国蔚：《历史地理学科性质评议》，《史学理论研究》1998 年第 2 期。

俞伟超：《中国古代都城规划的发展阶段性》，《文物》1985 年第 2 期。

张伟然：《归属、表达、调整：小尺度区域的政治命运——以"南湾事件"为例》，《历史地理》第 21 辑，上海人民出版社 2006 年版。

张伟然：专题视点《历史文化地理研究的"软"与"硬"》，《云南大学学报》（社会科学版）2018 年第 1 期。

张萍：《历史商业地理学的理论与方法及其研究意义》，《陕西师范大学学报》（哲学社会科学版）2012 年第 4 期。

张萍：《地理信息系统（GIS）与中国历史研究》，《史学理论研究》2018 年第 2 期。

张萍：《丝绸之路交通地理定位与道路网络复原研究》，《首都师范大学学报》（社会科学版）2018 年第 2 期。

章生道：《城治的形态与结构研究》，［美］施坚雅主编：《中华帝国晚期的城市》，叶光庭等译，中华书局 2000 年版。

张力仁：《人类空间选择行为与环境关系个案研究——以清代陕南秦巴山地为例》，《中国历史地理论丛》2008 年第 2 辑。

张德二：《我国历史时期以来降尘的天气气候学初步分析》，《中国科学》（B 辑）1984 年第 3 期。

张德二：《关于唐代季风、夏季雨量和唐朝衰亡的一场争论——由中国历史气候记录对 Nature 论文提出的质疑》，《科学文化评论》2008 年第 1 期。

张家诚：《Nature 上有关中国唐朝历史气候的讨论及其启示》，《科学文化评论》2008 年第 1 期。

张鑫敏、侯杨方：《〈大清一统志〉中"原额人丁"的来源——以江南为例》，《清史研究》2010 年第 1 期。

钟翀：《宋代以来常州城中的"厢"——城市厢坊制的平面格局及演变研究之一叶》，《杭州师范大学学报》（社会科学版）2016 年第 1 期。

周振鹤：《中央地方关系史的一个侧面》（上），《复旦学报》（社会科学版）1995 年第 3 期。

周振鹤：《中央地方关系史的一个侧面》（上），《复旦学报》（社会科学版）1995 年第 4 期。

周振鹤：《犬牙相入还是山川形便？——历史上行政区域划界的两大原则》（上），《中国方域》1996 年第 5 期。

周振鹤：《犬牙相入还是山川形便？——历史上行政区域划界的两大原则》（下），《中国方域》1996 年第 6 期。

周振鹤：《中国历史上行政区划幅员的伸缩变化》（上），《中国方域》1997 年第 1 期。

周振鹤：《中国历史上行政区划幅员的伸缩变化》（下），《中国方域》1997 年第 2 期。

周振鹤：《中国洋泾浜英语的形成》，《复旦学报》（社会科学版）2013 年第 5 期。

朱守芬：《顾颉刚与〈禹贡半月刊〉》，《史林》2000 年第 1 期。

竺可桢：《中国近五千年来气候变迁的初步研究》，《考古学报》1972 年第 1 期。

邹逸麟：《黄河下游河道变迁及其影响概述》，《复旦学报》1980 年历史地理增刊。